The Human Network
How Your Social Position Determines Your Power, Beliefs, and Behaviors

人際網絡
解密

史丹佛教授剖析，
你在人群中的位置，
如何決定你的未來

Matthew O. Jackson
馬修‧傑克森 著

顏嘉儀 譯

各界好評

　　人脈、朋友圈、社區、股市、臉書上從未見過面的「好友」……我們的大腦記憶、區分、甚至想像無數種從網絡中衍生出的「關係」，來加以利用，可說是我們最強的超能力。然而這片關係之海有自個的運作方式，你我想要不被淹沒、乘浪而進，就得摸透它的脾氣。本書引用豐富的研究，搭配多元案例跟數據，提供了值得參考的建議，已成為我做各種重要判斷的依據，相信對你也有幫助。　　　　　　　　　　　　——鄭國威，泛科學知識長

　　人際網絡是一種看待社會的新思維，而此書以故事和科普的形式，深入淺出且有趣地介紹人際網絡的基本概念和跨領域應用，能讓置身這無形網絡的你我，簡單感受它如何貼近生活、如何影響決策、如何解釋社會的各種現象。

　　　　　　　　　　　　——李政德，成功大學數據科學所教授

　　人際網絡科學能解釋思想、流行、甚至疾病如何在人類之間傳播擴散，也就是研究人與人之間的連結。管理、行銷、政治、文創，只要你的工作和人有關，都能用上這本科普書。

　　　　　　　　　　　　——吳達偉 Z9，社群網路名人

　　我們所做的事，以及大部分的想法，都是由朋友、鄰居、同事，以及與我們連結的社群媒體所形塑，這本發人深省的書告訴我們人際網絡爲何如此重要，以及人脈爲何既是我們的力量，也是我們的弱點。一部必讀之作。

——戴倫・艾塞默魯，麻省理工學院經濟學教授、

《國家爲什麼會失敗》作者

　　傑克森帶我們走上一場充滿洞見的閱讀之旅，一窺社會網絡的構造如何形塑我們的人生，乃至人性。

——羅傑・梅爾森，2007 年諾貝爾經濟學獎得主

　　「網絡」幾乎在各個社會科學領域都表現出強大力量。同一現象在不同學科呈現不同面貌，但鮮有學者的學識寬廣到足以發現其中的共同模式，更少有人能對大眾發表這方面的研究成果。馬修・傑克森卻是這等人才，他的作品是關於人際網絡的精采入門介紹。

——哈爾・韋瑞安，Google 首席經濟學家

　　文明奠基於「人與人之間的聯繫」——即所謂「人際網絡」，進而貿易、合作與交流。這本流暢又精采的書，揭示了「人脈」的科學，解答了不平等和極端化的社會是如何出現的，以及傳染病和金融機構接連倒下的事件是如何發生。

——艾瑞克・麥斯金，2007 年諾貝爾經濟學獎得主

這本書可讀性極高，涵蓋主題廣泛，從傳染病、金融危機的蔓延、政治對立，到經濟不平等，以網絡思維切入，對社會生活進行深刻剖析。傑克森以此證明他不僅是網絡研究領域的頂尖學者，還是這個主題最為出色的闡述者。

——鄧肯・華茲，微軟首席研究員、
《6個人的小世界》作者

令人嘆服……為何單靠錢無法讓你向上流動（mobility）？本書給出了最精采又具說服力的答案……傑克森除了以精細研究佐證，還以網絡思維核心概念直指當代熱門議題的關鍵，徹底分析從金融危機蔓延到假新聞等種種問題。

——《紐約時報》

傑克森教授提供了一種全新且有力的思維，幫助我們拆解現代社會各樣難題的核心……一旦專注進入本書的核心觀念，必將收穫豐碩。

——《華爾街日報》

這個時間點閱讀本書，特別容易聯想到當前時事，讓人看清很多現象：社會的不流動、疾病的超級傳播者（不戴口罩）、集體的智慧和愚蠢（謠言與假新聞）。此外，對於金融危機蔓延、社會階層和全球化也做了分析，整個論述循序漸進，條理清晰。世界正在不可避免地連成一張密網，好的壞的都只會傳播傳遞得

更快。作爲個體必須盡可能成爲這張網絡中更加中心、更加重要的節點，人的價值終將是由自己在網絡中的位置所決定。

——2020 年美國讀者好評

目次
CONTENTS ——————————————————

第 3 章

擴散與傳染 077

第 4 章

連結緊密到不能倒：金融網絡 109

第 9 章

全球化：變化中的人際網絡   329

導讀

人與人所形成的社會網絡，存在著規律

馮勃翰

　　在我開始介紹這本書之前，先丟給你一個挑戰：如果你有機會看到一個人在臉書上的朋友，以及朋友的朋友之間所形成的人際關係，其中所有個人的姓名和資訊全部遮掉，你是否有辦法單憑這樣的資訊，判斷出「誰」是這個人的男女朋友或配偶？請注意，你只能看到誰跟誰在臉書有連結，但你看不到他們之間究竟是親人、朋友、同學、同事、路人，還是有其他關係。

　　在 2014 年有兩名康乃爾大學的教授，就真的取得臉書數據來做這項研究。他們發現，單憑臉書上的人際關係所形成的「網絡結構」，就可以預測誰跟誰是一對，而且正確率超過 50%。不僅如此，進一步的追蹤研究發現，凡是難以透過人際網絡結構判斷出來的婚友關係，之後兩個人有很高的機率會分手！（這兩位學者是怎麼做到的，請見本書第 8 章。）

　　人是社會性的動物。我們每一天都離不開與他人互相提供關心、資訊、幫助與服務。人與人之間的交往，構築了社會網絡，和空氣一樣，雖然看不見、摸不著，卻是我們生活與工作的基礎。

　　關於社群網絡的學術討論開始於百多年前，而後逐漸發展成

社會學當中的重要領域。在過去幾十年當中，關於網絡的研究結合了社會學、經濟學、數學、物理學、生物、人類學和電腦科學的核心概念與研究方法，大幅加深了我們對人際網絡的認識，讓網絡科學成為一門高度跨領域整合的學科。

本書作者馬修・傑克森是史丹佛大學的講座教授、美國科學院院士，是當中運用經濟學方法研究社會網絡的先驅。傑克森把過去二十多年來關於網絡的經濟學研究融會貫通、旁徵博引，寫成了這本重量級的《人際網絡解密》，呈現兩個主軸：第一、人與人所形成的社會網絡，存在規則與規律。第二、從這些規則與規律出發，一個人在網絡中的位置，會塑造他的影響力、信念與行為。

傑克森在本書中從一個簡單的問題出發：你是否曾經想過，為什麼你的朋友往往比你更受歡迎？你會這樣想並不奇怪，很可能這就是事實，而且問題並不是出在你。這個現象叫做「友誼悖論」：朋友多的人會成為很多人的朋友，因此每個人往來的對象中必然有比較高的比例是那些交遊廣闊的人。

從「友誼的悖論」出發，就能發現加入「人際網絡」的分析，可以幫助我們深入解析影響力的根源，有時候分析的結論甚至會違反直覺。比方說，你以為在一群體當中流行的事物就一定反映著多數人的喜好？不一定。如果社會上有許多人都希望得到朋友的認同或是在行為上有從眾的傾向，那麼群體中一小群特別受人歡迎的「意見領袖」不約而同地提出一些少數人贊同的主張，就有可能讓許多人誤以為這是多數人的喜好——畢竟這些受歡迎的

少數人會成為許多人關注的對象，他們的意見或喜好會被許多人重複看到——然後在從眾效應的推波助瀾之下，少數人的偏好成為了多數人的選擇。

　　傑克森在書中整理出四種不同的指標，將社群影響力量化。第一個指標是，你有多少個朋友，也就是你的人氣。在前面的例子中，人氣成為少數「意見領袖」發揮影響力的關鍵。第二個指標是，你的朋友是否也有很多朋友，這個指標衡量了你的朋友的「品質」，你想傳達的資訊是否能夠藉由你的朋友傳遞給更多人？第三個指標是，你所擁有的資訊可以傳得多遠？這個指標衡量了你在人際網絡中的觸及範圍。而最後一個指標則是截然不同，看的是你的媒合能力：你在網絡中的位置是否可以成為不同群體之間的橋梁？

　　融合了人際網絡的研究方法像是一座顯微鏡，讓我們在總體數據底下，看到微觀的人際網絡所呈現出的不同樣貌。十多年前，我有機會去香港的大學教書。學校裡的學生背景很多元，除了香港本地生，還有大量的中國內地生和來自世界各地的交換生；不是只有亞洲學生，歐美的學生也不少。不過，在我教授的課堂中，不同背景的學生鮮少互動。從讀書小組到期末報告到社團活動，香港生、內地生和歐美外籍生，幾乎都只跟自己的族群在一起，缺乏互相交流。

　　在美國也有大量的實證研究發現，許多學校即便在種族上是黑白混合，但一個學生和自己同種族的人成為好友的機率，是跨種族的 15 倍。人類本來就有「同質相吸」的天性，大家喜歡和自

己很像的人在一起。人際網絡中的隔離或分群現象，不只可以發生在不同的族群，也可以發生在不同的教育水準、收入等級、意識形態和價值觀上。這些不同領域的隔離現象可能會讓經濟不平等的情況惡化、社會階級僵固，或是形成資訊上的同溫層，帶來政治觀點的兩極化。從社會網絡出發的研究，可以指出這些問題背後的根本成因，進而幫助我們找到「治本」的公共政策。

　　隱藏在人際網絡分析背後有一個重要觀念，是經濟學所談的「外部性」。外部性的意思是，一個人的行為會為其他人帶來正面或負面的效益。舉例來說，一個人得到傳染病，不只是自己生病，同時也成為傳播疾病的管道。這是負的外部性。或者，當一個人得到一份好工作，不只他個人能發揮所長，他在職場上獲得的經驗與資訊，或許也可以幫助朋友找到更好的工作。比方說，年輕人得到新冠肺炎的死亡率微乎其微，從個人角度來看，似乎不打疫苗也沒事。但是從外部性的角度來看，不打疫苗的年輕人可能會染疫，成為將新冠病毒傳播給年長者的節點。同理，當一家銀行在投資決策上承擔過多風險時，可能沒有想到透過銀行和公司之間的借貸或投資關係，這個風險會擴散出去造成全國或甚至全世界的金融危機。充分理解網絡當中的「外部性」機制，有助於制定更好的公共政策，包括鼓勵疫苗接種、透過教育弭平不平等，以及金融監理制度。

　　《人際網絡解密》是「社群網絡」這個重要文獻當中，第一部重量級的通俗讀物。人際網絡的結構和位置決定著每個人的交友、教育、工作、理財、生活和娛樂上的選擇，影響著一個人的

健康、信念和價值觀，塑造了一個人能發揮多大的影響力。

　　這是少數一本我在讀完了之後會如此感嘆的書：「這樣的內容我若是能在二十年前就讀到，該有多好？對人事的觀察與分析可深刻多少？」不過，回到二十年前，這本書所介紹的許多研究與發現，一切都還在發展的初期。

（本文作者為臺灣大學經濟系副教授，

專攻政治經濟學、賽局理論等範疇。）

獻給莎莉和哈爾

第 1 章

前言：網絡與人類行爲

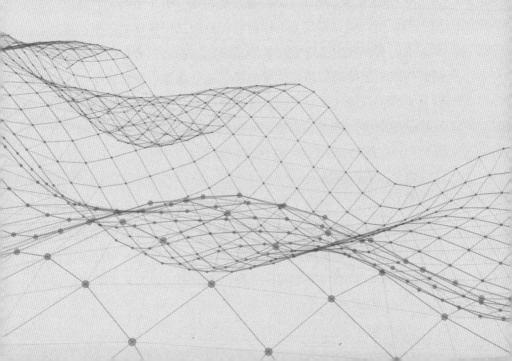

越來越多的變化

　　1492 年開始的「全球化 1.0」，讓世界的尺度由大轉爲中等。到了「全球化 2.0」的時代，出現了跨國企業，世界進而從中等縮至小尺度。2000 年左右興起的「全球化 3.0」，則是讓整個世界從小尺度走向微型尺度了。」

　　　　　　　　　　　　──湯馬斯・佛里曼（Thomas Friedman）
　　　　　　（《世界是平的》作者），接受《連線》雜誌採訪

　　2010 年 12 月 17 日，26 歲的突尼西亞攤販穆罕默德・布瓦吉吉（Mohamed Bouazizi）在西迪布濟德市（Sidi Bouzid，突尼西亞中部城市）引火自焚。他以自焚行動向二十多年來不斷打壓異見人士的獨裁政府表達憤怒及絕望。他的家族對暴政一向直言不諱的作風，讓他經常被當地警察騷擾。就像是事發當天早上，警察又到攤位找碴，不但公開羞辱了他一番，還沒收了貨物。這批貨物是他向朋友借了一筆錢才買到的，如今貨物被沒收，這筆財務損失成了壓垮他的最後一根稻草。布瓦吉吉往身上澆滿了汽油，縱火自焚以表達抗議。

　　布瓦吉吉的死引發了數千人規模的抗議活動。如果是幾十年前，事件演變至此大概就告一段落了。除了西迪布濟德市居民外，大概不會有人注意到這個事件。然而，這次不一樣。布瓦吉吉自焚的影片，以勢不可擋之姿在社群媒體上迅速擴散，並被廣泛報

導。幾週前維基解密揭露的機密文件在網路上廣爲流傳，讓突尼西亞與其他國家的政府再也無法遮掩其打壓異己的行動。隨後爆發的「阿拉伯之春」（Arab Spring），也是透過社群媒體（例如臉書和推特）以及行動手機，才得以組織與動員。[1]

　　雖然這是當代特有的通訊方式，但新聞之所以廣爲流傳、民怨之所以四起，追根究柢還是回到人際網絡的交流。相較於過去，如今消息流傳得更快更廣，人們還能串連互相響應。但想弄清楚這一切，我們必須了解一個消息如何在人群中散播，以及我們的行爲如何影響彼此。

　　當年突尼西亞的大規模抗議示威越演越烈，終於在 2010 年 1 月中旬獨裁政府倒台。這股動盪繼續延燒至鄰國阿爾及利亞，隨後的兩個月內，在阿拉伯世界遍地開花，包含阿曼、埃及、葉門、巴林、科威特、利比亞、摩洛哥、敘利亞，甚至沙烏地阿拉伯、卡達、阿拉伯聯合大公國。姑且不論阿拉伯之春的成敗，但這樣一個席捲整個中東地區且迅速向外擴散的示威運動，可以說是史無前例，同時也彰顯了人際網絡的重要性。

　　如同本章開頭佛里曼所言，隨著近代通訊技術日新月異，舉凡印刷、郵務、海外旅遊、火車、電報、電話、廣播、飛機、電視、傳眞機等科技紛紛問世，這個世界正不斷地變小。網路科技與社群媒體，只是人類漫長的通訊史上最新的一個篇章，再一次改變了人們社交的互動方式、距離限制、即時性與對象。

　　不過，即使現代人的社交網絡已與往昔不同，大部分的網絡仍有著類似的特徵且能夠預測。如果我們能了解人際網絡如何運

作以及如何變化，我們將更有能力回答這個世界目前遇到的許多問題，例如：

- 你的社交網絡位置如何決定你的影響力？
- 如果我們參考朋友的看法來決定自己的立場時，這會不會引入某種系統性偏差？
- 金融危機如何向外蔓延？
- 為何金融危機有著不同於流感疫情的蔓延模式？
- 網絡隔閡如何加劇社會不流動、經濟不平等、政治極端化？
- 全球化又如何改變國際衝突與開戰的可能性？

儘管人際網絡是解答上述問題不可或缺的角色，但人們在分析重要的政經趨勢時，往往忽略了它。我並不是說沒有人在研究網絡，而是社會大眾與政策制定者對它的了解，遠遠落後於科學上對它的認知：人際網絡是人類行為的驅動力。這本書的問世，就是為了弭平這樣的認知落差。

本書各章節將從人際網絡的觀點出發，帶你重新看待不同的議題，改變你思考的角度。也就是說，本書將反覆強調同一個主題：網絡的視角如何讓我們更加理解種種社會與經濟行為。

人際網絡有不少重要的特徵，我們不可能只討論其中一個面向，就把故事說完整。讀完本書，你應該會更敏銳地意識到，你身處的網絡在各方面有著什麼樣的重要性。我們會從兩個不同的角度進行討論：

一、網絡如何生成、以及為什麼網絡會呈現出某些重要特徵；

二、這些特徵如何影響我們的影響力、看法、發展機會、行

爲舉止，與人生成就。

網絡連結多於億萬繁星

生活其實很簡單，我們偏偏要把它變複雜。

—— 出處不明[2]

卡爾・薩根（Carl Sagan）在他那本關於宇宙的名著中提到，宇宙中存在億萬繁星。據估計，可觀測宇宙中的恆星數量大約是三千億兆的數量級：300,000,000,000,000,000,000,000，這個天文數字就像你我說起恆河沙數或是多如牛毛時一樣，已經超過我們能想像的範圍。也許你也和我一樣，這個數字讓我們發覺自身的渺小，並對大自然心生敬畏。

然而令人驚訝的是，一個小社群（比方，一個班級、一家俱樂部、一個團隊，或是一間小公司裡的職員）可能衍生出的人際網絡數量之多，可以讓前述的天文數字顯得根本微不足道。你可能會說，不可能吧？這怎麼可能發生？

讓我們先考慮一個 30 人規模的社群，比方說，學校裡某個班級的學童家長。我們從這 30 個人中，任意挑選一個成員，姑且稱這個人爲莎拉。我們假設莎拉的朋友，就是社群裡那些她經常聊天或是求助的對象。也就是說，莎拉可以和其他的 29 人成爲朋友。接著我們看第二個人，比如馬克。如果我們不考慮他跟莎拉之間

的交情，馬克還能跟其他 28 人成爲朋友。以此類推，這個小社群所有可能的兩兩朋友組合，共有 29＋28＋27＋……＋1 ＝ 435 種。雖然 435 聽起來不是一個很大的數字，但這種規模的社交連結，已經足以衍生數量極爲龐大的人際網絡了。

假設這個社群完全沒有任何交流，沒有人成爲任何人的朋友，此時我們得到一個完全沒有連結的「空」網絡。也就是說，435 條可能的友誼連結中，沒有任何一條被建立。另一種極端的假設是，這個社群裡所有人都相處和睦，亦即所有人都是其餘所有人的朋友，此時我們得到一個「全」網絡。事實上，在這兩個極端之間，還存在許多其他不同型態的網絡。也許莎拉和家長 A 是朋友，但和家長 B 不是朋友，和家長 C、家長 D 是朋友，和家長 E、家長 F 又不是，等等。爲了計算所有可能的交際網絡數量，我們將所有潛在的朋友關係標註爲「是」或「否」兩種狀態之一，也就是說，任兩人之間的交情都存在兩種可能性。因此，可能衍生的人際網絡數量爲 2×2×……×2×（435 次連乘）種。經過 435 次翻倍後，得到的數字約爲 1 後面跟著 131 個零（132 位數），而先前提到的天文數字也不過只有 23 個零（24 位數）。[3] 這千億兆的千億兆的……千億兆個網絡，是整個宇宙恆星加起來的好幾倍。事實上，就算我們把整個宇宙中所有原子加起來，都還小了這個數字好幾個數量級。[4]

即使只是 30 人的規模，衍生出來的眾多網絡型態，就已經多到難以系統性地命名了。這不像是辨別動物，只要有人說「斑馬」「熊貓」「鱷魚」或「蚊子」等動物名字，我們立刻就知道他們

指的是什麼。除了非常少數的特例以外，我們很難用同一套方法來辨別不同的網絡。當然，這並不代表我們應該雙手一攤，直接判定網絡結構已經複雜到不可能理解。

讓我們先回到辨別動物的例子，還是有一些特徵可以幫助我們分類，例如：是否有脊椎？有幾條腿？是草食性、肉食性，還是雜食性？是否胎生？成年體型多大？皮膚類型？能否飛行？是否生活在水下？同樣地，當我們想分類網絡時，也可以藉助一些關鍵特徵。例如，我們可以觀察網絡中呈現的連結關係，其比例為何、其分配是否平均散布於群體、其結構是否有明顯的網絡隔閡，這些特徵都可以用來辨別網絡。不只如此，這些特徵還能幫助我們理解諸多重要的現象，像是經濟不平等、社會不流動性、極端政治的出現，甚至金融危機的蔓延。

我們之所以能透過網絡特徵來了解人類行為，有幾個原因。

首先，光是少數幾個重要特徵，就能夠深刻詮釋人們做出某些行為的誘因。第二，這些特徵不但簡單、符合直覺、還可以量化。第三，人類活動蘊含的規律性也會反映在許多網絡特徵上：生成自實際人類活動的網絡，與隨機生成的網絡（意即所有連結與節點之間沒有任何相依關係），相當容易分辨。

讓我們以圖 1-1 的網絡為例。圖 1-1(a) 網絡描繪了高中生的摯友關係（更多細節詳見第 5 章）。圖 1-1(b) 網絡有一樣多的節點與連線，但所有連結都是由電腦隨機生成。

你發現這兩個網絡的相異之處了嗎？只要仔細觀察，你就會看出一些端倪。首先，我們看到一個高中生活的殘酷事實：在真

實世界裡，有超過十來個人沒有結交到任何摯友；但隨機網絡中卻沒有任何孤立的節點。第二個發現可能會讓你相當驚訝，但這其實是非常普遍的現象，那就是明顯可見的網絡隔閡。位於真實網絡上方的那一群學生，幾乎不與位於網絡下方的另一群學生當朋友。隨機網絡則是包含了指向任何方向的連結。

把學生的種族資訊也納入圖 1-2 後，網絡隔閡益發明顯，暗示了問題所在。

這種隔閡是人際網絡中重要的特徵之一，在我們接下來的討論中將扮演重要的角色。至於為什麼會形成帶有如此隔閡特徵的網絡，有些答案顯而易見，有些則微妙不易察覺，我們稍後將會提及。但總歸一句，我們之所以在乎人際網絡以及其特徵，是因為它帶來的影響。讀完本書，你應該就能了解為什麼高中生友誼網絡出現的隔閡特徵，深深地影響了學生申請大學與否的決定，但卻與流感疫情的蔓延完全沒有關係。

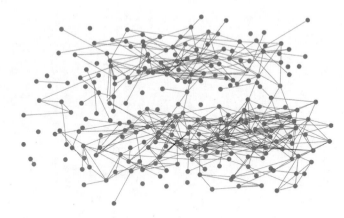

(a) 高中學生之間的親密朋友關係網絡

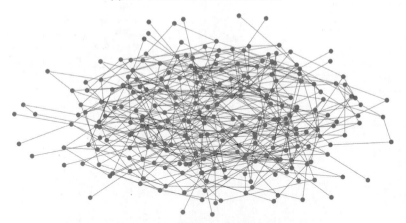

(b) 有著與圖 (a) 同樣數量與節點的隨機生成網絡

圖 1-1　人類網絡與隨機網絡

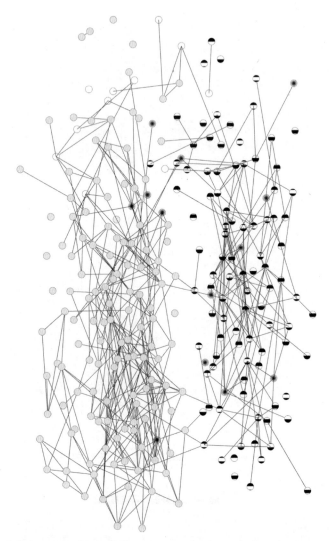

圖 1-2　帶有種族標記的高中學生網絡。黑白節點是「黑人」（學生自我認同的身分）；
　　　　灰色節點是「白人」；剩下的少數黑色節點是「西班牙裔」或是白色節點的「其
　　　　他／未知」。[5]

網絡科學之所以充滿趣味，除了因為它影響著我們生活的方方面面以外，還有一部分是因為它結合了許多跨領域的知識：來自社會學、經濟學、數學、物理、電腦科學、人類學等領域的重要概念與研究，造就了人際網絡的理論基礎。[6] 比方說，我們將會大量地運用經濟學中「外部性」（externality）的概念（即一個人的行為對周邊的人產生的影響），以及各種可以放大「外部性」的反饋機制。這樣的設定在很多複雜系統裡都看得到，不但簡單易懂也好描述，衍生出的特徵與行為也相當豐富。

我們討論的範疇將遠遠超過個人層次的社交網絡，還有國家層次的貿易協定以及銀行機構間的契約。本書涵蓋的所有社會經濟網絡，某種程度上都和人際交流有關，因此我們可以將它們都歸類在「人際網絡」之下。[7]

讓我們從一個貫穿本書的重要問題開始說起：你的社交網絡位置如何決定你的影響力？我們將介紹各種不同的「影響力」，並告訴你這些影響力和你的網絡位置有何關聯。

第 2 章

權力與影響力：誰占據網絡核心？

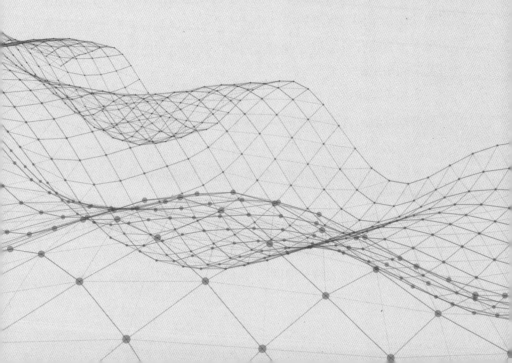

有時候，理想主義者對於所有與交際有關的事情避而遠
之，彷彿這是什麼被阿諛奉承與追逐私利所玷汙的東西。然而，
甘於默默無聞的美德只會在天堂獲得回報。想在這個世界上有
所成就，就必須為人所知。

　　　　　　　　── 索尼亞・索托瑪約（Sonia Sotomayor），
　　　　　　　　　　《我摯愛的世界》（*My Beloved World*）

　　西元 1930 年，被尊稱為聖雄的甘地發起了「食鹽長征」，獲
得數萬人響應，對當時英國的殖民統治表達抗議。群眾從甘地所
在的城市，往生產海鹽的沿海城市德地徒步前進，步行超過兩百
哩。遊行的核心訴求是反對新頒佈的食鹽稅法。在當地炎熱的氣
候下，食鹽被大量食用，是重要的民生必需品，因此，高額的鹽
稅就成了英國殖民者對印度施行苛政的象徵。若以更長遠的角度
來看，食鹽長征開啟了後續一連串公民不合作運動，最終結束了
英國的殖民統治。

　　如果這讓你想起更早以前，英國殖民地也曾發生過類似的稅
務抗議運動，你不是唯一一個。甘地也沒有忘記一百多年前，波
士頓茶黨（Boston Tea Party）抗議英國稅徵的故事。事實上，甘
地說過：「如同美國憑藉受苦、勇敢與犧牲的精神贏得獨立，印
度也應如此！秉持受苦、犧牲與非暴力的精神，在神的眷顧下，
印度終將迎來她的自由。」據說食鹽長征後，甘地曾與當時的印
度總督艾爾文公爵（Lord Irwin）於倫敦會面。甘地被問及希望在
茶水中加糖或奶油時，他回答都不要，他更想加點鹽，「好讓我

們回想起波士頓茶黨的著名事蹟。」[1]

就甘地最終達成的成就而言，食鹽長征只是其中之一。他在1930 年 4 月非法生產私鹽的行動，鼓舞了數百萬人投入公民不合作運動。馬丁・路德・金恩博士曾說，他第一次讀到甘地一路向大海前進的故事時，深受感動。在爭取公民權利與組織抗議活動的手段方面，甘地對金恩的啟發顯而易見。

這些例子說明了，即使是個人也有直接或間接地激勵數百萬人的能力。這種能夠觸及大範圍人群的影響力，讓甘地與金恩最終成功改變了世界。因此，當我們想衡量一個人的權力和影響力大小，一個最直接的想法，就是去評估他能夠號召或是影響的人數，因為這意味著一個人影響力可觸及的範圍有多大。

網絡可以幫助我們衡量這類的影響力。第一種方法，就是直接計算你認識多少人，或是有多少朋友同事。在現在的時代，我們可能還會問，你的社群媒體帳號有多少追蹤者。就像本章即將討論的案例，一個人擁有的朋友和追蹤者多寡，將默默地左右著整個群體的認知與行為。

然而，交友滿天下（直接朋友的數量很多）只是其中一種影響力；本章大部分的內容將著重於其他面向，帶你從網絡的觀點來理解這些不同的影響力從何而來。不管是甘地或是金恩，在那些受到他們感召的群眾中，並非所有人都直接與他們為友，他們很可能只和其中一小部分有過互動。他們結交關鍵人士與摯友，然後透過倡議活動的曝光，間接觸及更多人。食鹽長征從一小群忠實的支持者開始，隨著活動的進程與越來越多的公眾關注，逐

漸演變為大規模的抗爭。

　　就算只有少數朋友或來往對象，一個人還是可以極具影響力，只要他的這一小群朋友本身的影響力夠大。網絡讓我們清楚地看到，權力強大之處往往來自於這樣的間接觸及。「因為朋友很有影響力，所以我也很有影響力；反之亦然」變成一種迭代、交互循環的過程；這樣的現象很容易用網絡的脈絡來理解，也可以應用在很多地方。比方說，誰最適合作為源頭散播消息，或是Google 憑什麼打造了劃時代的網頁搜尋引擎，這些問題其實都與這種間接影響力有關，下文將透過迭代與網絡的概念帶你找到這些問題的答案。

　　權力的衡量方式當然不只這些。在網絡中位居主要連接點或是擔任關鍵協調者，也是一種權力的來源；如果我們畫出網絡結構，一眼就可以看出這個角色的重要性。介於兩群彼此不相識族群之間的橋梁或是中間人，有著無可取代的壟斷位置，他們能協調兩邊的行動，藉由媒合謀取個人利益，並鞏固自身權力。這種類型的權力，可以在電影《教父》中看見，中世紀梅迪奇家族在佛羅倫斯的崛起也是一個例子。

　　理解網絡如何詮釋權力與影響力，有助於我們之後討論金融危機蔓延、經濟不平等與政治極端化等問題。讓我們先從直接影響開始談起。

人氣度：點度中心性

　　儘管麥可‧喬丹並不像甘地那樣號召群眾加入抗議的行列，但他確實號召群眾買鞋。他對廣大群眾的號召能力無與倫比。在他的運動員生涯裡，麥可‧喬丹能以高於 5 億美元的價格[2]，為許多公司代言產品，這絕非偶然。作為職業籃球員，他的薪資也不過是 9,000 多萬美元。以上兩個數字告訴我們，他當時的行銷價值，遠遠高於他作為運動以及娛樂明星的直接價值（影響力至今不衰）。麥可‧喬丹不可思議的知名度，讓他得以直接影響全球數百萬人的消費決定。[3]

　　在網絡術語中，一個人在網絡中有多少朋友或是連結（人脈關係），稱為這個人的「頂點度數」，簡稱「點度」（degree）。與之相關的術語「點度中心性」（degree centrality），衡量的則是一個人有多靠近網絡的核心位置。如果某人擁有 200 個朋友，另一個人擁有 100 個朋友，根據點度中心性的定義，我們會說前者的中心性是後者的兩倍。這樣的計算相當直覺，是我們衡量影響力時第一個會想到的方式。[4]

　　不只是甘地、金恩或是喬丹這種等級的名人，需要正視其影響力的可觸及範圍。你來往的朋友與熟人其實也不斷地影響著你。不管是規模多小的社群，其中點度最高的人將擁有超出比例的存在感以及影響力。

　　我所謂「超出比例的存在感」，其實是一種被稱為「友誼悖論」的重要現象，由社會學家史考特‧菲爾德（Scott Feld）於

1991 年所提出。[5]

　　你是否有過這種印象：總是覺得別人的朋友比你多？如果是的話，你不孤單。平均來說，我們的友人所結交的朋友數量，比群體裡的一般人還要更多。這就是所謂的「友誼悖論」（friendship paradox）。

　　圖 2-1 出自詹姆士・柯曼（James Coleman）的經典研究之一，這個高中生友誼網絡具體說明了友誼悖論如何發揮作用。[6] 圖中包含 14 個女孩的交友狀況。其中 9 個女孩，她們的友人所結交的朋友數量，平均來說比她們自己更多。另外 2 個女孩結交的朋友數量，平均來說和她們的友人一樣多，只有 3 個女孩比她們的友人結交了更多朋友，更受歡迎。[7]

　　友誼悖論很好理解。最受歡迎的人，會出現在很多人的友人名單中；而朋友很少的人，自然只會出現在少數人的友人清單中。由於出現的頻率更高，朋友眾多者在群體中的代表性會被高估，超出了他們在群體裡的比例；而朋友相對少者，則有代表性不足的問題。相對於只擁有 5 個朋友的人，擁有 10 個朋友的人被計算為某人朋友的次數，是前者的兩倍。

　　數學上，這個現象並不難理解，但悖論之所以被稱為悖論，一定有其難以理解之處。不管怎麼說，這個現象幾乎可以在所有的人際互動中發現。如果你曾經為人父母（或至少當過小孩），對於以下的說詞一定不陌生：「學校裡的其他人都有……」或是「學校裡的其他人都可以……」。雖然這種說詞通常都不是真的，但這反映了我們的印象。最受歡迎者的代表性有可能極大程度地

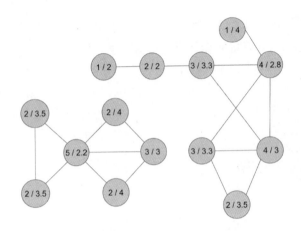

圖 2-1　**友誼悖論**。資料源自詹姆士・柯曼 1961 年針對高中生友誼的研究。每一個節
　　　　點（圓）代表一個女孩，若兩人互相認定為朋友，則畫上一條連線。友誼悖論
　　　　指的是，大部分的女孩，都沒有她友人來得受歡迎。節點內的第一個數字，
　　　　代表這個女孩結交了多少朋友，第二個數字則代表她的友人們平均擁有多少朋
　　　　友。舉例來說，在左下角的女孩有 2 個朋友，而她的友人分別擁有 2 個及 5 個
　　　　朋友，平均為 3.5。因此 2/3.5 代表的意思是，平均來說，她的受歡迎程度低於
　　　　她的友人。這個現象在其中 9 個女孩身上可以看到，只有 3 個女孩比她們的友
　　　　人更受歡迎，2 個女孩和她們的友人同樣受歡迎。

被高估，因此當這些人追隨某種時尚流行時，孩子們就會覺得好
像所有人都是如此。對群體的整體印象以及所謂「正常」行為的
標準，基本上由群體內少數的高人氣成員所決定。

　　為了進一步釐清友誼悖論的含義，讓我們先用一個簡單的例
子說明，再援引相關實證資料佐證。

　　我們來看一個班級裡的學生如何受到朋友的影響。[8]假設這
些學生的內心深處都有從眾的傾向。他們面臨一個很簡單的選擇：

到底要穿素色還是格子上衣？對此每個人都有自己的偏好，並據此決定第一天上學時要穿什麼，如圖 2-2 所示。

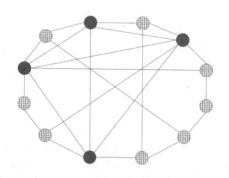

圖 2-2　開學第一天：4 名最受歡迎的學生選擇素色上衣，
其他 8 名學生則選擇格子上衣。

這些學生內心從眾的一面，讓他們傾向跟隨多數人的選擇，只有在兩種選項的支持者都一樣多的時候，才會按照自己的喜好做決定。如圖 2-2 所示，4 名學生喜歡素色上衣，8 名學生喜歡格子上衣。也就是說，有 2/3 的學生更喜歡格子上衣，因此如果所有人都看得到整個群體的偏好，隔天所有人都會選擇穿格子上衣上學。但別忘了，那 4 個最受歡迎的學生（同時可能也是最引人注目的一群）喜歡的可是素色上衣。

(a)第二天，4 名學生轉而追隨高人
　氣學生的選擇。

(b)第三天，接二連三地，更多人
　改變了穿著。

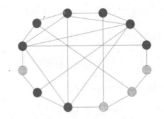

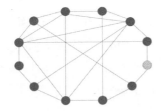

(c)第四天，這股換裝潮流仍持續。

(d)第五天，最後一名學生也不再
　堅持。

圖 2-3　學生們互相觀察，盡可能迎合大多數人的選擇。最受歡迎的 4 個人彼此是朋友
　　　（形成一個派系），且都傾向穿素色上衣。因為這群高人氣學生最容易被注意到，
　　　整個群體高估了他們的代表性，導致所有人都接二連三地換成素色上衣。

　　學生看不到全貌，他們只和他們的友人交流，就像圖中連線
所示的範圍。

　　圖 2-3(a) 到 (d) 呈現了之後每一天的狀況。最受歡迎的那 4
名學生看得到彼此以及某些人的選擇，在他們眼中，大多數人都
選擇素色上衣，因此他們決定繼續穿素色上衣。其他人最常注意

到的，正好是這群高人氣的同學，因此他們決定效仿，改穿素色上衣。就像圖 2-3(a) 所示，那群高人氣的學生依舊穿素色上衣，但有 4 名學生改穿素色上衣；第二天又有 8 個學生群起效尤。自此事態快速變化，如同圖 2-3(b) 到 (d) 發展的過程。每一天，都有一些還穿著格子上衣的學生，發現自己的同溫層大多穿著素色上衣，於是他們也決定改變穿著。儘管一開始更多人喜歡格子上衣，到了第五天，班上每個學生都穿著素色上衣了。

　　圖 2-4 展示了服裝風格接連變化的過程，我們可以看出友誼悖論在其中所扮演的角色。由此可知，以學生眼中大多數朋友第一天的穿著選擇，去推測群體偏好，很可能會得到錯誤的認知。因為高人氣學生的選擇被重複計算，導致 3/4 的學生誤以為素色上衣才是多數，儘管事實是 2/3 的學生更喜歡格子上衣。

　　你可能已經留意到，這個例子中的網絡結構有兩個特殊之處。第一個特色是，所有高人氣學生都有著同樣的喜好，他們都喜歡素色上衣。這樣的設定，加速了流行往他們偏好靠攏的過程。而高人氣學生為什麼更容易氣味相投，的確有一些原因，我們很快會討論這個重要的現象。第二個特色是，高人氣學生彼此互為朋友，形成一個派系。這強化了他們的行為，讓素色上衣成為這個圈子內不褪的流行，最終主導了整個群體的趨勢。加入這個設定只是為了讓這個例子更簡潔有力，但即便去除這個設定，「最受歡迎者擁有超出比例影響力」的想法還是成立。事實上，時尚設計師早已了解這件事的重要性，這也是為什麼他們如此重視奧斯卡紅毯，希望更多名人能穿戴他們品牌最新、最獨特的設計曝光。

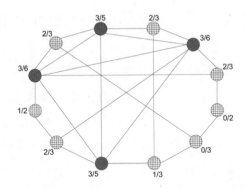

圖 2-4　友誼悖論開始發揮作用。每個節點（學生）旁的數字，分別代表這個學生眼中
　　　　所看到穿著素色上衣的朋友比例。大多數人誤以為素色上衣才是多數，只有在
　　　　右下角的少數幾個人，一開始認為格子上衣是多數人的選擇。但這些學生很快
　　　　也會看到大多數人換上了素色上衣。

　　人氣度與友誼悖論，很可能是同儕影響力（例如學生對彼此的
認知）最核心的作用力。大量的研究發現，學生往往高估同儕抽菸、
喝酒，以及使用藥物的比例與頻率，而且高估的程度還不小。以一
個涵蓋全美 100 個大學校園的研究爲例，學生幾乎毫無例外地高估
了香菸、酒精、大麻等 11 種藥物在校內的流行程度。[9] 另一份
後續研究特別調查了酒精的攝取量，學生需要回報兩個數字，一
個是他們上一次參加社交活動時喝了多少酒，另一個是他們覺得
一個普通學生上一次社交時喝了多少酒。研究結果顯示，在 130
所大學裡超過 72,000 名大學生中，回報的中位數是 4 瓶酒（這聽
起來是個警訊，尤其是將近 1/4 的學生回報 5 瓶或更多）。儘管

上面這些數字已經很高了，但仍有超過70％的學生，認為校內其他人的酒精攝取量，至少還要高出1瓶，這個高估的程度令人吃驚。[10]

要解釋這樣的錯覺，毋需深入探究學生的心理狀態。友誼悖論提供了一個簡單而符合直覺的觀點。你在派對上（或其他社交場合）最常互動的對象，正是那些最常參加派對的人；而這群經常出現在你眼前的派對咖，可能會讓你高估了一般人的酒精攝取量。這就是一種友誼悖論：你在派對上遇到的人，比一般人更常參加派對。除了自身社交經驗以外，你的認知也和你眼中朋友的行為有關。這裡，友誼悖論再次發揮作用。如果高人氣學生更常抽菸、喝酒，他身邊的朋友對菸酒流行程度的估計就可能失準。事實上，確實有一份研究指出，對國中生來說，每多結交1位朋友，他曾抽菸的機率就上升5個百分點。[11]在國中生的飲酒行為方面，也有類似的現象：每多結交5個朋友，他曾喝酒的機率就增加30個百分點。[12]

有很多原因可以解釋，為什麼最活躍於社交的學生使用菸酒的程度也更高。原因之一是，抽菸喝酒是青少年主要的社交活動。因此，花最多時間參與社交活動的人，會有最多機會喝酒。或者也可能是反過來的故事：喜歡喝酒的人，更熱衷於尋找喝酒的機會與同好。[13]除了這些原因以外，父母管教較鬆的學生，有更多時間和同學一起遊玩，因此也有更多機會接觸酒精、香菸與藥物。最後，社交活動本身就具有反饋機制。看到朋友喝得正起勁，你也連帶多喝了幾杯。這個舉動看在朋友的眼裡，進一步讓他的

酒興更加高昂，於是這樣的循環在反饋機制中不斷持續下去。[14]

　　學生對同儕行為的認知（就算沒有很多，至少也有一部分）來自於他們自身的觀察；在這樣的前提下，友誼悖論的作用，再加上社交活躍者大多作風獨樹一格的事實，讓學生很容易高估某些行為的普遍性。更廣義來說，人類的行為源自於他們自身觀察到的社會風氣；在這樣的前提下，最後左右著大多數人行為的，其實是那些社交非常活躍的少數；再加上網絡效應，使得多數人所感知的社會風氣往往比真實情況更極端。

　　社群媒體的出現放大了友誼悖論的效果，且其影響的幅度相當驚人。舉例來說，一個有關推特用戶行為的研究[15]指出，相對於用戶訂閱的對象，用戶本身的追隨者通常較少，這樣的情況出現在98％以上的用戶身上。一般來說，用戶和他們的推特「朋友」之間，追隨者數量的差距可以到十倍以上。那些高人氣推特用戶，數量雖少但非常活躍，他們是病毒式傳播內容的主要推手。當越來越多人（特別是青少年）開始使用社群媒體，少數意見領袖主導大多數人認知的情況，變得越來越明顯；再加上這些意見領袖的言行舉止通常相當獨特，導致人們的認知錯覺更加嚴重。就像是我們先前提到的，青少年接觸菸酒的年齡下降或使用量上升，與最熱衷社交的學生行徑大有關係。對學生來說，參加派對本身是一種社交活動，因此派對上與菸、酒、藥物有關的照片和故事，很自然地會出現在社群平台上，這進一步放大了社群媒體的影響力。相對地，有些行為（例如讀書）屬於比較個人的靜態活動，一般人很少在社群媒體上分享這樣的資訊。因此對青少年

來說，高估同儕使用菸酒的比例、低估他們花在讀書上的時間，
是再自然不過的事了。

　　無論我們是否意識到這一點，伴隨著友誼悖論而生的認知錯
覺，其應用並不僅限於「友誼」這個主題。友誼偏見是一種「選
樣偏差」（selection bias），意思是我們選擇樣本的方式，可能導
致樣本隱含偏見，於是我們基於這個樣本所做的觀察，難以代表
真實狀況。我們總是訂到最繁忙的航班、到最熱門的餐廳吃飯、
在尖峰時刻開上交通最壅塞的公路、在人潮最多的時候到訪公園
或景點、想看的電影和演唱會總是爆滿。這些偏頗的經驗扭曲了
我們的認知以及對社會秩序的想像，而且很可能我們自己並沒有
意識到。如同學者肖恩・弗雷德（Shane Frederick）於 2012 年發
表的論文所述：「你看得到星巴克門市前大排長龍的人潮，但你
看不到那些不願意花 4 美元買一杯咖啡的人，因為他們通常只會
待在辦公室裡。」[16]，這往往讓我們高估別人的付費意願。

比較，怎麼比較？

只要反覆地嚴刑拷打資料，就連大自然也能屈打成招。

　　　　　　　　　　　—— 羅納德・寇斯（Ronald Coase），

　　　　　　　　　　　　　　　　《經濟學家該怎麼選擇？》

　　　　　　　　　　（*How Should Economists Choose?*）[17]

　　我希望在各方面都被認定為最出色的球員，而不是一個只
會得分的球員。　　——麥可‧喬丹，2003 年 NBA 全明星賽

　　一說到誰是有史以來出色的籃球員？可能會有人說威爾特‧
張伯倫（Wilt Chamberlain）或是麥可‧喬丹。也可能會有人想幫
勒布朗‧詹姆斯（LeBron James）說幾句話。在芝加哥長大的我，
當然也有屬於我自己的答案，但老實說，這真的非常難以類比，
因為這些偉大的運動員，不但球風迥異，在球隊裡所扮演的角色
也大不相同。

　　有太多不同的統計數據，可以總結他們的職籃生涯。例如，
喬丹和張伯倫在許多方面有驚人的相似處：在他們職籃生涯裡，
平均每場常規賽的得分都是 30.1 分，在常規賽季中拿下超過了
30,000 分（喬丹 32,292 分：張伯倫 31,419 分），他們也多次獲得「最
有價值球員」的殊榮（喬丹 5 次：張伯倫 4 次）。但在某些方面，
他們差異極大：喬丹帶領他的球隊多次奪得冠軍（喬丹 6 次：張
伯倫 2 次），但張伯倫每場賽事奪下的籃板數相當驚人（張伯倫
22.9 次：喬丹 2 次）。

　　如果我們納入球員其他方面的表現，有更多優秀的球員會出
線。斯蒂芬‧柯瑞（Stephen Curry）的三分球紀錄歷史上無人能
出其右。卡里姆‧阿布都 – 賈霸（Kareem Abdul-Jabbar）運動生
涯的長壽無人可及。從最早稱霸大學籃球界，到他生涯中參與的
19 次全明星賽，他前後共打了 20 年的球，拿下超過 40,000 分。

國高中時期的勒布朗‧詹姆斯就已經被《體育畫報》以封面故事報導，他全方位的優勢大家有目共睹。但說到全方位的貢獻，我們不得不看「三雙」的數據。所謂「三雙」是指，在得分、籃板、助攻，這三個方面都必須有兩位數（10以上）的表現。這時我們不得不提起奧斯卡‧羅伯森（Oscar Robertson），平均每季都達成一個三雙，這一壯舉直到最近才被拉塞爾‧威斯布魯克（Russell Westbrook）趕上。他達成的三雙比賽之多，即便是魔術強森（Magic Johnson），也難望項背。

我們的重點不是爭論誰是最強籃球員（像是喜劇秀《週六夜現場》中「牛隊與熊隊」的爭論片段[18]），而是要強調以下幾件事：統計數據可以簡潔地擷取出有用的資訊；不同的統計數據蘊含的意義不同；以及，即使藉助大量的統計數據，想要掌握所有的細節仍是一件相當困難的事。

如果衡量任何事，都可以簡化成一個統計數字，我們的日子大概會好過很多。可惜的是，我們的生活之所以這麼有趣，就是因為那些我們認為重要的事情，不可能只用單一維度的數字就能解釋；而單一維度的評量標準，最後也只會因詮釋空間過大而充滿爭議。比方說，我們能夠比較海頓、史特勞斯、斯特拉文斯基在音樂上的創新程度嗎？能比較愛蓮娜‧羅斯福（Eleanor Roosevelt）、哈里特‧比徹‧斯托（Harriet Beecher Stowe）、哈莉特‧塔布曼（Harriet Tubman）在人權領域的貢獻嗎？梅西跟馬拉度納誰才是讓人印象更深刻的足球員？畢卡索與達文西的藝術造詣孰高孰低？或者，畢卡索的畫作與馬諦斯的作品應該要更容

易比較，因為他們生在同一時代，而且互為競爭對手？很多人可能會說，這樣的比較不但無望成功也毫無意義。但這樣的比較，其實讓我們可以更仔細地思考，這些人做出的貢獻反映在哪些方面，以及為什麼這些貢獻改變了世界。[19] 就像我們用不同的籃球統計數據，就會看到不同的籃球員脫穎而出，各個都有自己的獨門絕活。同樣地，當我們使用不同的統計數據以描述一個人的網絡位置時，也會看到不同的成員嶄露頭角，被認定為關鍵的「核心人物」。從某些數據的角度來看，這個人可能非常接近網絡核心，但從其他數據的角度來看，可能又不是這麼一回事。到底哪一種網絡統計量最適用，取決於使用情境。就像是籃球員選秀一樣，到底要挑擅長得分還是擅長防守的球員，也要視情況而定。

目前我們已經認識了一種衡量中心性的指標「點度中心性」，它解釋了為什麼點度最高的人最終可以不成比例地影響整個網絡。這就是第一種「網絡效應」。作為一個最基礎也最直覺的網絡中心性指標，點度中心性可以類比為籃球比賽中的「單場平均得分」。但這樣的類比還不夠完整。網絡中不同位置的人，擁有不同的優勢，因此誰位居網絡核心的答案，取決於我們怎麼問問題，就像是張伯倫是稱霸全場的籃板王、喬丹擁有帶領球隊奪冠的能力、柯瑞也有他獨創的防守方式。若只依據點度中心性，比較網絡中的兩個節點（比方說，兩個人），可能導致我們忽略了權力與影響力的其他重要面向。接下來我們來看看其他概念吧！

關鍵是你認識誰：大海撈針

> 交際應酬是垃圾，你應該做的是結交朋友。
> ——史蒂夫・溫伍德（Steve Winwood），英國搖滾創作歌手

要不是在 1995 年謝爾蓋・布林（Sergey Brin）偶然地接待賴利・佩吉（Larry Page），帶著當時正考慮申請史丹佛博士學位的佩吉在校園走走，Google 可能不會出現。布林的家庭在 1970 年代末期，自俄羅斯移民至美國。基於對數學與計算機程式的熱愛，布林進到史丹佛學習電腦科學。佩吉對電腦有相似的狂熱，他的童年經常「翻遍書籍、雜誌或是直接把家裡的東西拆開看看，以弄清楚這個東西的運作方式」。儘管個性鮮明的兩人時有摩擦，相似的興趣與才智讓他們很快成為了朋友。不過我們之所以重視這個故事，是因為他們倆對網際網路（World Wide Web）日益濃厚的好奇心。

到了 1996 年，布林和佩吉開始一起工作，著手為網際網路設計搜尋引擎。他們把四處找到的零件組裝成電腦，放在佩吉的宿舍；布林的宿舍則作為創意發想與開發程式的辦公室。在他們用學生身分共同發表的論文中，布林與佩吉提到，自 1990 年代末期起，網際網路快速擴張，既有的搜尋引擎技術將難以因應這個變化。世界上最早的搜尋引擎之一是 1994 年問世的「全球資訊網蟲程式」（World Wide Web Worm），當時大概只索引了 100,000 多個網頁。到了 1997 年，另一個搜尋引擎「AltaVista」宣稱，網站

上的每日搜尋量上看數千萬次，而此時需要搜尋與索引的網頁數量已經成長到數億了。由於網頁數量實在太大，用戶幾乎不可能找到他們真正想要的資訊。引述布林與佩吉所言，「截自 1997 年 11 月爲止，四家搜尋引擎中，只有一家有辦法找到自家的入口網頁（意思是，在自家搜尋引擎查詢自己的名字，回傳的前十條結果內，是否能包含自家搜尋引擎的入口網頁）」。

那麼，要怎麼在汪洋大海中找到那根對的針呢？用戶輸入關鍵字後，要怎麼將他有興趣的網頁篩選出來呢？有人提出一些簡單的方法，嘗試要解決這個問題。但棘手的是，同樣的關鍵字可以出現在很多網頁上。即便這個關鍵字頻繁地出現在這個網頁上，也不能保證這就是用戶想找的資訊。有些人認爲，追蹤歷史流量，並深入地瀏覽各個網頁的內容，可能會有幫助。總之，人們嘗試了很多方法，但似乎沒有一個管用。大家開始認爲，也許正是因爲網路變得太大了，就算用最明智的方式去建索引或導航，仍注定是一個難以征服的挑戰。

布林與佩吉提出的突破性概念，源自於他們對網際網路結構的關注：能夠蘊含這麼大量有用資訊的網絡結構，絕不是偶然生成。一個網頁會連往另一個與其最相關、對其最重要的網頁。那麼，有了這個概念，布林與佩吉打算怎麼運用呢？他們的關鍵推論是：當前的網頁是否爲用戶最感興趣的內容，可以透過分析哪些網頁連往它來判斷。如果連往它的都是重要的網頁，那麼它一定也是重要的網頁。判斷的標準不在於這個網頁本身的連結多寡，而是那些與它相連的對象，是否爲掌握許多連結的重要網頁。在

很多情境下，一大群普通朋友還不如一個「人脈廣」的朋友，來得有影響力。

　　這是一種循環定義：我們認定網頁 A 很「重要」，是因為另一個「重要」的網頁 B 連往它；但網頁 B 之所以被視為重要，也是因為有其他「重要」的網頁連往它（例如，前面認定為「重要」的網頁 A）。儘管存在循環性，但事實證明，在網絡的架構下，這個解法不但非常有用，而且漂亮的不得了。

　　假設今天我們想散布謠言，或是某些易於口耳相傳的消息好了。如果我們的人際網絡就像是圖 2-5，我們會發現訴諸人氣（直接影響力）並不管用。舉例來說，圖中可以清楚地看到，雖然南西和華倫都有兩個朋友，但他們的網絡位置大相徑庭。他們親近友人的人脈廣闊程度不同，連帶地，他們網絡位置的優勢程度也有所不同。華倫的友人只有兩個朋友，但南西的友人卻有六、七位之多的朋友。因此，即使南西與華倫的「點度」（朋友數）完全相同，但南西友人的點度（比華倫的友人）更高。

　　讓我們先停在這裡討論一下：我們不直接計算親近友人的數量，我們計算的是，每一位親近友人可以額外帶來的人脈連結，也就是說，我們留心的是「朋友的朋友」的數量，也就是所謂的「二度連結」朋友。不只考慮「朋友」，還要將「朋友的朋友」納入考慮，從這個角度出發的話，南西明顯比華倫更適合散播消息。但為什麼要停在這裏？何不考慮「三度連結」呢？就「三度連結」而言，南西與艾拉的交情顯得無用武之地，但她與邁爾的友誼帶來了更多新的人脈連結。此時，我們不過是從南西的位置

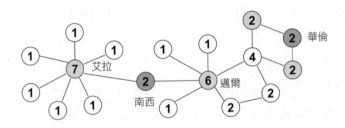

圖 2-5　南西與華倫的點度都是 2。然而，他們親近友人的人脈廣闊程度不同，連帶地他們網絡位置的優勢程度也不同。

向外走了三步，我們已經觸及這個網絡中，除了華倫以外的所有人了。但如果華倫也向外走三步，只有額外五個人會被觸及，而南西可以觸及十六個人之多。這使得南西比華倫更適合散播消息，即使他們的點度相同。

但如果我們不斷地類推下去，要怎麼在大型網絡中衡量這種間接影響力呢？方法很多，但讓我先介紹這些方法的核心概念。讓我們先從「一度連結」開始，也就是與你直接為友的人。以圖 2-5 為例，南西和華倫在一度連結上的得分都是兩分，因為他們各自擁有兩個朋友。接著我們將二度連結也納入考慮。但等等，我們可以把「二度連結朋友」跟「一度連結朋友」相提並論嗎？舉例來說，當消息以南西為起點開始向外散布時，這個消息傳到邁爾耳中，比傳到邁爾的朋友耳中，來得容易；因為消息得先從南西傳給邁爾，邁爾才能繼續把消息往外傳。消息向外擴散兩步的機率，一定比向外一步來得低。假設機率是一半好了，那「二度連結朋友」的權重，就是「一度連結朋友」的一半。南西有 11 個

二度連結朋友，因此她從「朋友的朋友」那邊得到了 11/2 的分數。華倫只有 1 個二度連結朋友，因此他獲得 1/2 分數。如果我們把目前的分數合計，南西共拿到 7.5 分，而華倫僅有 2.5 分。接著我們繼續考慮三度連結，南西有 3 個這樣的朋友，華倫有 2 個。按照之前的邏輯，我們把權重再縮為一半，因此每個三度連結朋友以 1/4 分計算。這樣一來，南西會拿到 3/4 分，而華倫得到 2/4 分，此時南西的總分為 8.25 分，而華倫為 3 分。重複這樣的過程，我們就能量化南西的影響力比華倫大多少。

　　這裡我們比較南西與華倫的方式，其實還可以幫助布林與佩吉解決他們面對的難題。讓我們先定義，每個人的「中心性」正比於其朋友們的中心性之和。這裡的算法和我們剛剛做的計算很像，以南西的得分為例，她從艾拉與邁爾的分數中獲得一定比例的分數，而其中艾拉與邁爾的分數又來自他們各自的朋友，以此向外類推。同樣的方法也可以用來計算其他人的得分，艾拉與邁爾的得分來自他們各自的一度連結朋友（也就是南西的二度連結朋友）以及二度連結朋友（也就是南西的三度連結朋友），以此繼續類推。[20]

　　幸運的是，這樣的迭代問題可以被一個方程組所描述，數學上並不難處理。這都要歸功於十八到二十世紀以來許多數學家的貢獻：尤拉（Euler）、拉格朗日（Lagrange）、柯西（Cauchy）、傅立葉（Fourier）、拉普拉斯（Laplace）、維爾斯查司（Weierstrass）、施瓦茨（Schwarz）、龐加萊（Poincaré）、馮·米塞斯（von Mises）、希伯特（Hilbert）。希伯特將這類

問題的解法通稱爲「特徵向量」。特徵向量出現以來，被廣泛地運用在各個領域，像是量子力學（薛丁格方程式〔Schrödinger's equation〕）或是作爲訓練臉部辨識模型基石「特徵臉」（eigenfaces）的定義。這裡我們運用特徵向量求解，得知南西的分數約是華倫的三倍，如圖 2-6 所示。[21]

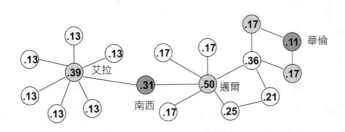

圖 2-6　每個節點（人）的特徵向量中心性。南西的分數幾乎是華倫的三倍，即使他們兩人有一樣的連結數。雖然艾拉的點度中心性最高，但就特徵向量中心性而言，分數最高的人是邁爾。

　　讓我們回到布林與佩吉的創新，他們開發了「網頁排名」（PageRank）的演算法並據此排序網頁；演算法的實作涉及特徵向量的計算，也與我們前面的討論有關。當然他們的目標並不是找出最好的謠言散播模式，而是另一個很類似的迭代問題，一般稱之爲「隨機遊走問題」（random surfer problem）。假設所有連結被點擊的機率都一樣，用戶從某個網頁起步，隨機點擊該網頁上其中一個連結，造訪其他網頁。用戶不斷地重複這個動作，在網路世界裡隨機遊走。[22] 雖著時間的推移，用戶最後會在不同

的網頁落地；此時，我們去計算用戶在每個網頁上的相對落地次數，這就變成一個特徵向量求解的問題。在這個情境下，每走一步所使用的權重，與網頁內嵌的連結數量成正比。

　　要實現這樣的演算法，布林與佩吉需要面對兩個挑戰。概念上的挑戰是如何找到最相關的網頁，他們解決這個問題的方法是，透過特徵向量不斷迭代，計算出這個網頁與整個網絡「緊密相連」的程度，而非只用網頁本身的連結數來排序。另一個實務上的挑戰則是，如何在龐大的網路世界裡實作這個演算法，包含：爬梳網頁與建立索引、儲存每個網頁的內容與內嵌連結，以及對所有網頁做上述迭代計算。在小規模的網絡上（例如南西與華倫的例子）做這樣的計算是一回事，但在數十億網頁的規模上做同樣的運算，完全是另外一回事，更何況網路世界的內容與連結，無時無刻不在向外擴張。

　　針對這類運算，布林與佩吉開發了一個適用於大型網絡的演算法「BackRub」，並部署在史丹佛大學的伺服器開始運行。BackRub 之名源自於「反向連結」（backlink），意即所有指向某個頁面的連結。BackRub 成長迅速，很快地超過他們學生帳戶所能負荷的程度。到了 1997 年，他們將搜尋引擎搬了出來，並改名為「Google」，命名的靈感來自英文字「googol」，這個字代表一個超過 100 位數的數字，象徵他們演算法所征服的網路規模。任何一個早年曾苦惱於網頁搜尋的人，都會同意 Google 的搜尋能力簡直好得讓人難以置信。當時市場上有幾個相互競爭的搜尋引擎，人們通常要同時嘗試不同家的搜尋引擎，因為要找到真正

需要的網頁實在是太困難了。到了 1998 年，《電腦雜誌》（*PC Magazine*）撰文讚美 Google「搜尋出高度相關資訊的本領高超」，並將其列入百大網站的名單。[23] 之後的故事就是大家所熟知的歷史了。[24]

微型貸款計畫的宣傳

儘管 Google 的歷史顯示了，基於特徵向量所發展的演算法比其他方式有效，但搜尋演算法的設計相當複雜，也許 Google 的成功還要歸因於演算法中的其他因素。我們需要其他更明確的證據，支持網絡中朋友位置的重要性。再者，BackRub 的目的是找出最容易被觸及的網頁，但很多時候，我們更關心反過來的情境：能多容易地觸及別人，也就是一個人的影響力觸及範圍。

我一直把這件事記在心上。2006 年我到麻省理工拜訪我的朋友阿巴希·巴納吉教授（Abhijit Banerjee），當時我正好談到這個念頭，可惜的是我還沒有找到辦法實際驗證這個想法。不知該說我有多幸運，找阿巴希討論這個想法真是找對人了（他經常是那個對的人）。他告訴我一個機會，麻省理工的埃絲特·杜弗洛教授（Esther Duflo）正在接洽南印度的 BSS 銀行（Bharatha Swamukti Samsthe），他們打算聯手推出一個微型貸款（microfinance）計畫，以口耳相傳的方式在當地宣傳。（人際網絡的威力在這個計畫啟動的過程中顯露無遺）這個微型貸款的宣傳計畫，正好是一個絕佳的機會，了解網絡結構怎麼影響消息

的散播，並且也讓我們得以測試，哪一種中心性指標最能反映一個人傳播消息的能力。阿巴希、埃絲特、我，以及一位麻省理工的研究生阿倫・錢德拉塞卡（Arun Chandrasekhar）四個人開始了這個長期研究。（很巧地，阿倫的老家就在我們研究的區域：卡納塔克邦。）

　　掀起微型貸款革命的先驅是孟加拉的穆罕默德・尤努斯（Muhammad Yunus）。他在 1970 年代創立了孟加拉鄉村銀行，並在 1980 年代開始廣泛地提供金額極小的貸款。因為這項創舉，尤努斯與孟加拉鄉村銀行獲得了 2006 年諾貝爾和平獎的肯定。這個金融革命的概念很簡單，但卻充滿智慧。目前世界上大部分的貸款都需要抵押品（像是房屋或是車子）作為擔保，或需要穩定的就業紀錄以預支工資，或需要良好的信用紀錄以申請信用卡貸款（背後有強悍的催收機構負責處理違約）。然而，微型貸款的服務對象是那些極其貧困的人，他們沒有固定的工作、幾乎沒有抵押品，而且通常追討違約的成本非常高。在這樣的條件下，微型貸款創新之處在哪？

　　其創新之處就在於，這種貸款是建立在連帶責任的基礎上：一人拖欠還款，多人共同承擔。也就是說，只要有人違約，他的朋友也會受到牽連。目前微型貸款的概念有很多不同的實現方式，其中一個典型的制度正好是我們故事裡的 BSS 銀行所採用的，體現了微型貸款的精神。BSS 銀行的貸款只發放給 18 到 57 歲的女性，每戶最多只能申請一筆。貸款對象被分成五人一組，同組成員必須共同承擔違約責任：如果其中一人違約，那其他人的貸款

也會被宣告違約。只要有過違約的紀錄，未來就無法（或至少是很難）獲得新的貸款。在某些情況下，這種共同承擔債務的做法不限於組內，可以在更廣的範圍實行，例如多個組或是村莊；如果整體的違約狀況太嚴重，整個村莊的人都將失去申貸的資格。這種要求人們共同承擔債務的做法，塑造出一種關乎個人聲譽的社會壓力，人們會盡可能避免違約，以免牽連村莊裡的親鄰好友；同時，這也讓組員們更願意幫忙彼此，在有人無力還款時施以援手。

另一方面，清償一筆貸款，通常也意味著後續的申貸資格以及更高的貸款額度。根據當前還款紀錄以提高額度的機制，強化了借款者的還款意願，同時也讓村民一步一步地建立自己的信用紀錄。除此之外，村民通常還會接受一些基本的財務訓練，例如鼓勵儲蓄、如何追蹤收入、如何建立財務計畫，以及簡單的記帳方法等等。這些培訓看似基本，但確實有助於村民找回財務自主權。[25] 在一次村訪中，一名接受財務狀況調查的婦女讓我上了一課，她談到她如何提高貸款額度、如何用會計系統記錄家庭收支、如何透過貸款小組的成員多元性（穆斯林與印度教徒家庭）以分散風險，以及如何結合數筆貸款以買下一輛卡車並開始創業。

在我們研究進行的那幾年，雖然仍有逾期付款的情況，但BSS 銀行在這些村莊所發行的微型貸款，幾乎沒有出現違約的狀況。[26]

這樣的微型貸款還有另一層重要的意義，那就是限制女性申貸的條件影響了家庭內的權力關係。雖然有些錢（但不多）最後

仍掌控在家庭中的男性成員手中，但只能透過女性成員申貸的事實，還是讓女性對這筆錢要如何投資與使用，擁有一些話語權。[27]

　　BSS銀行宣傳貸款計畫的方式，不但說明了網絡中心性的重要性，也釐清了點度中心性與特徵向量中心性的差別。

　　在我們的研究裡，BSS銀行打算在卡納塔克邦內的25個村落內推行微型貸款，但問題是，要怎麼讓潛在的借款者得知這個消息？這些地區政治動盪，種姓色彩濃厚，加上貪腐的問題，種種因素讓BSS銀行不打算與地方政府合作進行宣傳。雖然可以透過手機聯繫，但村民們早已受夠垃圾簡訊的轟炸，電話行銷估計不會管用。其他可能的宣傳方式包括發放傳單或是開車在大街小巷廣播，不過這些過去經常被濫用，通常只會讓人聯想起一些政治活動。總之，銀行最後決定採用口耳相傳的方式，找一些村里的「核心」人物，代為宣傳新推出的微型貸款計畫。

　　問題是，銀行在對當地的人際網絡一無所知，在這種情況下，要怎麼找出村里裡的核心人物呢？又，不同的找法會影響宣傳結果嗎？一開始銀行認為，最適合宣傳這個消息的村里人士，大概是老師、雜貨店老闆和自助會負責人。[28]我們姑且稱之為「初始種子」（the initial seeds）。基本上，銀行預期當地的人際網絡核心就是這些初始種子。請注意，這裡的「核心」指的是點度中心性，此時的銀行還沒有特徵向量中心性的概念。

　　我們發現在某些村莊，初始種子的確擁有高點度，但在另一些村莊則很低。例如，有些村莊的老師認識很多人，但有些村莊的老師則不然。更重要的是，某些村莊的初始種子擁有相當高的

特徵向量中心性，但點度中心性卻很低；另一些村莊則出現相反的現象。在某些村莊，初始種子的宣傳效果很好，但在其他條件相似的村莊，卻徹頭徹尾地失敗：那些村莊的申貸率幾乎只有其他地方的一半，最差甚至不到十分之一。透過這些村莊的案例，我們可以分析究竟哪一種中心性概念最能反映消息傳播的模式。又，當我們衡量初始種子多靠近網絡核心時，用不同的中心性指標就會得到不同的數值；究竟初始種子的哪種中心性指標（的變異程度），最能解釋村落間高達六倍的宣傳成效差異？

早在 2007 年，BSS 銀行在這些村莊推行服務之前，我們就調查過當地成年村民間的人際網絡。這些小村莊因鮮少與外界往來，且村民間互動方式大多是面對面交流，特別適合網絡分析。[29]

我們先前討論過人氣的重要性，最受歡迎的人某種程度上可以影響他人看法與流行趨勢。因此，選擇高點度的人物，作為宣傳微型貸款的初始種子，乍看之下很有道理。但事實證明並非如此。初始種子的點度高低，與貸款消息在村內擴散的程度，基本上沒有任何關係。[30]

難道這代表我們之前關於人氣度的討論都沒有意義嗎？當然不是。就像我們先前評比籃球員一樣，人氣的重要性不言而喻，但它只是其中一種視角。人氣較高者能形塑社會風氣與創造流行，直接影響眾多人的觀點。然而，在我們的研究中，推行微型貸款遇到的最大困難，並不是改變村民的觀點，而是要讓貸款資訊可以傳播到村里每一個人耳中。當時已經是 2008 年，即便是住在最偏遠村莊的人，也很少人會對微型貸款的存在一無所知，就像是

生活在已開發國家的人，一定都聽過信用卡，並理解它可以帶來什麼好處。我們並不是要推廣一種新觀念，村民對於貸款在村里流行程度的印象也不是我們關心的事，我們真正想做的，是讓盡可能多的村民知道，銀行正在提供這樣的貸款計畫。[31]

事實上，要有效地散播消息，不只取決於初始種子本身的朋友多寡，還取決於初始種子朋友的朋友（二度連結朋友）、三度連結朋友、四度連結朋友的數量等等。[32] 一般而言，初始種子本身的朋友，只占整個群體裡的一小部分人口而已。雖然點度高低似乎不太重要，但我們發現初始種子的特徵向量中心性越高的村莊，其申貸率的確也會有顯著的提升。如果我們將所有村莊的初始種子，按照特徵向量中心性排序，接著將排序最低的那些村莊，跟排序最高的村莊相比，平均申貸率可以相差三倍之多。由此可知，要讓貸款資訊傳遍村里，必須讓消息流傳的範圍遠遠超出初始種子的朋友圈，繼續擴散至他們的朋友的朋友的朋友……的圈子。

傳播中心性

關於我們的微型信貸計畫，故事至此還沒結束。

人們對任何話題的興趣最終都會隨著時間消散。大部分的新聞只能抓住大眾的眼球幾個小時、頂多幾天，之後很快地就會淹沒在其他新聞裡。當媒體不再報導，人們不再討論，這個新聞的傳播大概就到此為止了。換言之，就新聞傳播而言，特徵向量中

心性很可能高估了消息在網絡中的擴散程度。一方面，點度中心性考慮得太少，只考慮消息向外擴散一步的狀況，但事實上謠言不會止於朋友之口。另一方面，特徵向量中心性卻考慮得太多，認為所有消息都會在網絡內永不停止地傳播下去。真實的情況通常介於這兩種極端之間。

考慮到這一點，我們為微型貸款計畫，定義了一個新的中心性指標，以捕捉消息動態擴散的過程。我們知道新聞會在人群間傳播，但一個話題通常討論幾個循環後就會停止。比方說，人們可能會在一兩天內熱烈地討論某個議題，但很快地又對此失去興趣。據此，我們估計微型貸款的消息，大概可以向外擴散三個循環，也就是說，消息走得不遠，頂多能抵達朋友的朋友的朋友的耳中。

另外還要考慮話題性。有些話題你會興奮地和身邊所有的朋友分享，但有些話題則還好。就微型貸款的消息來說，我們估計向外擴散一步（告知其中一個直接朋友）的機率大約是 1/5。在南西與華倫的例子中，當時我們把權重設為 1/2，並假設消息的傳播無遠弗屆；這裡，我們的權重改用 1/5，且只允許三個循環的傳播，也就是到朋友的朋友的朋友為止。[33] 如果改用新方法，南西的得分仍然高於華倫，只是沒有高那麼多而已。

傳播中心性（Diffusion centrality）介於點度中心性與特徵向量中心性兩個光譜極端之間。如果循環次數大到某個程度、消息向外擴散的機率又很高時，它的值會很接近特徵向量中心性；如果只允許一次循環或是向外擴散的機率極小時，此時它的值就和

點度中心性成正比了。介於兩者之間的傳播中心性，反映的概念是：一個人影響力可觸及的範圍有限，且話題熱門程度以及人們是否持續關注，也會影響消息傳播的結果。

事實證明，傳播中心性可以更精確地描述微型貸款的傳播模式，其表現甚至優於特徵向量中心性。相對於特徵向量中心性，傳播中心性更能解釋爲什麼不同村莊的初始種子，其傳播結果可以天差地遠。[34]

這個故事的寓意是：有很多方式都可以衡量中心性，但究竟哪一個表現更好，取決於你的使用情境。

關於如何衡量一個人的網絡位置，目前爲止，我們已經介紹了三種不同的方法。概念上，點度中心性衡量的是直接影響力；特徵向量中心性捕捉了透過人脈所得到的間接影響力；傳播中心性則引入消息的存續期間與熱議程度，能更好地預測消息傳播的範圍。就像評估籃球員的表現有很多方法一樣，我們這裡只介紹了幾種衡量網絡重要位置的方法。雖然我們不打算列出全部，但還有一種很特別的中心性指標，迥異於任何一種我們介紹過的指標。歷史上梅迪奇家族傳奇般崛起的故事，從權力的角度具體而微地介紹了這個相當有趣的中心性指標。

梅迪奇家族的崛起：
關於網絡的一個歷史案例

梅迪奇家族成就了我，但也摧毀了我。　　——達文西

　　所有的政治決定都在（科西莫）家裡拍板而定。只有他屬
意的人選才能掌權……只有他才能決定對外出戰還是求和……
除了頭銜以外，所有國王擁有的權力，他都有！

　　　　　　　　　　　　　　　　　　　——教宗庇護二世

　　西元 1434 年是佛羅倫斯歷史上關鍵的一年，這一年的動盪造
就了那位引領早期文藝復興浪潮的大富豪。這一年，佛羅倫斯正
經歷一場轉型，由原本分屬不同派系、財力驚人且政治顯赫的名
流世家（例如：奧比奇家族與斯特羅濟家族）寡頭分治的社會，
過渡到梅迪奇家族獨攬大權的時代。幾乎是同一時間，多納泰洛
（Donatello）完成了他的傑作《大衛》，一個紀念英雄大衛戰勝
怪物歌利亞的等身銅像。這絕不是巧合，因為這個舉世聞名的雕
像，正是出於梅迪奇家族委託之手。究竟當時梅迪奇家族的第一
把交椅柯西莫・德・梅迪奇（Cosimo de' Medici）是如何鞏固了
他的權勢？

　　在 1430 年代以前，梅迪奇家族儘管也躋身菁英之列，但在政
治上或是經濟上，絕對稱不上是最有權力的一群人。相較之下，
斯特羅濟家族財力更雄厚，且政治上掌握了更多地方立法席次。
然而，梅迪奇家族的崛起，讓斯特羅濟家族黯然失色。

　　在 1434 年以前，梅迪奇家族與其他有錢有勢的銀行世家（包
括斯特羅濟與奧比奇家族），關係一直以來都很緊張。他們之間
的衝突在 1433 年逐漸白熱化，這一年斯特羅濟與奧比奇兩大家族

聯手，將柯西莫以及其家族成員逐出佛羅倫斯。這兩大陣營的對立，並不僅僅只是因為爭奪權力，以及敗於盧卡公國所帶來的經濟負擔，背後還有更深層的原因。梅迪奇家族，特別是柯西莫的表親薩爾韋斯特羅・德・梅迪奇（Salvestro de' Medici），是「梳毛工起義」（Ciompi Revolt）背後的主要支持者。這場抗爭活動大約發生於 1370 到 1380 年代之間，由羊毛工人與酒館老闆共同組織，以對抗建制派的行業公會。這場俗稱為「人民黨」（Ciompi，意即「朋友們，來喝一杯！」）的起義活動，起因於下層階級對重稅以及貴族階層的不滿，當時的貴族階級禁止他們加入公會，以防止其獲得政治與經濟權力。儘管這個起義以失敗告終，但它產生了深遠的影響，梅迪奇家族支持下層社會的形象，在此後的數十年間深植人心。隨著梅迪奇金融帝國的持續發展，他們和其他家族間的競爭日趨激烈，終於在 1433 年浮出檯面。當時，敵對陣營占據了執政團（Signoria）中的多數席次，這是當時治理佛羅倫斯最重要的政治組織，透過選擇產生，由 9 名來自公會的「執政官」（Priori）所組成。到了 1433 年 9 月，與奧比奇家族往來甚密的貝爾納多・瓜達尼（Bernardo Guadagni），掌握了執政團的最高職位「正義旗手」（Bernardo Guadagni）（由執政官輪任）。里納爾多・格德里・奧比奇（Rinaldo degli Albizzi）便趁此機會，聯合了斯特羅濟家族的勢力以及其他害怕梅迪奇家族崛起的名門世家，共同說服貝爾納多以及執政團，將柯西莫與其家族成員逐出佛羅倫斯。在奧比奇家族的軍隊監視下，執政團與部分集結起來的民眾草草協商後，做出了流放的處置。

　　梅迪奇家族的流放並沒有持續太久。與梅迪奇家族敵對的寡頭世家陣營，太小看柯西莫的影響力了。柯西莫與他的盟友，將大量的資本撤出佛羅倫斯。佛羅倫斯早已被積欠盧卡公國的戰敗賠款重創，此時更是雪上加霜，大量的資本流出引發了一場嚴重的財務危機。再加上，柯西莫與其他家族結盟，影響了新任執政團的遴選，成功置入自己的政治勢力。自此情勢快速逆轉，1434年秋天柯西莫在盛大的遊行中重返佛羅倫斯。幾天後，宿敵里納爾多‧格德里‧奧比奇被流放，而且這次是永遠地流放。

　　柯西莫憑什麼促成結盟、組織報復行動、最終可以掌握政治權力？又為什麼奧比奇家族無力招架？

　　首先，柯西莫勢必很清楚他正在做什麼，這點無須贅述。在激烈的競爭環境下，柯西莫能夠鞏固並支配權力，說明了他所具備的遠見、手腕與智慧。科西莫充滿智慧且富有遠見的人生觀，展現在他對哲學的濃厚興趣（他出資促成史上第一本柏拉圖著作的完整譯作）、他對藝術的廣泛贊助（不只是多納泰洛，還有安傑利科修士、菲利普‧利皮修士、洛倫佐‧吉貝爾蒂、米開羅佐‧迪‧巴多羅米歐，以及菲利波‧布魯內萊斯基）、他對佛羅倫斯第一座圖書館的資助、以及他在國際政治圈展現的外交手腕。科西莫是真正代表文藝復興精神的人，他的慷慨，以及在商業上、社會上、政治上的手腕，讓他贏得了尼柯洛‧馬基維利的推崇。一個世紀後，馬基維利在《佛羅倫斯史》第四卷寫下：「科西莫謹慎、舉止得體有禮、作風極其開明且仁慈。他從來沒有想要對抗任何黨派或是統治者，他對所有人都慷慨回報；他真誠而大方

的性格，讓他成為所有社會階級的朋友。」

　　但在我們眼中，第二點才是真正重要的因素，那就是科西莫對佛羅倫斯錯綜複雜政商網絡的理解，以及他偶然間占據的重要網絡位置。這個位置讓他得以在政治舞台上先部下奇兵，也讓其他競爭對手疲於應付。

　　在梅迪奇家族的網絡中，我們可以發現兩種關鍵的人脈連結：商業交易與婚姻。商業交易以梅迪奇銀行為中心開展，而銀行的背後由整個大家族牢牢掌握的特許經營權所支撐。梅迪奇銀行不只是佛羅倫斯上流菁英階層主要的融資來源，也是許多其他非菁英階層融資的管道，服務對象包含教皇以及其他遍布各地的宗教領袖。除了基本的金融服務，梅迪奇銀行也跨足多種合作關係、房地產交易與貿易行為。家族聯姻進一步補強了這種經濟合作的關係。

　　在那個年代，菁英階層的聯姻基本上與浪漫或是戀愛無關。家族可能會要求一個十幾歲的女孩，嫁給另一個家庭三十多歲的兒子。女兒被視為一種社交上的抵押品，將兩個家族緊緊地綑綁起來，而女婿往往也會變成重要的商業夥伴和政治幫手。[35]

　　嵌進某種程度的結盟與社交抵押品後，商業交易與聯姻關係變得更穩固，使得互相合作變成一件可能的事。如果沒有這些利益交換，別說是政治結盟與商業契約難以實現，甚至還可能出現彼此激烈競爭的情形。

　　在梅迪奇家族與其他菁英世家聯姻與商業合夥的網絡中，我們可以看到梅迪奇家族所占據的獨特位置，如圖 2-7。每個節點代

表一個家族，兩個家族之間的連線則是代表聯姻關係、商業合夥、或是其他交易關係。

梅迪奇家族位置的重要性，在這個網絡裡展露無遺。最明顯的一點就是，與其他家族相比，梅迪奇家族的網絡連線非常發達，幾乎是他們競爭對手（奧比奇家族與斯特羅濟家族）的兩倍。

但除了連線數量上的差異以外，梅迪奇家族還是己方陣營的關鍵連接點，而其宿敵的網絡中，並沒有這樣的獨特角色。舉例來說，不管是阿洽約利、基諾里、帕齊，還是托納波尼家族，他們都要透過梅迪奇家族才能相互聯繫，彼此沒有直接往來。這並不是圖 2-7 內 15 個家族間的特例。在涵蓋 92 個菁英家族最齊全的資料集內，也看得到同樣的現象：與梅迪奇家族聯姻的菁英世家中，有超過一半的聯姻者只有最多兩個其他親家（扣除梅迪奇家族）；而那些與梅迪奇家族宿敵聯姻的菁英世家中，有超過一半的聯姻者擁有四個以上的其他親家。[36]

梅迪奇家族不但是這個陣營的核心，也是主要的溝通協調者，彷彿是這個星芒網絡結構的中心。對比之下，另一個陣營內沒有這樣的角色，各個菁英家族彼此密集相連，沒有明顯的核心。為了突顯這個特色，我將圖 2-7 的網絡拆成兩個陣營，分別呈現在圖 2-8 中。[37]

關於這種獨特位置的意義，可以用一個簡單的例子來類比。假設你今天辦了一個小派對，大部分的賓客只認識你（或者還認識另一個人）。所有的對話很可能都會圍繞著你展開。因為你處在一個獨特的位置，你知道他們的共同點，以及他們可能會喜歡

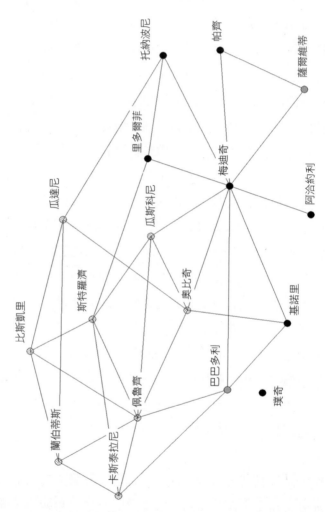

圖 2-7　節點代表十五世紀佛羅倫斯幾個重要的菁英家族。黑色實心節點代表與梅迪奇
　　　　家族交好，空心節點代表與梅迪奇家族為敵，灰色節點（薩爾維蒂與巴巴多利
　　　　家族）則與兩個集團都有往來。節點間的連線代表聯姻關係或是商業來往。

什麼話題。反過來說，如果派對上所有人都互相認識，交流就可能變得碎片化，賓客會分散在不同小圈子各自聊天。用這個簡單的例子類比文藝復興初期的佛羅倫斯，並不失一般性，畢竟當時的交流方式也很單純，只能面對面談話或是通信。梅迪奇家族不只有能力協調同一陣營家族間的政治關係，而且也擁有足以勝任這個任務的絕佳網絡位置。因此，梅迪奇家族基本上不用擔心，陣營裡的成員各自為政，或是不經過授權私下密謀。相較之下，他們的宿敵奧比奇家族就沒有占據這樣的好位置。敵對陣營不但沒有一個主要的領導家族，也沒有能力在關鍵時刻協調彼此。[38]

　　梅迪奇家族關鍵的網絡位置也讓我們明白，為什麼在科西莫當家期間家族財富與商業上的成長迅速。梅迪奇家族被稱為「文藝復興教父」並非偶然。他們的網絡位置之所以重要，不只是因為能協調政治行動，還讓他們成為了商場上極為顯眼的中間人。要降低交易雙方的不信任感，除了透過親戚關係與過去的商業連結以外，透過曾來往的中間人進行交易也是一個好方法。作為中間人的角色，梅迪奇家族是許多其他家族間重要的連接點，很多聯繫路徑都必須經過他們，其數量遠超過其他家族。以聯姻網絡為例，在所有家族間最短的聯繫路徑中，有超過一半的路線都必須經過梅迪奇家族，但只有十分之一需要經過斯特羅濟家族，奧比奇家族的狀況也好不了多少。如果我們以中介性（betweenness）作為衡量標準的話，僅次於梅迪奇家族的重要轉接點是瓜達尼家族，約有四分之一以上的路徑會經過它。這就是網絡科學家所謂的「中介中心性」（betweenness centrality），最早在 1970 年代

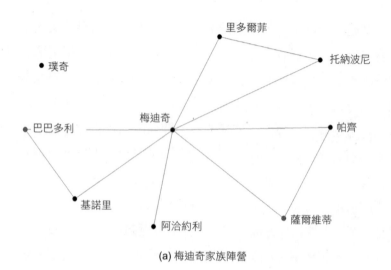

(a) 梅迪奇家族陣營

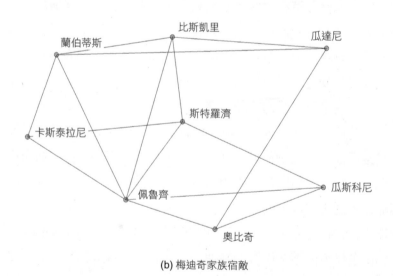

(b) 梅迪奇家族宿敵

圖 2-8　梅迪奇家族陣營與其宿敵陣營的網絡結構。如果我們從圖 (a) 移除梅迪奇家族，整個網絡將分崩離析；但在圖 (b) 中，沒有任何一個家族有同樣的重要性。

由學者傑克‧安東尼奧（Jac Anthonisse）與林頓‧弗里曼（Linton Freeman）首次提出類似的指標。[39]對網絡中的任一節點來說，中介中心性衡量了有多少比例的最短聯繫路徑中會通過該節點。

　　中介中心性體現了我們剛才探討的兩個觀點。如果某一個節點的兩個朋友彼此不相連，那麼這兩個朋友的最短聯繫路徑，一定會經過這個節點，也就是說這個節點一定位於兩者中間。這樣的特性，讓它不但能勝任中間人或是仲介，也可以有效地協調不同節點的行動。這就是為什麼梅迪奇家族不只是商業上的中間人，也是政治上重要的協調者。梅迪奇家族的網絡位置遠遠優於其他家族，而且顯然相當精明地利用這一點。

「教父效應」：中心性可以滋養中心性

偉人不是天生偉大，而是變得偉大。

——維托‧柯里昂，電影《教父》台詞

凡有的還要給他，凡沒有的，其餘也失去；聖經如是說，至今如是。

——比莉‧哈樂黛（Billie Holiday）與
亞瑟‧赫爾（Arthur Herzog Jr.）

　　我們不清楚科西莫是否有意識地設計了梅迪奇家族的網絡位置，以及他是否了解作為關鍵連結者的重要性。但不管是或不是，

這些家族聯姻顯然不是草率的決定，而是經過某種程度的安排。除此之外，科西莫還以幫其他家族代償債務而著稱，這些家族因為負債累累，而被禁止參與佛羅倫斯的政治活動。科西莫積極培養人脈，並累積這些人對他的忠誠度。這些都是梅迪奇家族在執政團選舉勝出的關鍵，讓科西莫得以從流亡中回歸。

　　除了人為的精心設計（第 5 章與第 9 章將提及更多），在網絡形成的過程中還存在著反饋效應。這種效應解釋了，為什麼隨著時間推移，有些人會越來越接近網絡的核心位置。

　　中心性可以滋養中心性。如果你能結交到多少新朋友，與你既有的朋友數成正比，那麼你的人脈網絡就會像複利一樣隨著時間不斷滾動成長。本來就靠近網絡核心且擁有眾多朋友的人，他們的點度中心性會增加得比位處邊緣者更快。

　　在網絡的術語裡，這樣的過程我們稱之為「優先連結」（preferential attachment）：人們會優先從既有的網絡中找出可建立的新連結，因此當既有的連結數量越多時，建立新連結的速度就越快。最早研究優先連結現象的學者是阿爾伯特·拉斯洛·巴拉巴西（Albert-László Barabási）與雷卡·阿爾伯特（Réka Albert），他們發現擁有這種特性的網絡，節點的連結數分配相當不均。[40]

　　但為什麼我們預期優先連結或是這種類似複利滾動的現象會出現在網絡中呢？

　　假設今天你想打聽消息，很自然地你會聯繫網絡中位置最好、人面最廣的朋友。因此，那些擁有越多人脈連結的朋友，就越容

易吸引別人主動和他們建立連結。[41] 然而，這種類似複利滾動的現象還有另一層意義。中心性滾動成長的動力來源，與兩件事攸關：一是別人想不想主動和我建立連結，二是我容不容易被人遇見。這是我與經濟學家布萊恩·羅傑斯（Brian Rogers）（同時也是我以前的學生）一起探討的問題。[42]

回想一下你和新朋友的相遇過程吧。大概有一些是透過老朋友認識：由他們引薦或是在他們的派對上相遇。這裡友誼悖論在背後默默發揮作用：你最可能遇見的人，正是那些已經擁有最多朋友的人。這個效應造成富者越富的現象。網絡位置越靠近核心的人，越容易被遇見，因此也越容易有結交新朋友的機會。

如果你想透過自己既有的朋友，安排和某人見上一面，那麼你的成功機率與這個人的朋友多寡有關。如果 A 的朋友數量是 B 的兩倍，那麼你遇見 A 的機率就會是 B 的兩倍。因為只要你認識 A 的其中一個朋友，你就獲得一次機會遇到他。因此，朋友越多的人，被引薦新朋友的速度就越快。許多證據顯示，這樣的現象普遍存在，例如學者如何尋找合作對象、貿易商如何開發新的商業夥伴等等情境。[43] 這一點甚至已經被內建到目前的社交平台中了：你之所以收到社交平台的交友對象推薦（或是被問「你是否也認識XXX？」），就是因為這些對象已經是你朋友的朋友了。演算法從你既有的社交網絡，向你推薦新的連結。

如同我和布萊恩·羅傑斯的研究發現，當我們和誰交朋友這件事，越大程度地取決於網絡本身，複利滾動的效應就越明顯，最終將導致各個節點的連結程度高度不均。當你利用既有的人脈

而結識新朋友時，這將啟動一個巨大的乘數效應。因為這條新的人脈連結，將使你與其他核心人士之間出現更多共同好友，關係變得更加緊密交織，因此除了你的點度會增加，其他形式的中心性（像是特徵向量中心性、傳播中心性）也會增加。這點在商業世界裡特別重要，任何占據了社交網絡絕佳位置的人，更容易吸引別人主動結識，也更容易被貴人引薦朋友。因此，更容易循線與重要人士建立連結，滾起人脈的雪球。

在不同的網絡情境下，這個效應所造成的影響與位置優勢不均的情況，可以極為懸殊。在某些情境下，網絡位置分配平均，節點間只有一點點隨機程度的差異；但另一些情境下，網絡位置的分配就非常不公平。例如，高中生的好友數量看起來就像是擲銅板決定的結果。然而，不同網頁的反向連結數，差異就大了：新連結彷彿是透過既有的連結引薦：越容易被既有連結找到的網頁，就越容易獲得新連結。相對於高中生友誼的例子，網頁的點度嚴重分配不均。[44]

分類網絡影響力與權力

除了財力和政治權力的角度，網絡結構開創了一種新視角來探討影響力的內涵。不只是計算成員的連線數，還有很多方法都可以衡量網絡結構的重要性。這裡，我們將影響力分為四種，每一種都對應著一個網絡中心性指標。[45]

※ 人氣度 ── 「點度中心性」： 你有多少朋友、來往對象與

追蹤者？透過社群媒體，將消息散播給數以百萬計追隨者的能力，使一個人擁有足以影響眾多人觀點的力量。也因爲高人氣者受到超出比例的關注，多數人往往誤以爲他們的行爲與追隨的流行，是社會普遍的常態。

　　※ **連結度（「關鍵是你認識誰」）──「特徵向量中心性」：**你的朋友「人脈廣」嗎？結交越多朋友當然越好，但結交一些網絡位置絕佳的朋友也很重要，有時候甚至更加重要。

　　※ **觸及範圍──「傳播中心性」：**你經常最早得知消息嗎？你善於散播資訊嗎？你所處的網絡位置，是否走幾步就能觸及大多數人呢？[46]

　　※ **媒合與橋梁──「中介中心性」：**你是強而有力的媒合者、關鍵的中介者、或是網絡位置得天獨厚的協調者嗎？別人一定要透過你才有辦法聯繫其他人嗎？你是不同族群間的關鍵橋梁嗎？你的存在是否讓原本互不往來的族群開始接觸彼此？

　　某種意義上來說，人氣度是一種局部性指標，只衡量單個節點有多少朋友或來往對象，而其他三種指標則更看重整體性，從更大範圍的網絡結構去衡量影響力。至於使用哪一種中心性指標才合適以及人們如何行使權力，這些問題的答案，都取決於當下的情境。在接下來的幾章中，我們會探討疫情及金融危機擴散、經濟不平等、政治言論極端化等情境，很快地你會發現這些概念在其中扮了什麼重要角色。

第 3 章

擴散與傳染

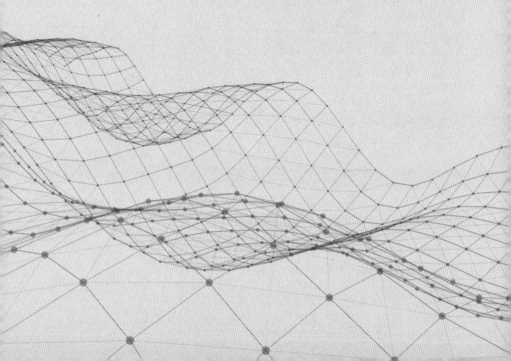

　　多少英勇男子、窈窕淑女、充滿活力的年輕人啊……清晨
還與親人、同袍、好友享用早餐，入夜就到了另一個世界，與
祖先共進晚餐了！　　　　　　──薄伽丘，《十日談》（1353）

　　西元 1347 至 1352 年間，肺鼠疫（俗稱「黑死病」）緩慢而
持續地在歐洲蔓延。

　　罪魁禍首正是鼠疫耶氏桿菌，這種病菌透過跳蚤帶原，跳蚤
吸食染病宿主的血液後，病原就進入跳蚤體內。這種病菌會阻塞
跳蚤的腸道，導致牠們無法攝取營養而感到極度飢餓，變得飢不
擇食，貪婪地尋找血源，進而感染更多宿主。跳蚤極易寄生在老
鼠、人類及其他動物身上；有些抵抗力較強的宿主不會發病，只
是充當帶原者；但有些宿主一旦被叮咬感染，很快就會死亡。這
種傳染病叫人聞風喪膽：一開始就像是流感，初期症狀只是發燒
或感到虛弱，但很快地會惡化成大範圍出血。患者因為組織壞死
而全身發黑，給了這場瘟疫「黑死病」（Black Death）的俗稱。

　　當時的衛生條件不佳，人畜居住環境緊鄰，加上人們對傳染
病的認識不足，使得病菌如入無人之境，在中世紀的歐洲各大城
市中橫行。[1] 幾年之間，巴黎與佛羅倫斯的人口減少了大約一半，
在漢堡、倫敦等城市，死亡的人數甚至更多。一般認為，疫情始
於中國，沿著絲路傳播到君士坦丁堡，接著在 1347 年，隨著熱那
亞商船進入西西里島，很快地奪走了島上將近一半的人口。疫情
繼續蔓延，先是在義大利部分地區開始流行，然後來到馬賽，接
著在整個法國和西班牙境內擴散，幾年後北方的歐陸國家也相繼

淪陷。據估計，這場瘟疫在歐洲奪走了超過 40% 的人命，在那之前，中國與印度已經有 2,500 萬人因此喪生。

　　從現代的視角來看，這場瘟疫不尋常之處在於，疫情的擴散雖然緩慢，但卻彷彿經過計畫般，有條不紊地推進。儘管這場瘟疫的傳播偶有長距離的躍進，像是沿著絲路或透過商船等貿易路線散播，但它在歐陸的推進，平均每天只有兩公里，就算以當時徒步的標準來看也是相當緩慢。[2] 雖然鼠疫很少人傳人，但這種疾病卻是透過人際網絡傳播（隱藏在衣服中或是叮咬過船上老鼠、家畜、人類的跳蚤）；人與人以及各種家畜所組成的接觸網絡，成為了病菌不斷向外蔓延的傳播途徑。

　　黑死病蔓延的緩慢過程告訴我們，中世紀人們的移動能力與交際範圍是多麼有限。現代的大流行就不是這麼一回事了：病菌的傳播速度非常快，通常在幾週甚至幾天內，疫情就可以延燒到其他大陸板塊。2014 年，在南加州某主題公園通報麻疹與接觸案例後沒幾天，位在幾百哩外的學校，就爆發了麻疹疫情，許多未接種疫苗的成年人和兒童紛紛染疫。2015 年，一名醫護人員在獅子山共和國確診伊波拉出血熱，之後僅僅一週的傳播，疫情就蔓延至歐洲以及北美洲的城市。

　　本章我們將會看到，疾病的傳染與擴散為何與網絡結構息息相關。這些討論不但能讓我們更深刻地理解疫情蔓延的過程，我們也將以此為起點，繼續探討其他更為複雜的議題，像是：思想傳播、金融危機擴散，以及就業與工資的不平等；這些將是後續幾個章節的主題。

傳染力與網絡連通分支

> 萊卡斯：這會傳染嗎？
>
> 修道勒斯：哪次瘟疫不傳染？
>
> ——伯特・薛佛洛與賴利・吉巴特
> （Burt Shevelove & Larry Gelbart），《春光滿古城》
> （*A Funny Thing Happened on the Way to the Forum*）

雖然現代的人際網絡樣貌已與中世紀大相徑庭，觀察特定類型的現代網絡，仍有助於了解中世紀的瘟疫傳播，何以如此緩慢卻又勢不可擋。

圖 3-1 的樣本來自一所美國高中，圖中網絡描繪了青少年間戀愛和／或性關係的網絡。學生列出了過去 18 個月曾交往過的對象。[3]

雖然大部分學生的交往對象只有一到兩人，但網絡已形成明顯可見的「最大連通分支」（giant component），即圖左上角最大塊的相連區域，其中涵蓋 288 個學生，彼此透過層層關係鏈而相連在一起。

「連通分支」是指網絡中相連的部分，其上的任兩個節點可以找到一條相連的路徑，互相拜訪。[4] 如圖 3-1 所示，超過一半以上的學生座落於最大連通分支上，其餘的學生則散落在幾個較小的分支。[5] 另外有超過 1/4 的學生，沒有任何交往對象。（是的，我們都知道高中生活可以多麼孤單……）此處我們不加以繪出。

圖 3-1　這個網絡描繪了美國中西部一所高中的學生關係，資料來自愛德青少年健康研
　　　　究中心。每一個節點代表一個學生，以不同顏色標示性別。兩個節點之間的連
　　　　線，代表這兩個學生過去 18 個月裡曾處於戀愛或性關係。某些分支標有數字，
　　　　代表這種形狀的分支在網絡中出現的次數（例如，圖中有 63 組學生僅有單一
　　　　交往對象）。此圖不考慮沒有任何交往對象的學生。約有超過一半以上的學
　　　　生位於左邊的最大連通分支。第一個分析並討論這組資料的研究是 Bearman,
　　　　Moody, and Stovel (2004)。

　　這張圖突顯了一件事：即使大部分的人（平均來說）都只有
少數性伴侶，仍有很高比例的人會感染性病。

　　圖中的每條連線，都代表一條潛在的疾病傳播路徑。如果最
大連通分支上，有一個學生染病（例如接觸到校外的感染源），
這個疾病就可能在分支內廣泛地傳播，引發校內流行。[6]

　　舉例來說，HPV（人類乳突病毒）主要透過性行為傳播，可
誘發子宮頸癌等多種癌症。HPV 危險之處在於，初期通常沒有明
顯症狀，患者很難意識到自己染病，因而繼續傳播給他人。據研

究估計，約有超過 40％的美國成人為 HPV 帶原者，其中很多人並不自知。[7] 大部分感染者的性關係並不複雜；他們只是剛好位於最大連通分支內。

如圖 3-1 所示，在每個人的接觸對象不多的情況下，傳染病的擴散可能很緩慢；然而，一旦疫情蔓延到最大連通分支內，就很可能引發大規模的感染，就像是中世紀的鼠疫。

這張圖告訴我們的另一件事是，複雜的性關係或是性工作者的存在，並不是造成性病流行的主因。的確，高點度的個體擴大並加速了疾病傳播的速度，但這些人並不是最大連通分支出現的必要條件。光是每個人有一個以上的性伴侶，就足以成形。

網絡的連通程度才是疫情快速傳播的關鍵。

相變與基本再生數

熱力學中「相變」的概念，通常指物質狀態上的改變。[8] 例如，水從固態的冰轉變成氣態的蒸氣，可以視為經歷了一次相變。

網絡也可能出現相變，從幾個孤立的節點和小型連通分支，到形成涵納相當數量節點的最大連通分支，最終變成一個彼此相連的網絡，所有節點都能找到一條路徑，觸及彼此。網絡中的連結數量增加，就好比溫度提高，於是冰變成水，水變成蒸氣。

相變的一個明顯特徵是，它可能在一瞬間突然發生。這一刻的溫度剛好低於冰點，你還能站在冰上，但下一刻你可能就落入水中，僅僅因為溫度升高了一度。同樣地，當連結增生的頻率有

一點點微小變化，整個網絡分支的結構就可能有劇烈的改變。如圖 3-2 所示，當每個人的朋友從 0.5 個（如圖 3-2(a)）增加為 1.5 個（如圖 3-2(b)），整個網絡就從彼此不相連的狀態，轉變為大多數人能夠聯繫彼此的狀態了。如果再增生一些連結（如圖 3-2(c) 和 (d)），網絡不久就變成「路徑連通」（path-connected）的狀態，一般簡稱「連通」（connected）。所謂「連通」狀態，代表網絡內的任何人，都能找到一條路徑聯繫所有其他人（圖 3-2(c) 接近連通狀態，但還有兩個落單的節點）。

　　控制相變是抑制傳染病傳播的基礎。「基本再生數」（basic reproduction number）是一個重要的參考數字，它決定了疫情最終會在網絡內擴散或消散。這個數字代表，一個典型的感染者還會繼續感染多少健康的人。如果基本再生數大於 1，則疫情擴散；如果小於 1，則疫情消散。

　　網絡產生相變的臨界點，是在基本再生數達到 1 的時候，此時網絡將出現最大連通分支，如圖 3-2。背後的道理簡單而意義重大：超過臨界值時，代表每個感染者會繼續感染超過一個人，此時傳染鏈將會擴張，同時這些新感染者還會繼續感染更多人，造成疫情持續蔓延；小於臨界值時，傳染鏈則逐漸萎縮。以網絡的術語來說，如果每個人都擁有超過一個朋友，那麼連通分支就會不斷地向外擴張，形成最大連通分支；但如果每個人的平均朋友少於一個，則網絡內只會出現多個互不相連的分支以及許多孤立的節點。這和人口繁衍有異曲同工之妙：如果每個成人都生育一個以上的孩子（假設孩子健康長大），那麼總人口將成長；但如

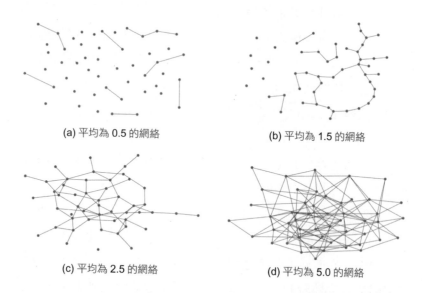

(a) 平均為 0.5 的網絡　　　　　(b) 平均為 1.5 的網絡

(c) 平均為 2.5 的網絡　　　　　(d) 平均為 5.0 的網絡

圖 3-2　不同平均點度的網絡。如本圖 (a)，當每個節點的連結數少於 1，整個網絡呈現
　　　碎片化狀態。一旦演變為圖 (b)，每個節點的平均連結數大於 1 時，最大連通分
　　　支就誕生了，如圖右下角一大群彼此路徑連通的節點。如果平均連結數再稍稍
　　　增長，如圖 (c)，此時幾乎所有節點都將被最大連通分支所涵納，最終整個網絡
　　　將演變為路徑連通的狀態，如圖 (d)，任兩個節點間都能建立一條聯繫路徑。

果生育少於一個孩子，總人口則會萎縮。

　　因為每個成員繁衍的後代數量少於 1 而逐漸走向族群滅絕的
例子比比皆是，我們也可以從這些例子中看到外在環境如何改變
基本再生數。十八世紀時，美國野牛的數量可能超過 5,000 萬頭，
但到了十九世紀末只剩下不到 500 頭。牠們的基本再生數在南
北戰爭後急劇下降，因為新建的鐵路把更多獵人帶到牠們的棲息

地，也讓獵人更容易把獸皮運出去。加上槍枝的改進，讓獵人可以在不驚動獸群的情況下，遠距離射殺野牛。例如 1870 年代由夏普斯槍枝製造公司（Sharps Rifle）改良的「大 50 式步槍」（Big Fifty），就擁有超過 1/4 哩（約爲 400 公尺以上）的可靠射程。居住於北美大平原的印第安人對此槍的評價是「用在今天，毀了明天」。[9] 更多的獵人、殺傷力更強的獵槍，加上更快的運輸方式，讓美國野牛死亡的速度遠遠高於繁衍的速度。急遽下降的基本再生數，讓美國野牛的族群在短短幾十年間幾乎消失殆盡。

　　疾病的基本再生數受到兩個因素影響，一是疾病本身的傳染力，二是人群密切接觸的程度。取決於傳染力高低，並非每次人際接觸都會造成新感染，因此基本再生數通常會低於網絡的平均點度，且依據不同疾病、不同疫區而有所差異。

　　以伊波拉出血熱爲例，幾內亞與賴比瑞亞的基本再生數（在沒有醫療干預的情況下）略高於 1.5，但在獅子山共和國則可以高達 2.5。[10] 這樣的差異源於人口密度的不同，獅子山共和國比另外兩國高了 60% 以上，這使得每人每天平均的接觸人數不同。

　　相較之下，麻疹的基本再生數比伊波拉出血熱高相當多，因爲它不是透過血液和唾液傳染，而是透過空氣傳播，這使其基本再生數可以高達 12 到 18 不等，具體數字取決於當地的人口密度與接觸頻率。對於未接種疫苗的群體來說，麻疹是一種極度危險的疾病。白喉、流行性腮腺炎、小兒麻痺症和風疹等疾病的基本再生數約介於 4 ～ 7 之間。[11]

　　不同的基本再生數對應著不同型態的網絡。愛滋病（HIV，

人類免疫缺陷病毒）需要透過親密接觸才能傳染，但感染流感很可能只是因為一次握手，或是因為公車或飛機上鄰座的人咳嗽。流感的傳播網絡顯然連結更密，相對之下，愛滋病傳播網絡的連線就比較少。請注意，這不代表愛滋病不會傳播：在某些地區或某些群體內，愛滋病的基本再生數遠高於 1，因此仍然可以在世界上許多地方發現局部流行。[12]

　　控制基本再生數是整個疫苗接種政策的核心原則。要避免疫情擴散，不需要 100％有效的疫苗或是接種覆蓋率，我們只需要將基本再生數控制在 1 以下即可。已接種者不只獲得免疫，同時也切斷了網絡裡的傳染鏈。因此可以降低整個社會的基本再生數，保護那些未接種的人群。舉例來說，如果目前疫情的基本再生數是 2，代表每個感染者平均還會感染兩個人，此時只要為超過一半以上的群體接種疫苗，就能將基本再生數腰斬至 1 以下，阻止疫情持續擴大。

　　不幸的是，人們通常缺乏接種疫苗的意願，這也是為什麼很多傳染病難以根除的一部分原因。為什麼人們不認為接種疫苗是最佳解呢？這就要談到所謂「外部性」（externality）的現象了。

外部性與疫苗接種

　　一燭點千燭，不減其壽；歡喜同眾享，絲毫無損。

—— 佛陀

這種狀況很常見：一座設置於絕佳地點的燈塔，將造福所有船隻，卻無法輕易地要求這些船隻爲此付費。

　　　　　　　　──亨利‧西季威克（Henry Sidgwick），

　　　　　　　　　　　　　《政治經濟學原理》（1883）

　　亨利‧西季威克的一生幾乎與維多利亞女王時代重疊，他在 1838 年女王登基的第二年出生，死於 1900 年，恰好早了女王一年過世。他是最早能夠精確說明外部性的一批人之一[13]，不只如此，他的一生還有許多廣爲人知的事蹟。西季威克對揭露通靈假象極有貢獻，他曾質疑當時相當有名的靈媒歐薩皮亞‧帕拉蒂諾（Eusapia Palladino）。西季威克還建立了紐納姆學院（Newnham College），這是劍橋大學第二所接受女性入學的學院。他在道德理論方面的著作，幫助該學科在維多利亞時代奠定了基礎。

　　對我們來說，西季威克留下的最重要精神遺產，是他對外部性的精確論述：個人行爲會影響他人福祉。[14] 如同西季威克在引言所述，別人付出成本建造並維護燈塔，往來的船隻卻可以平白受益。

　　我們一定都曾感受過或大或小的外部性：開始學爵士鼓的鄰居、長途飛行中踢自己椅背的乘客、被困在堵塞的交通中……等等。甚至，外部性還可能及於未出世的後代，就像氣候變遷警告的那樣：我們這一代碳排放量多寡，將決定下一代面對的氣候環境有多嚴峻。

　　當你越來越熟悉這個概念，你會發現外部性無所不在。這使

人際互動變得相當有趣，但也使自由市場失靈。它是許多道德困境與倫理難題的核心，像是言論自由、槍枝控管、氣候變遷等等眾多最為急迫的社會與經濟問題。因為外部性是解釋許多網絡現象的基石，我們將在本書中反覆提及這個概念。〔15〕

在機場咖啡廳工作的員工接種流感疫苗後，不但幫助他自己保持健康，同時也讓眾多旅客免於受他感染的風險。這裡，員工注射疫苗與否的決定帶來了外部性，影響到其他人得病的可能。然而，這位員工做選擇時，很可能不會將他人得病的痛苦充分納入考量。了解這一點的史丹佛大學（以及其他機構）因此向教職員生提供了免費的流感注射，試著幫助人們做出正確的選擇。因為即便只有一小群人注射疫苗，都能為整個群體帶來好處。政府機關尤其重視學童、教師、醫療工作者、老年人的疫苗接種計畫，因為這些族群不但是得病的高風險群，也最容易成為疾病的傳播者。

政府機關之所以高度介入疫苗接種計畫，並非偶然。因為外部性的存在，使得市場機制失靈，無法將個人追求利益的行為，引導至社會整體福祉極大化的方向。父母權衡是否為自己的小孩接種疫苗時，不見得會考慮這個決定將對他人產生怎樣深遠的影響。此時，提供補助與強制執行將有助於市場克服外部性，提升所有人的福祉。這也是為什麼所有兒童入學前都被規定要接種疫苗，不只是為了保護了兒童本身，也是因為每一個注射過疫苗的兒童，都能進一步降低所有人的潛在感染風險。少數未接種者將成為疾病的藏身之處，讓疾病有機會廣為傳播。

　　根除一種疾病的最大挑戰在於，外部性作用的範圍可以大到全球尺度。中國在 2000 年宣布消滅了小兒麻痺，但是到了 2011 年又再次爆發流行，據說病源來自鄰國。儘管直到 1988 年小兒麻痺仍在世界上 100 多個國家現蹤，人類在壓制小兒麻痺方面已經取得重大的進展。然而，只要小兒麻痺還在其中任何一個國家肆虐，就足以使病毒保持活性，隨時捲土重來，再次蔓延到其他國家。要民眾對一個看似消跡匿蹤的疾病保持警覺，是一件不但費時費勁且相當困難的事。就因為少數國家失職，成為病毒潛伏的溫床，而需要年復一年為全球兒童接種疫苗，實在是讓人無比地喪氣。

　　另一個使得疫苗接種政策難以成功的原因是，它本身帶有負反饋效果：當疫苗接種計畫越成功，疾病的威脅就越低，人們因此也越不容易保持警覺。而當疫情猖獗，人們會高度警惕，積極尋求疫苗接種；當然人們不是在意外部性或是關心他人健康，只是希望保住自己的一條小命。人類史上最早的類接種行動，就是為了對抗天花的致命爆發：在疫苗的概念正式出現以前的幾個世紀，中國人就從天花患者身上刮下一些乾掉的痘疤，透過吸食或是塗抹在皮膚表面的傷口，以獲得免疫。然而，隨著疫情慢慢消散，人們不再害怕，疫苗接種率也隨之下降，使得基本再生數升高，疫情出現死灰復燃的機會。

　　這種反饋效應導致大多數傳染病都有週期性爆發的特性，因為許多民眾對疫苗心懷恐懼（第 7 章將詳細說明），在疫情不明顯時會盡可能避免接種。然而接種率微小的變化，就可能使基本

再生數產生劇烈的相變，再加上全球尺度的傳染網絡，讓消滅任何一種傳染病都變得相當困難，大多數的狀況是每隔一段時間就會出現週期性爆發。根據世界衛生組織的說法，天花是唯一一種被人類正式消滅的傳染病。最後一個有紀錄的病例出現在 1977 年的薩摩亞，1980 年世界衛生組織宣布該疾病已被消滅。這個宣告背後涉及了數十年來世界各國齊心協力，對任何新發案例即時反應、確實隔離感染者、迅速為當地民眾接種，最終才能徹底消滅天花，這絕對是一個不容輕視的成就。

高度連通而稀疏

　　人際網絡衍生的好處與壞處，與它大多高度連通的特性有關：網絡中大多數人都被包含在同一個最大連通分支裡。這樣的連通特性，讓抑制傳染病變得困難，但它也對傳遞資訊至關重要，人們因此能獲知重要消息，例如：政府的專制暴政、大家引頸期待的新書或新電影上市、或是造福人類的新科技問世。

　　有趣的是，整個人際網絡高度連通的同時，每個人的連線卻很稀疏。這聽起來互相矛盾，對吧？且聽我慢慢道來。

　　以臉書為例。根據皮尤研究中心（Pew Research Center）的調查[16]，臉書的美國成年用戶平均擁有 338 名朋友，中位數約為 200 名以上。在青少年用戶群體中，這個數字還會更高。這些數字都遠遠高於 1，高於讓網絡趨於連通的臨界值。若以此標準來看，臉書這類的人際網絡可說是高度連通。事實上，在臉書超

過 7 億的活躍用戶中，有 99.9% 的用戶都包含在同一個最大的連通分支裡。[17] 因此，除了一些孤僻個體與小型封閉社群以外，幾乎所有的臉書用戶都能透過平台上的朋友與其人脈，與世界上任何人建立一條傳遞資訊的途徑。

　　如果幾乎所有臉書用戶都被包含在同一個最大連通分支中，那網絡內的連線又怎麼會稀疏呢？「稀疏性」（Sparsity）描述了一個事實：理論上你可以和 7 億人互為臉書好友，但實際上你只和一小部分人為友。我們都認識一些擁有數千網友的高人氣臉友（別忘了友誼悖論），但即使擁有數千網友也還離理論最大值極遠，哪怕是百分之一也不及。事實上，在臉書數億個潛在的交友選項中，人們平均擁有幾百個朋友，相當於僅僅實現了不到百萬分之一的交友選擇。因為臉書網絡中只有極少數的連線被實現，所以這個網絡呈現了高度稀疏的特性。然而，光是這一小部分的連線，就足以將幾乎所有人都帶到同一個最大連通分支上了。

　　儘管臉書網絡具有稀疏性，用戶之間的連接路徑卻非常短，這不僅僅是因為大部分的用戶都位於同一個最大連通分支的緣故。你可能會非常驚訝，任兩個活躍用戶之間的平均路徑只需要 4.7 個連結。[18] 這就是所謂「小世界」（small-world）現象。這個詞自從出現在匈牙利作家弗里吉斯・卡林西（Frigyes Karinthy）1929 年出版的短篇小說，以及後來約翰・格爾（John Guare）的劇作《六度分離理論》（*Six Degrees of Separation*）後，開始廣為人知。1950 年代幾位數學家已經發現，小世界的現象普遍存在於許多隨機網絡中。[19] 1999 年，鄧肯・瓦茨（Duncan

Watts）以此爲主題出版了他的重要著作《小世界》（*Small Worlds*）。

1960 年代中期，心理學家斯坦利·米爾格拉姆（Stanley Milgram）透過實驗完美地演示了小世界現象。米爾格拉姆的實驗對象是一群住在堪薩斯州威奇塔市（Witchita）與內布拉斯加州的奧馬哈市（Omaha）的一些人，他寫信給這些人，邀請他們參與這個研究計畫。米爾格拉姆要求實驗對象，將一份文件寄送給住在麻州的目標收件人手上。目標收件人經由米爾格拉姆篩選而出，協助實驗進行。其中一位是股票經紀人，另一位則是某個神學院學生的妻子。研究對象被告知目標收件人的姓名、居住城鎮與一些其他背景。他們必須遵守以下規則：「如果你不認識這個人，請不要嘗試以任何方式直接聯繫他，而是把這份文件寄給你身邊最可能認識他的熟人。這個人必須要跟你熟到可以直呼其名的程度。」收到這份文件的人讀完說明後，必須在文件上添加自己的個人資訊，接著寄給下一個人。

其中一個文件從堪薩斯州的一家小麥農場寄出。農場主人將文件寄給家鄉的牧師，這位牧師再寄給一位他熟識的麻州牧師，這位牧師恰好就認識作爲目標收件人的那位股票經紀人。在這個例子中，整個文件寄送過程只花了三步，就從堪薩斯州的第一個寄件人跨越半個美國，抵達目標收件人手中。

從目標收件人那回收了所有文件後，米爾格拉姆開始分析有多少文件成功抵達目的地，以及這中間歷經了多少次轉寄。結果發現，在 160 份文件中，有 44 份成功抵達終點站，大約是 27.5%

的成功率。轉寄次數落在 2 到 10 之間，中位數為 5，平均數則略高於 5。[20]

　　對所有中間人來說，他們只是收到某個熟人寄來的文件，而不是自願參與實驗者，因此我們可以預期，願意花時間繼續轉寄這個文件的可能性相對較低。如果考慮到這一點，米爾格拉姆能成功回收 27.5％的文件，這個比例相當令人驚艷。然而，因為所有寄送都是自願參與的結果，米爾格拉姆所發現的較短的寄送路徑，很可能部分源自實驗樣本的選擇性偏差。假設文件實際上需要經手 10 個人才能抵達，而非 5 個人，那麼這代表需要有兩倍的人參與其中才可能完成。因此，那些只需要較少中間人的路徑更可能抵達終點，而那些需要更多中間人的路徑則更可能半途而廢；問題是，我們只會在最終的資料中看到前者。後來的實驗矯正了這個偏差，結果發現平均轉寄次數大約是 10 來次；這個數字雖然是米爾格拉姆發現的兩倍，但仍然是一個相對小的數字。[21]

　　這個實驗的結果非比尋常，不只是人們之間的聯繫路徑之短，最後成功抵達的文件之多也相當令人驚訝，因為沒有人心中有一張網絡地圖，可以指引他們應該要怎麼轉寄文件。當你被要求聯繫一位麻州的股票經紀人（或是後來實驗中一位北京的學生、倫敦的水電工等等），你剛好知道最短聯繫路徑的機率大概是微乎其微。因此，許多文件歷經相當短的路徑就抵達終點的事實，不只告訴我們短路徑存在，也告訴我們，任兩人之間很可能存在著多條短路徑，以及人們對網絡的認知足以找出有效率的傳遞路徑。關於人們如何在網絡中導航，我們會在第 5 章回顧這個問題。

　　人際網絡如此稀疏，僅僅實現了不到百萬分之一的潛在連線，但依然可以讓人在短短幾個連結之內，聯繫上茫茫億萬人海中的另一個人，這到底是怎麼回事？[22] 讓我們以臉書網絡中的典型用戶為例，一探究竟。我們姑且將這些典型用戶都稱為黛安娜。一般來說黛安娜們會有幾百個臉友，平均大約是 200 個，這些都是黛安娜至少偶爾會互動的朋友。[23] 現在讓我們來計算黛安娜二度連結朋友的數量，也就是那些與她相距兩個連結的朋友。假設她的每個朋友都有 200 個臉友，而且這些人都與黛安娜不相識。[24] 因此，從黛安娜的位置向外延伸兩個連結後，我們可以觸及 200×200 ＝ 40,000 個用戶。如果我們繼續往外走一步，僅僅三步之遙已經可以觸及 800 萬人，到第四步已經高達 16 億人。此時，這個人數已經超越了臉書所有用戶的數量。另外，大部分的人是在最後幾步才被觸及，這牽涉到一個現象：大部分用戶之間相距 4 或 5 個連結。從這個例子我們大概可以理解，為什麼在人際網絡中，人與人之間的距離可以這麼短。

不斷縮小的世界

> 朝聖者不知道他們正一步一步走入墓地。
> —— 查爾斯・曼恩（Charles C. Mann），美國記者[25]

　　這裡我們可以將現代社會與中世紀的網絡做個比較。假設中世紀時每個人有 5 個朋友（而非上一節的 200 個），我們

以蔓延，關鍵是一戰結束後全世界各地出現的大規模軍隊調動潮。士兵的居住環境狹小，且經常長距離移動。這樣的背景加上這次的流感病毒帶有兩個特性，導致疫情在人群中一發不可收拾。一是，這個流感病毒可以透過飛沫傳染，一旦有人打噴嚏或是咳嗽，噴出的飛沫可以懸浮在空氣中超過一公尺，或是停留在物體表面被觸摸，使得另一個人被感染。二是，患者帶有傳染力的期間可能高達一週以上，在症狀出現前、消失後經常都還具有傳染力。狡猾的病毒、缺乏疫苗，加上全世界大量的人口移動，釀成了歷史上最嚴重的流感疫情之一，帶來致命的後果。感染人數高達 5 億人左右，大約是 1/3 世界人口，這個比例在歐洲大城市中更高；據估計，這場流感在全世界奪走了 5,000 萬到 1 億人的生命。

西班牙流感的案例還說明了，人際網絡的連通程度並非固定不變。例如當年軍隊大量的調動，比疫情發生前幾年規模更大，導致小世界的現象變得更強。除了這種偶然發生的劇烈人類遷移，人們的互動頻率也有很強的季節性波動。像是每年春季或秋季開學時，經常也是許多疾病的好發高峰。這個現象在 1929 年由統計學家赫伯特・索珀（Herbert Soper）首次提出，他對疾病出現時間的週期有若干研究。他注意到英國格拉斯哥麻疹的爆發週期和學校開學的時間吻合。許多學童對疾病缺乏免疫力，然而學期間他們與許多人互動密切，造成校內網絡的連通程度相當高。在寒假或暑假期間，這種局部尺度的連通程度則大幅下降。不過，假期間更容易計畫長途旅行，因此長距離尺度的連通程度反而增加。[29] 對應不同的季節，人際網絡的互動頻率可能產生不同的變化。

為了更好地預測疾病的傳播模式（特別是流感），現代的流行病學模型也會考慮學季、旅行旺季、醫病接觸頻率，以及其他可能會影響傳播網絡連通程度的季節性因素。

若談到境外移入疾病的致命性，大概沒有任何傳染病比天花、麻疹、斑疹傷寒以及流感輸入美洲的過程更具戲劇性了。據估計，這些疾病最終奪走了超過 90％美洲原住民的生命。[30]美洲各地的原住民人口密度不同，族群間的交流程度也不同，因此這種足以毀滅一切的疫情並沒有立刻席捲整個大陸，而是經歷一段很長的時間才陸續散播到各地。

西元 1520 年，天花隨著一艘來自古巴的西班牙船隻來到墨西哥，船上一名患有天花的奴隸，在隨後的幾年間幾乎摧毀了整個阿茲特克帝國。不到十年，疫情蔓延至南美洲，整個印加帝國幾乎毀滅。北美洲也不例外。各種傳染病在東部以及中西部肥沃的開墾地帶橫行，這些地區人口相對密集，大量民眾染病身亡。即便是更偏遠、人口更少的其他地區也躲不過疫情的侵襲，一個世紀後相繼曝露在傳染病的威脅下。在清教徒移民抵達新英格蘭沿岸的前幾年，世代居住於此的美洲原住民，才剛經歷了一場疫情的摧殘。疫情削減了當地原住民本應更加充沛的人口，使得幾年後到來的清教徒移民，面對的土地競爭與資源爭奪大為減輕，有更高的機會在新世界存活。

最後被輸入型疾病消滅的，大概是夏威夷的原住民族群，他們直到 19 世紀才遭受到來自歐亞大陸的疾病入侵以及反覆蹂躪。夏威夷國王卡美哈美哈二世（King Kamehameha II）與皇后卡瑪

瑪魯（Queen Kamamalu）前往倫敦談判協議的那趟致命旅程，造成了他們以及大多數隨員的死亡。他們在參觀皇家軍事庇護學院（Royal Military Asylum）時染上麻疹，學院裡滿是軍人子女。[31]西元 1848 年，麻疹最終還是隨著一艘自墨西哥啟航的美國海軍護衛艦「獨立號」，來到了夏威夷的希洛（Hilo）。[32]不單是麻疹，百日咳與流感也在同年冬天來到夏威夷，開啟了一波接著一波的疫情，最終帶走了當地 1/4 的人口。人口普查紀錄將那年標註為「死亡之年」。在夏威夷尚未從之前幾波疫情恢復元氣之際，另一艘帶有天花的船隻「查爾斯·馬洛里號」（Charles Mallory）緊接著從舊金山來到檀香山。儘管這艘船已經做了相當程度的隔離措施才啟航，病毒仍防不勝防，幾個月內造成當地數以千計人口死亡。西元 1778 年庫克船長（Captain Cook）首次抵達夏威夷時，當地估計還有超過 30 萬的人口；然而，在 1990 年的人口普查中，夏威夷的人口已不足 4 萬了。

現代醫學的發展提升了人們對傳染病的認識，也讓人們更重視衛生習慣與疫苗接種，降低了疾病的威脅。儘管離消滅傳染病仍有很長的路，在世界變得越來越緊密相連的情況下，人類能存活下來仍是一個了不起的成就。現代工業化社會的人際互動，遠比幾個世紀前高出幾個數量級，人們尤其依賴他人為其供應食物與維護公衛設施。除此之外，現代意義下的旅行，通常也意味著許多長距離的交流：每一天都有數以百計、千計的人們在不同國家間移動。因此，現代的疾病潛在傳播網絡具有三個特點：更為密集、最大連通分支包含了大部分的節點、節點間的平均距離變

得更短了；這些都和圖 3-1（見 81 頁）展示的高中友誼網絡非常不一樣。這些特點也代表了，今天人類面對的，比幾個世紀以前奪走百萬條人命的情況更嚴峻，因為現代的疾病傳播網絡能讓疫情擴散得更迅速、更廣泛。我們只能寄望科學與新疫苗技術發展的速度，可以繼續領先新疾病的出現或是連通程度增長的速度。

中心性與傳染力：太受歡迎的壞處

友誼悖論不只和中心性以及影響力的衡量有關，在疾病的傳染與擴散方面，也極具意義。

那些在人群中獲得超出比例關注的人，更容易影響他人，但也更容易曝露在風險下。因此如果你有點嫉妒朋友的高人氣，或許可以這樣安慰自己。雖然最受歡迎的人經常能最早得知消息，但也是最早曝露在感染風險中的人。

最為人所知的負面案例大概是加拿大籍空服員基坦·杜加（Gaëtan Dugas）了吧。美國疾病管制暨預防中心（Centers for Disease Control and Prevention）研究報告指出，截自 1983 年為止已發現的 248 名愛滋病患者中，其中 40 名曾與杜加發生性關係。很多人認為杜加是所謂的「零號病患」，紛紛將矛頭指向他，要求他為隨後的大流行負責。[33] 然而，事後的資料清楚地顯示，愛滋病早已在 1960 年代傳播至美國本土，源頭很可能是海地（更早的源頭得追溯到非洲）；即便沒有那位私生活複雜的空服員，疫情還是會在世界各地牢牢生根。不管怎麼說，杜加的存在使得

這個案例成為早年最為人所知的愛滋疫情。

　　類似的情況可以在獅子山共和國的伊波拉疫情爆發中看見。據估計，少於 3％的超級傳播者，感染了超過一半以上的伊波拉病例。同樣地，即便沒有這些社交活躍者，疫情仍會爆發；然而，這些人不但最容易曝露在感染風險中，一旦染病也會讓疫情加速擴散。[34]

　　為什麼高點度的人不見得是造成疫情的主因，我們可以從一個簡單的網絡案例回答這個問題。回顧圖 3-1 的網絡，可以清楚看到一個規模相當大的最大連通分支，然而只有少數人擁有高點度：點度得分為 7 分與 6 分者各有一個，幾個人點度為 5，其餘大部分人的點度只有 1 到 2 分。

　　這是許多人對網絡常見的誤解，在此我們需要特別澄清這一點：並非單個樞紐或連接節點，使得網絡變得緊密相連，更容易傳播疾病與擴散疫情。這些樞紐節點的確更容易成為傳播鏈的一員，或是造成早期疫情的局部高峰；但即使沒有他們，疫情仍然會發生。就算我們從高中生的戀愛網絡中移除一些高點度的節點，整個最大連通分支仍可以維持大致完好，只有一小部分的結構會脫落。真正主導網絡傳染力高低的是整個網絡的平均點度。在大多數的人際網絡內，只要每個人的點度高於 1，疾病或消息就能在網絡內四處流竄，無處不見。

　　儘管如此，這些高點度者毫無疑問是最容易受感染的一群人，也可能加速疾病的傳播速度，或是在網絡即將出現相變時推波助瀾，使情況惡化。更重要的是，如果有人想找出影響力最大的節

點，應該優先從這些點度最高者開始。高點度個體被感染的風險更高，這個概念提供了新的分析方向，幫助我們了解疾病的自然傳播過程。

　　學者斯蒂芬妮‧戈弗雷（Stephanie Godfrey）與她的同事在澳洲與紐西蘭進行的研究，提供了一個很好的例子。他們追蹤一種生活在紐西蘭的類蜥蜴爬蟲類「鱷蜥」（tuatara）[35]，研究牠們身上的壁虱與蟎蟲族群的分布情況。鱷蜥的原名來自毛利語中的「背脊」。這種生物非常有意思，牠們並非真正的蜥蜴，而是喙頭目（Rhynchocephalia）在地球上最後的後裔，跟牠們同屬一目的親戚在六千萬年前的白堊紀末期，已經與恐龍一起滅絕。鱷蜥頭頂有第三隻眼，此眼不能視物，科學家推測其功能為吸收紫外線，以調節新陳代謝。牠們的生活非常寂寞，大部分的時間都停留在自己的棲息領地，吃吃蟲，偶爾加點菜像是鳥蛋或是青蛙，曬個太陽，就這樣度過一天。從某些標準來看，日子不算是過得太差。

圖 3-3　紐西蘭鱷蜥[36]

　　儘管鱷蜥天性孤僻，不同鱷蜥的領地仍會互相重疊，偶爾還是會接觸到彼此；畢竟再怎麼說，鱷蜥也需要繁衍下一代。鱷蜥是某種壁蝨的宿主，這些壁蝨身上帶有一種對其有害的血液寄生蟲；除此之外，牠們還經常感染某種蟎蟲。牠們身上的壁蝨一旦離開宿主後不能久活，這點從網絡的觀點來看，相當有趣。因為對這些壁蝨來說，牠們的傳播需要依賴鱷蜥之間的密切接觸，因此網絡交流程度的高低，對牠們的散播至關重要。然而，蟎蟲即使離開宿主也能生存，因此牠們的傳播並不特別依賴鱷蜥之間的交流。

　　戈弗雷與同事追蹤了紐西蘭的斯蒂芬斯島上的鱷蜥，繪製出牠們各自的移動軌跡與領地。他們發現鱷蜥領地的形態各異，有的只和另一隻鱷蜥領地重疊，有的鱷蜥領地則處於核心位置，與數十隻其他鱷蜥重疊。這反應了點度中心性的概念，衡量了每隻鱷蜥有多少機會與同伴互動。戈弗雷等人接著計算每隻鱷蜥身上的壁蝨數（你們是怎麼度過那個夏天的……），發現壁蝨以及血液寄生蟲的數量，與每隻鱷蜥的點度中心性存在顯著且高度的相關性。因為壁蝨依賴網絡在鱷蜥間傳播，因此點度越高，感染的風險也越高。有趣的是，在蟎蟲數量分布上，他們沒看到類似的相關性。對蟎蟲來說，網絡並非傳播要件，因此點度高低並不影響感染率。[37]

　　研究人員也針對不同的物種[38]進行類似的分析，其中包括人類。學者尼古拉斯‧克里斯塔基斯（Nicholas Christakis）以及詹姆斯‧福勒（James Fowler）[39]曾經研究過，哪些哈佛學生最

早感染流感。他們觀察了兩組不同的學生族群，每組都包含數百名學生：第一組成員來自隨機抽樣，第二組成員則是其他學生所提及的朋友。根據友誼悖論，相對於第一組隨機挑選的學生，第二組學生應該會有更高的點度。事實上，這兩位學者的確發現，第二組學生平均約比第一組學生更早得到流感，大約早了兩週。由此可見，太受歡迎也是有壞處的。[40]

網絡的動態變化與傳導性

2009 年，一種異常致命與危險的流感 H1N1 變種病毒株，在世界各地肆虐；這種病毒的近親是西班牙流感，後者曾在 1918 年造成全球人口毀滅性的傷害。

那年夏天，我和大多數飛抵北京的乘客一樣，入境前必須通過一台測量體溫的儀器。中國不是當時唯一一個實施入境檢疫的國家。其他幾十個國家也對入境旅客進行檢疫，要求他們填寫個人資料，並確實回報任何症狀。出現症狀者將被拒絕入境或是強制隔離。人際網絡的樣貌，因此隨著我們的防疫對策而改變動態。

在某些情況下，旅行限制與警告所帶來的代價極為高昂。墨西哥在 2009 年首度出現了 H1N1 病例，因此在當年春天發佈的旅行警告中，墨西哥也列名其上。這使得同年春天末期，進出墨西哥的旅客數下降了約 40%。這樣的劇烈變化深深地重創了一個以觀光業作為主要產業的國家。

事後來看，經過仔細分析旅行軌跡以及在全世界擴散的時間

與地點後，我們得到的結論是，對於阻止流感傳播而言，旅行限制幾乎沒有效。旅行模式的改變只是讓疾病的擴散延遲了幾天而已。[41] 即便是那些做了最嚴格入境檢疫的國家，看起來也只是讓流感在境內的廣泛傳播，推遲了 7 到 12 天，最終仍無法阻止不可避免的流行。[42]

　　全球範圍的跨國旅行在這個時代已經非常普遍，就算我們減少其中一大部分，盡可能地攔截感染者，對流感的傳播網絡來說，影響不大。這類策略就像是在全球網絡裡眾多的長距離連結中，移除了其中一些（然而並不是全部）。但這對壓制流感的基本再生數來說，遠遠不夠。當然這並不代表，在流感大流行期間避免旅行，對保持健康一點用也沒有。如果你能在流感季節避居深山小屋，基本上就可以免除任何得到流感的可能。然而，要求群體裡的大多數人不得旅行，在經濟上並不切實際。

　　甚至隔離措施有時也可能造成災難性結果，特別在人們對傳染的機制還沒有充分了解的時代。這點在早年小兒麻痺疫情的應對上可見一斑。小兒麻痺歷史悠久，至少可以追溯到古埃及時代，許多歷史上的名人都遭受其害，包括羅馬皇帝克勞狄一世（Emperor Claudius）與華特‧司克特爵士（Sir Walter Scott），但疫情的出現一直以來都相當隨機。小兒麻痺變成更大規模的流行，大約是從 1910 年的歐洲開始，到了 1916 年的夏天紐約爆發了大規模疫情。當時對小兒麻痺的了解極少，許多孩子可能睡了一覺醒來就發現自己無法走路。

　　疫情把大家嚇壞了，不意外地引起了人們的恐慌。事實上，

小兒麻痺屬於糞口傳播的疾病，因此鄰近兒童出沒地點的露天下水道，才是真正致人於死的兇手。然而，當時各種關於小兒麻痺的臆測，導致人們撲殺了 8 萬隻貓狗，並錯誤地歸咎於蚊子、水銀、床蝨，以及許多其他東西。紐約的首批病患剛好大部分是義大利人，因此有些義大利人居住的地區也被隔離。不當的隔離使得衛生條件惡化，讓更多兒童因此曝露在危險的環境中。更糟的是，因為其他原因而出現發燒症狀的兒童，也與已感染小兒麻痺者同關一處，造成了嚴重的死傷。[43]

　　這並不是說，改變網絡中人們的接觸模式不可能是有效的策略。有些疾病，像是伊波拉出血熱，有較低的基本再生數，因此如果能在早期就注意到疫情，並限制人員進出，的確可以有效抑制疫情。再加上伊波拉疫情出現的地區，通常並不盛行長途旅行，這個條件有利於上述策略奏效。然而，封鎖獅子山共和國的某個村落，與封鎖北京、倫敦、紐約或墨西哥市等大城市，其規模不可同日而語。許多研究指出[44]，能有效控制流感大流行的方法僅有接種疫苗、有效隔離感染者（患者在仍具傳染力的期間必須待在家中或是診所），或是在某些情況下使用抗病毒藥物以縮短傳染期，進而降低傳播率。這些方法都可以顯著地降低流感的基本再生數，對抑制疫情而言成效卓著。

　　這裡我們要強調的是，人際網絡具有動態變化的特性，會對其傳播的內容作出回應。如果傳播的內容是疾病或金融危機等令人害怕的事物，網絡內人們作出的回應會是感到恐懼、切斷連結、隔離節點、龜縮在安全之處。相反地，一旦聽到重大訊息，人們

很可能會爭相奔告，使得人際網絡更加緊密相連，加速了好消息或八卦新聞的傳播。要完全理解網絡的傳染性，需要先理解網絡本身是一個動態的實體，且經常對傳染物做出回應。我們會在第7章與第8章回頭探討這些概念，屆時我們會深入討論科技普及、教育投資與社會學習等議題。這些議題都牽涉到人與人之間如何交互影響的過程：你所採取的行動，取決於別人的決定與當下的網絡狀態。

獲得資訊的各種方式

在現今的世界，許多網絡相互連通，而且不管這件事是好是壞，你我都和大多數人一樣，位於最大連通分支之上。人際網絡讓我們一直以來曝露於流感與其他疾病的威脅下，但也讓最新的消息與八卦得以私下流通。有些新聞甚至你不想知道都很難。

作為一種消遣，有群人發起了一個挑戰，人際互動越少者，能夠最晚得知某個消息的人，就可以贏得這個挑戰。這個挑戰的正式名稱是「誰是美國最後一個得知超級盃冠軍的勇者」，參賽者自稱「訊息逃避者」，因為他們必須想方設法不被告知誰贏了那年的超級盃。整個賽程採取榮譽制，所有人的目標就是盡可能越晚得知超級盃冠軍隊伍越好。[45] 這其實也是一種傳染過程，很難全身而退的那種。首先，一開始就會有大約 1/3 的美國人被超級盃冠軍的消息「感染」，因為這些人直接看了比賽。其次，這是一條熱門新聞，它不只會是在接下來幾天人們的熱議話題，

也會是各大媒體的頭條新聞。

　　避免聽到熱門新聞，其實是個艱鉅的挑戰。你必須謹慎小心地改變你的習慣，對許多新聞媒體、路邊的對話，以及周遭的人保持警戒。這個挑戰的有趣之處在於參賽者根本撐不了多久。參賽者有各式各樣令人噴飯的「死法」（就是得知超級盃贏家！）。有的人撐了幾個小時，最多幾天，只有極少數的人可以存活超過一週。最短的紀錄只有 8 秒，最長的則是一個長達數年的例外狀況。當參賽者「不幸身亡」，他們必須讓其他人知道他們的「死因」。原因千奇百怪，涉及許多不同的社交形式。以下僅列出部分原因：被空服員爆雷、被教授爆雷、被室友爆雷、被大學朋友爆雷、被老婆的驚呼與吶喊聲爆雷（只撐了 8 秒啊！）、在休息站被朋友爆雷、在一次閒聊中被爆雷、在進階生物課上被惡作劇爆雷、在 CNBC 新聞會談中被爆雷、在黑人歷史月的討論中被爆雷（不誇張！）。另外還有各種管道，電子郵件、簡訊、廣播、社群媒體、手機 app 等導致意外出局。

　　這些原因清楚地展示了，人們有很多不同的交流方式可以傳達訊息，以及人們傳達的資訊很可能與原先談話的目的完全不相關。這使得人們在討論大熱門話題時，有著極高點度，此時網絡變得高度連通且擴張，有著相當大的基本再生數以及相當短的人際距離。

　　不只是傳染病與消息的傳播，各種形式的擴散與傳染現象，背後都可以看到基本再生數、相變、最大連通分支、外部性等概念扮演著重要的角色。而當網絡上傳播的內容不只是細菌時，有

些網絡的微妙之處將顯現，如同我們第 4 章即將討論的金融危機傳染現象。

第 4 章

連結緊密到不能倒：金融網絡

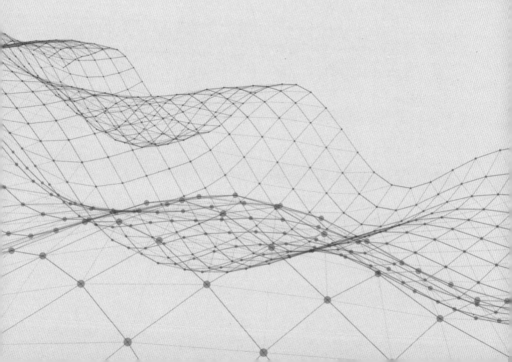

然而，這個世界正變得越來越依賴彼此。股市與經濟同漲同跌，信心成爲繁榮的關鍵，市場上不安的情緒一旦出現就彷彿傳染病般蔓延。

——托尼‧布萊爾（Tony Blair），英國前首相

恐慌與狂歡是市場上主要的力量，但恐慌的力量是狂歡的數倍。一旦市場籠罩在狂歡的氣氛下，泡沫緩慢堆疊；然而當恐慌來襲，泡沫瞬間破裂。看著這一切發生，我精神上受到強烈的震撼。傳染的現象就是導致一切崩潰的關鍵所在。

——艾倫‧格林斯潘（Alan Greenspan），

美國聯邦儲備局理事會前主席

拉斯維加斯的房地產價格崩跌，影響了倫敦與香港的金融市場；法國銀行的一樁投資弊案，造成全球各地銀行的股價應聲下跌；這些現象之所以有可能出現，正是因爲全球經濟變得日益緊密連結。

金融網絡由形形色色的機構組成，其內各機構的往來關係，雖然不同於我們之前討論過的人脈連結，但是金融網絡內也同樣充斥著外部性且與人脫不了關係——人建立了這個網絡，人是這個網絡的擁有者。因此，我們在前一章對一般傳染現象的討論，仍不失是一個極好的基準點，可以幫助我們進一步理解金融危機究竟是如何擴散。

　　不過，我們之所以將金融網絡獨立出來討論，原因在於它蘊含一種相互抵銷的效果，使得它的運作比疾病傳播機制來得更加微妙。全球化不只使世界更加緊密連結，也讓投資風險更為分散、投資組合更加安全。[1] 在疾病傳播網絡內，更多連結意味著蔓延得更快更廣的疫情；然而，在金融網絡內，這也意味著更為分散的風險，因此危機可以更容易被化解。

　　究竟這兩股相反的力量如何互相牽制？又為什麼我們仍然面臨著世界經濟衰退與全球性金融傳染的難題？

　　問題就在於，許多金融市場仍嚴重地風險分散不足，我們將在本章探討這個現象背後的種種原因。金融市場因此處於一個極易誘發金融傳染的危險地帶：網絡連結的程度已經高到足以發生金融傳染，但又不夠高到足以有效地分散風險，此時很難避免一家機構倒閉所引發的連環倒閉潮。

　　2008 年發生的全球金融危機是一個能帶給我們許多反思的案例，我們將從此出發，來理解金融傳染的連鎖效應是如何發生的。

剖析全球金融危機

　　2008 年 9 月 15 日，雷曼兄弟控股公司申請破產，當時雷曼兄弟是世界上最大的投資銀行之一。當天美國股市應聲下跌，跌幅超過 4 個百分點，然而對隨後即將發生的事來說，這只是個小序曲。今天看來，雷曼兄弟的倒閉，很大程度是因為其對次級房貸的過度曝險。這些房貸之所以被稱為「次級」，原因在於其借

款人的信用歷史以及（或是）抵押品的價值隱含了相當高的風險。

　　希拉・拉莫斯（Sheila Ramos）就借了好幾筆這樣的抵押貸款。她在阿拉斯加經營過美容沙龍、零售連鎖店、甚至也曾為公共事業公司砌過水泥牆，工作多年後她搬到佛羅里達州。由於對自己的工作感到厭煩，她決定搬到南方，重新開始；不靠任何貸款，而是憑著自己的積蓄與出售父母住屋所得的款項，買下了一棟價值 30 萬美元的房子。沒有工作與收入來源讓希拉相當沒有安全感，因此她決定抵押房子，貸款 9 萬美元，買下當地一家草坪維護公司，由她和兒子們一起經營。一切都進行得很順利，但一場突如其來的車禍，讓她的生活與生意陷入停擺。她因此無法如期償還貸款，於是希拉又申請了一筆金額更大的新貸款，籌措了 14 萬美元作為週轉。她用這筆 14 萬的貸款還清了舊貸款、失去收入期間滋生的滯納金，以及醫療與訴訟費，滿心希望在她返回工作崗位前，剩餘的錢足以讓她暫時應付每期的還款，繼續維持這筆更大的新貸款。然而，她遲遲無法恢復工作能力，負債不斷增生，在債權人催收的壓力下，2006 年 12 月希拉又借了第三筆金額為 262,000 美元的抵押貸款。這筆貸款清償了之前所有的負債，餘款也幫希拉爭取了一些時間，在她重返工作前，還能應付幾期新貸款的還款。希拉每借一筆新的貸款，還款的要求就變得更高，且每期還款金額並非定額，會隨著時間越來越高。

　　一連串不幸的遭遇、無節制地推銷貸款的金融機構，與那些讓她悔不當初的決定，將希拉推入了房貸債務的深淵。對那些最終必須接手債權的公司來說，這樣的抵押貸款也極不合理。希拉

後來才發現，儘管貸款仲介知道她喪失工作能力、事業也停擺，她的貸款申請表格上，還是被填上了「受僱」「月薪 6,500 美元」等資訊。不意外地，她的貸款故事以悲劇告終：她作爲抵押品的房子被沒收，與她監護的孫子孫女搬進了帳篷裡生活。[2]

那個向希拉不當推銷貸款的仲介機構最終也破產了，這個消息也許稍稍寬慰了爲此打抱不平的你；然而，類似的貸款隨後引發的災難，遠遠超過了這些直接參與者的損失。希拉的故事雖然極端但卻不罕見，市場上許多人都申請了這樣的貸款，因爲與他們抵押品（房屋）的價值相比，獲得快錢或是再融資實在是太容易了。許多首購族發現，買房原來出乎意料地容易，比如那些剛在蓬勃發展的拉斯維加斯找到工作的人，或是剛搬到紐澤西發展中郊區的人。這些形形色色的潛在借款者，成爲貸款發行機構盯上的獵物，貸款機構從每筆成交的貸款中賺取手續費，接著輕易地將債權轉賣給其他人，根本不用承擔任何風險。

許多貸款申請資料經過「創意」改寫後通過了審核，這些案例最終被法院視爲違反合約；但即使是在美國國家金融服務公司（Countrywide Financial，美國最大的房貸發行機構）這種最聲名狼藉的案例中，也很難證明這些機構蓄意欺詐民眾，而非犯了無心之過或是無法履行合約條款。畢竟一個巴掌拍不響。大部分的次貸商品，都要通過兩家由政府資助的大型企業在美國發行，分別是房利美（Fannie Mae）與房地美（Freddie Mac）[3]：這兩家機構會持有部分次貸商品，將其餘債權打包轉售給其他對象，並提供一定程度的擔保。房利美與房地美隨後被控告監管不

足，以及轉售不符合宣傳的證券化商品。除此之外，處於數十年
來低點的利率水準，以及美國住宅與都市發展部（Department of
Housing and Urban Development）等政府機構鼓勵自有住房的政
策，都助長了次貸市場的迅速擴張。到了 2008 年，房利美與房地
美持有或擔保的次貸商品（包含房貸抵押證券〔mortgage-backed
securities〕），市值已經超過了 5 兆美元，幾乎占了這個龐大市
場的一半。

　　不斷加速擴張的次貸市場終於在 2008 年的夏天翻了車，但其
實輪子早已脫離了軌道一段時間。過了期初利率優惠期後，借款
人發現他們的借款利率變高了，許多和希拉一樣被慫恿借入更多
超出自己經濟能力的貸款者，開始違約。作為抵押品的房子被強
制拍賣，房價跟著下跌，導致越來越多人房屋抵押品的價值，開
始低於其申請的貸款。無可迴避的脫軌失事再也勒不住，終於拉
響了警報。2008 年 7 月初，全世界終於意識到房利美與房地美對
次貸市場的巨大曝險。此時，這兩家公司已經難以繼續營運，沒
有人要買房貸抵押證券，因為所有人都很清楚，它們提供的許多
房貸擔保已經變得一文不值；它們為了發展公司業務所發行的債
券，也被市場認為毫無價值。由於這起事件涉及了數兆美元，政
府不得不介入其中，以阻止市場全面崩潰。

　　我們接著回到雷曼兄弟的故事。作為市場上最大的房貸抵押
證券承銷商之一，雷曼兄弟在 2007 年以前獲利豐厚，當時正逢次
貸市場蓬勃發展之時。然而，當貝爾斯登公司（Bears Stearns）旗
下同樣重倉投資房貸市場的兩家避險基金倒閉後，房地產泡沫化

的危險已經清楚浮現。市場普遍瀰漫著一股恐慌情緒，使得雷曼
兄弟的股價重挫。然而，雷曼兄弟不但沒有正視現實，反而加倍
下注，把更多心思放在操縱帳戶而非管理投資組合的風險。到了
2008 年的夏天，雷曼兄弟終於開始逐步減倉，但為時已晚。

　　現在讓我們來了解這個故事中有關網絡的部分，也就是金融
危機為何會擴散到那些沒有直接參與房貸市場的機構。那年美國
政府為了避免一場金融災難，出手協助貝爾斯登公司併入摩根大
通（JPMorgan Chase），這個舉動讓市場普遍相信，政府也會對
雷曼兄弟施以援手。然而，市場不幸地猜錯了，即便雷曼兄弟的
規模絕對稱得上是市場上「連結緊密到不能倒」的機構，美國政
府仍然撒手任它倒閉。

　　就在雷曼兄弟宣告破產後幾天，危機波及了 AIG（美國國際
集團），AIG 不得不緊急向政府請求金援。AIG 是信用違約交換
（credit default swap）市場上主要的造市商，向數千億美元的抵
押貸款提供保險。[4] 雷曼兄弟的破產讓市場陷入恐慌，因為突然
之間，所有人都不確定 AIG 是否能履行每一張它賣出的低價貸款
保險——畢竟保險的本質不允許同時理賠大量保單。

　　預期到雷曼兄弟手上大量的債權即將被清算，抵押貸款市場
的恐慌情緒進一步蔓延，將更多的投資銀行與機構投資人推下懸
崖。再加上雷曼兄弟是許多避險基金的經紀商，經手了數百億美
元的投資，雷曼兄弟於是將這些資產作為自家投資事業的抵押品
以及其他財務槓桿工具。這個狀況使得一些知名的貨幣市場基金
（money market fund，原本被視為最安全的短期投資方式之一）

對雷曼兄弟過度曝險。例如，主要儲備基金（Reserve Primary Fund）持有雷曼兄弟超過 7.5 億美元的債權。它的每股淨值因此「跌破一美元」（broke the buck），這代表著投資人可以從貨幣市場基金贖回的金額少於他們之前投資的金額，投資報酬率比單純持有現金還要糟。

　　危機繼續向外擴散，市場對貨幣市場基金失去信心，重創了原本依賴這類機構取得短期借款的公司──它們與抵押貸款市場或是該市場的參與者可是八竿子打不著。同樣的情況也發生在銀行同業拆款市場（interbank lending market，銀行用來短期平衡其存款與投資組合的重要工具），銀行間的流動性驟然乾涸，因為沒有任何一家銀行可以確定它們的交易對手是否仍有償債能力，抑或只是虛有其表。一段時間後，情況仍不見好轉，美國聯準會（Federal Reserve）不得不插手此事，進場填補銀行同業拆款市場的資金缺口。

　　在隨後一年半的時間裡，道瓊工業平均指數（Dow Jones Industrial Average）市值蒸發了一半以上：從 2007 年 10 月超過 14,000 的高點跌落，到了 2009 年 3 月已不足 7,000 點。同期間倫敦金融時報 100 指數（FTSE 100）的市值也縮水了 40 個百分點，因為許多英國與愛爾蘭銀行相繼倒閉。全球各大股市都可以看到類似的重挫，在 2007 年末至 2009 年初香港、上海、東京、孟買、法蘭克福等地的指數都損失了一半以上的市值。冰島財務狀況危急，甚至導致了政府破產。

　　如果當初美國政府對雷曼兄弟伸以援手，隨後金融危機的發

展是否會有所不同，許多人對這個假設的情境有不同的見解。高度緊密連結的市場，讓許多金融機構（可能直接或間接地）過度曝露在次貸危機的風險中。也許無論政府如何干預，雷曼兄弟倒閉所造成的某些後果仍無可避免，然而這個事件在次貸市場中引發的恐慌波瀾，遠遠不及在其他市場掀起的滔天巨浪。從網絡科學的觀點來說，如果能在波瀾初起時就著手抑止傳染，遠比引發海嘯後才來想辦法善後，來得更容易、付出的代價也更小。

　　美國政府（財政部與聯準會）之所以任由雷曼兄弟倒閉，有三個主要的原因。

　　第一，美國財政部某些官員，希望向大型私人機構傳達一個訊息：別指望政府每次都出手援助。財政部已經接連援助了貝爾斯登、房利美、房地美等機構，包括國會議員在內的許多人士紛紛表達了「適可而止」的看法。然而，如同知名金融市場專家（同時也是我博士論文指導教授）史丹佛財金系教授達雷爾・達菲（Darrell Duffie）所述：「當房子已經燒起來了，現場的消防隊最要緊的任務，就是趕快拉起水管撲滅火勢；這個時機可不適合撤去管線，去教訓那個躺在床上抽菸的屋主。」

　　第二，當時決定放任雷曼兄弟倒閉的關鍵決策者，沒有意識到他們有責任預測此舉會帶來什麼後果。從當時聯邦準備理事會的開會紀錄可以看出，他們對後續可能的事態發展一點概念都沒有。很遺憾當時並沒有詳細的金融體系網絡分布圖做為指引（事實上直至今日這項資訊仍然非常不透明）。如果當時有份清楚的網絡曝險關係圖，能攤開在政府各部門（包括國會）面前作為參

考，我想他們會（或至少應該會）做出不一樣的選擇。

　　第三，在相關法律的限制下，聯準會能干預到什麼程度，仍存在許多疑問。這涉及法律中的未知地帶，聯準會到底有權限做什麼，當時並不明朗。

　　未加干預的苦果很快浮現，最終演變爲全球性的災難。今天看來，放任雷曼兄弟倒閉是個嚴重的失誤，最終政府反而必須爲後續的援助計畫付出更高的代價。各國政府挹注了上兆美元才阻止了金融傳染演變爲不可收拾的金融疫情，然而，全世界沒有因此逃過一段長而痛苦的經濟衰退期。話雖如此，當時金融市場沒有出現全面性的連環倒閉潮，還是相當值得慶幸。你可以想像一下，如果美國財政部沒有出手援助房利美、房地美與 AIG，如果各國政府決定不金援國內的銀行與企業，將會發生什麼事？

　　經濟大蕭條帶給我們的殷鑑不遠；當年的大蕭條，讓許多銀行以及其他在高漲的股市（後來金融危機面對的是高漲的次貸市場）中過度擴張的機構，紛紛破產，此後政府花了好幾年的時間才找到對策。隨後引發的拋售、市場恐慌與資金市場凍結，導致了投資與商業行爲的萎縮，連帶地工資與消費支出也受到牽連，將整個世界推入了更深層的惡性循環。當時的網絡效應已經非常明顯。就說一個例子吧，華爾街的崩盤導致德國獲得的貸款大幅縮水，這使得德國難以繼續支付一戰賠款。隨著德國停止支付賠款，市場恐慌浮現，德國投資人不再願意提供貸款資金，造成大量的企業倒閉與破天荒的經濟衰退，政治與經濟一片混亂下，納粹黨因此逮到機會站穩了腳跟。如果能及早抑止經濟大蕭條的蔓

延，二戰是否就不會發生？這個問題的答案不得而知，但毫無疑問的是，經濟大蕭條確實具有金融傳染的特性。

　　相對於現今的國際貿易網絡，經濟大蕭條時期的網絡更加碎片化，兩者形成一個強烈的對比。比方說，1930 年代的中國、日本、蘇聯，與西方國家的貿易往來並不多，它們的金融系統幾乎與世隔絕，因此經濟大蕭條雖然重創了北美與歐洲部分地區，但卻幾乎沒對這三個國家產生什麼影響。事實上，此時的蘇聯工業正高速成長呢！

金融傳染有何特殊之處？

　　因此我的首要之務，就是捍衛我堅定的信念：我們唯一要戒慎恐懼的，就是恐懼本身——它無以名狀、沒有道理、缺乏正當性，卻足以讓人失去鬥志，不再為轉守為攻付出必要的努力。

> —— 富蘭克林・羅斯福（Franklin D. Roosevelt），
> 1993 年 3 月 4 日總統就職演說

　　關於經濟傳染的現象，採用基本的網絡分析就能提出深入的洞見。金融網絡的中心性逐漸成為風險評估的主要工具，用以衡量哪些節點「連結緊密到不能倒」；連通程度則是另一個初步評估風險的工具，有助於衡量全球性金融傳染風險的大小。

　　不過，除此之外，金融網絡還有一些有趣的特殊之處。

　　第一，金融市場通常牽涉許多形形色色的參與者與機構。流感透過病毒傳播，由一個人傳染給另一個人；無力償債的狀態，則藉由借款人傳染給銀行、保險公司，再到許多與借款人沒有商業往來的公司，而後擴散到各個市場，最後把整個經濟體內的勞工與股東也拖下水。這個網絡涉及了各式各樣的交易與契約——從貸款到合夥關係、保險契約、結構複雜的證券交易，再到單純的商品與資產買賣——這個網絡有個關鍵特徵，即：兩造其中一方積欠另一方某種有價資產，使得另一方的財富狀態，取決於這個人履行交易或契約的能力。由於這個網絡涵蓋的範圍極大，使得投資人與政府都難以完整地評估金融傳染現象發生的風險，一個罕見但卻可能造成災難性後果的風險。

　　第二個金融網絡的特殊之處是，更緊密的連結並不總是代表「被感染」的風險更高。相對於只和一個人做買賣，擁有很多交易對手可能更安全。這是投資實務中最基本的準則之一：投資組合的分散化可以降低風險。如果你有足夠多的交易對手，風險可以分散到不同人身上，如此一來，就算其中一個人違約，也不會對你造成太大影響。這個特性讓金融傳染現象，從根本上有別於其他傳染類型。就疾病傳染而言，和許多對象發生性行為（比起和同一個對象發生多次性行為）大幅增加了感染性病的機率。然而，就金融傳染而言，企業與更多公司做生意，反而可以減輕對單一地區、市場、供應商的依賴，就算特定交易對手出現突發狀況，也不至於受到太大衝擊。

　　這個特點激發了經濟網絡中一個相當有意思的取捨問題：究

竟要增加還是減少連結以防止金融傳染。[5] 起初，隨著各機構間
的買賣、證券、契約和債務交易越來越多，機構間變得越來越依
賴彼此，網絡逐漸相連成形，基本再生數突破了 1 的臨界值，此
時金融傳染的威脅加劇。舉例來說，如果每家機構有兩到三個主
要的交易對手，最大連通分支將會出現，網絡可以達到相當高的
連通程度。同時，因為每家機構僅有少數交易對手，這使其面臨
相當高的風險，一旦其中一個交易對手違約或是無法履行承諾，
將損失重大。然而，當網絡連結繼續增生，此時每家機構可以充
分分散風險，即便任一交易對手倒閉，也比較不可能被拖下水，
因此系統性風險最終將會下降。雖然此時網絡連結變得更加稠密，
但危機沿著某條路徑傳染到各個機構，導致骨牌效應發生的可能
性已經下降。

　　連通程度介於之間的中間地帶是最容易誘發金融傳染的情
況。此時，機構間的往來連結，多到足以讓一個連通的網絡成形，
每個機構將間接地與所有其他機構相連。然而，往來連結又不夠
多，大多數機構將大量業務集中在少數幾家對口，一旦其中一家
對口無法履行承諾，很可能也會將它們拖下水。

　　圖 4-1 描繪了這樣的取捨關係。我們可以將每個節點視為一
家擁有部分自有投資的銀行，每條連結則代表它與其他銀行的投
資或合約關係。銀行間的關係包含：購買一部分其他銀行的投資
（例如，抵押貸款）、其他銀行發行的債券、短期貸款等等，這
些債權的標的物都是交易對手的資產或是投資。連結的粗細程度
代表兩家銀行之間的投資份額。在此我簡化了所有細節，僅描繪

了基本的相依結構。

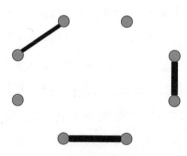
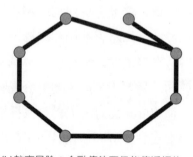

(a)相對安全：銀行組成數個相互獨立的小
　單位，代表金融傳染不可能向外擴散。
　然而，缺乏多元的交易對手也代表，一
　旦兩造之間的直接交易失敗，個別銀行
　可能損失所有的預期收益，面臨更高的
　單一交易對手風險。

(b)較高風險：金融傳染不但能傳遍網絡，
　且每家銀行的交易對手很少，面臨到相
　當高的單一交易對手風險。

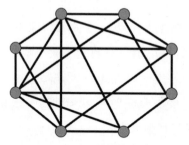
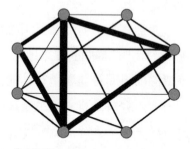

(c)相對安全：儘管金融傳染還是會發生，
　但沒有任何一家銀行對單一交易對手曝
　險過大。

(d)較高風險：網絡中 4 家核心銀行對彼
　此的曝險程度極高，加上整個網絡相當
　稠密，這代表一旦核心銀行失去償債能
　力，危機會擴散到整個網絡。

圖4-1　四種不同的金融網絡，每種引發金融傳染現象的機率都不同。連線的粗細程度
　　　代表了兩家銀行間的相互依賴程度。

　　如同圖 4-1(a) 所示，當連通程度不高時，金融網絡處於一個相對安全的狀態，廣泛的金融傳染不太容易爆發。然而代價是犧牲了日常營運：不同的金融機構間的交易往來極少。缺乏多元的交易對手，也意味著銀行無法分散它們面對的非系統性風險，這導致它們的股價報酬隱含了一些原本可以避免的波動與風險。[6]

　　接著我們將目光轉到圖 4-1(b)，此時網絡連通，進入一個非常危險的狀態，只要有任何一家銀行倒閉，這個危機將沿著一條潛在的傳染路徑，傳染給其他所有機構；而且每家銀行都有著極高的單一交易對手風險，這些風險尚未被適當地分散化。

　　到了圖 4-1(c) 網絡連結變得更加稠密，但風險程度卻改善了不少，這是因爲此時銀行間的交易往來更爲分散，降低了對特定交易對手的曝險。就算其中一家銀行失去償債能力，也比較不可能傳染給其他交易對手，使其也面臨償債危機。金融傳染與疾病傳染第一個眞正意義上的區別就在這裡：對金融傳染來說，網絡從圖 4-1(b) 發展到圖 4-1(c) 時變得更加安全；然而對疾病傳染而言，情況卻是恰好相反。[7]

　　最後是圖 4-1(d)，情況再度惡化，因爲網絡中的 4 家銀行對彼此的曝險提高。一旦其中一家核心銀行失去償債能力，另外 3 家核心銀行也會陷入險境，屆時其他銀行對這 4 家核心銀行的累計曝險，也將變成一個問題。

　　也許有人會期待，我們可以與圖 4-1(b) 與 (d) 那樣足以誘發危機的狀態保持距離；然而，就像我們在次貸危機中所見，市場上無可避免會出現一些舉足輕重的大型機構。由於多樣化經濟

（Economies of scope）與規模經濟（Economies of scale）效應，業界頂尖金融機構的業務範圍與規模變得越來越大，在這個情況下，大多數其他機構不可能避免頻繁地與之往來。

金融市場的第三個特殊之處在於，「感染」的發生無需「接觸」：一家沒有任何不當投資的銀行，仍可能發生償債危機。恐懼與不確定性對金融市場造成的傷害，不亞於投資操作不當所造成的連環倒閉潮。如果所有人明天醒來都突然相信 X 銀行即將破產，那麼這家銀行就真的會破產。事實上，即便我們自己並不相信，但只要我們擔心其他人相信 X 銀行即將破產，或是擔心其他人也有一樣的擔心，就足以讓銀行破產。我們甚至可能都知道 X 銀行有著穩健投資，經營得很好；然而，當我們預期其他人打算將存款全數領出，我們就會擔心成為最後那個提不出款的人。金融危機可以自我實現，這就是金融市場特別棘手的特性。恐懼正是某些擠兌之所以發生的原因。[8]

這個特點讓金融市場與其他市場有所不同。如果你打算到附近的雜貨店買些蘋果，雖然擔心這家店可能即將破產，但這不會影響你到店裡買蘋果的決定。也許之後你會改個地方買蘋果，但這個破產的擔憂，不會讓你打消買蘋果的念頭。然而，如果你打算到某家銀行存錢，但擔心這家銀行的業務可能突然終止，你的反應可能會非常不一樣。也許你只是聽到一個謠言——你不用相信謠言，甚至不用相信其他人會相信這個謠言——你只需要相信這個謠言，可能會讓其他人一窩蜂地湧入銀行提款。一旦人們對金融系統的運作普遍失去了信心，儲蓄與投資就會真的陷入險境。

在經濟大蕭條期間，民眾囤積現金的現象就是一個嚴重的問題。

如同本節引言，經濟大蕭條時期羅斯福總統的演說所述，恐懼是金融活動（以及更廣泛的投資活動）亙古不變的大麻煩。全球股市在 2007 年末至 2009 年初期間蒸發了一半以上的市值，幾年後又出現反彈，這些現象之所以發生並不是公司的實際價值眞的遭遇巨大損失，然後又奇蹟般地恢復；而是因爲投資大眾對未來的不確定性——哪些公司可能破產，經濟衰退會有多嚴重、影響層面多廣泛——以及伴隨著不確定而來的恐懼。即使最終市場重新站穩腳跟，這不代表一切都圓滿結束。在經濟下行的過程中，就業、產出和消費出現了巨大損失，對基礎投資和經濟活動的傷害持續了數年之久。不確定性本身帶來了高昂代價，使所有人元氣大傷。[9]

約翰・梅納德・凱因斯（John Maynard Keynes）在他的著作《就業、利息和貨幣通論》（*General Theory of Employment, Interest and Money*）中討論後來被稱爲「凱恩斯選美」（Keynesian Beauty Contest）的問題時，就談到了這個特點。他假設有一場選美比賽的規則是，人們必須從報紙上刊登的一百張照片中挑出「最漂亮」的六張臉。這個選美比賽和上述金融市場的第三個特點，頗有異曲同工之妙。所謂「最漂亮」的臉，其實是指最多人挑選的那張臉。因此，正如同凱因斯所言（該書第 156 頁）：「大家並不是在挑最符合自己審美標準的臉，甚至也不是一般大眾審美下會被眞心讚揚美貌的那些臉；這些只是第一與第二個層次的思考而已。我們的思考會繼續推進到第三個層次，我們費盡心機地

猜測，大眾普遍會認爲所謂的大眾審美標準爲何。我相信，還有人會繼續推進到第四層、第五層等更深層次的思考。」

　　上述這些金融市場的特殊之處說明了，爲什麼某些投資行爲會與資產的眞實價值脫鉤，導致股價泡沫或市場恐慌時出現拋售行爲。因爲很多時候，投資不只需要理解投資標的本身的眞實價值，也需要預測其他人願意花多少錢買、持有多長期間。[10] 這裡網絡與認知的關係再度發揮作用：當某位大人物對某件事表態或放出一個消息，他在網絡中超出比例的影響力，將可以左右股票的價值；尤其在所有人都預期其他人關注著這位大人物時，這個影響力將更大。[11]

自由市場與外部性

　　金融市場的本質就是：高槓桿高報酬……然而，只要有債務，就有破產與金融傳染的可能。

　　　　　　　　　　　　　　　　　　——艾倫·格林斯潘

　　亞當·斯密（Adam Smith）創造「看不見的手」一詞時，肯定對市場的運作方式感到驚嘆。許多市場在完全自由開放、不受干預的環境下，都能運作良好。許多人們消費的產品與使用的服務，例如麵包或理髮，幾乎不涉及外部性，因此生產或消費這類的產品，對個人而言，所需付出的成本與得到的效益，相當程度地也反映了社會的成本與效益。此外在許多市場中，規模經濟的

效果很小，這意味著公司之間勢均力敵、彼此競爭激烈，不會有任何一家公司坐大，擁有主宰市場的影響力。很遺憾地，以上這兩點都不適用於金融市場：這個市場存在著顯著的外部性與規模經濟效果。

金融市場的外部性在於，個別公司管理不當的後果，會波及到網絡內的其他公司。當某家公司失去償債能力，其交易對手因此無法準時收到還款的情況下，可能也會連帶地陷入償債困境，導致公司連環倒閉，衍生了極高的破產成本。這些損失相當可觀。根據麻薩諸塞大學阿模斯特分校學者本・布蘭奇（Ben Branch）對破產成本的估計[12]，一旦公司破產，債權人獲得的賠償一般來說僅有破產前56%的帳面價值。[13]回收率在40%～50%之間；就算是有擔保或是優先求償權的公司債，回收率也僅為70%。這些破產企業的債權人損失了很大一部分的投資，這些損失可能將他們推入週轉危機。

這些外部性再再顯示了「誘因不相容」帶來的問題：遲至2008年初，雷曼兄弟仍持續地低估其對次貸市場的曝險；更糟糕的是，它自始至終只關心自己的利益，絲毫不在意其破產會不會給整個市場帶來災難。毫無疑問，沒有人會故意破產，然而，一家公司的投資決策，不只帶給它自己直接風險，整個社會間接承受的總體風險，可能是這家公司面對的好幾倍之高；尤其在金融市場慣用高槓桿的風氣下，這絕不誇張。市場上有大量的投資，其本錢是借來的資金或是各種不同形式的貸款，這更加惡化了情況。

　　讓我們用一個例子來說明這一點：假設你受僱於一家公司，這家公司面臨資金短缺的問題，開始拖欠工資，最後甚至停發了薪水，於是你開始繳不出房貸或是車貸。如果你因此被認定為違約，你將蒙受嚴重的財務損失。同樣的狀況也會出現在公司之間：一家公司面臨償債困難，於是另一家被它積欠款項的公司，催收了好一段時間後，還是只回收了一小部分欠款，接下來可能就輪到這家受害的公司，沒有足夠的資金可以償債，於是也開始拖欠或是停止償還其貸款，這種連環爆開的債務危機，一次一次堆高了成本。

　　其實這也不是什麼太大的問題，只要金融網絡中的風險已經充分地分散，且每家機構都有足夠多的往來對象，毋須擔心單一交易對手曝險過高的狀況。在這種情況下，就算任何一家機構陷入償債困境，也只是個小漣漪，還有網絡中其他的往來對象可以幫忙化解，因此不會產生長久的影響。然而麻煩的是，我們還有規模經濟問題要解決。

　　在金融市場中，規模越大就越具生存優勢，因此有許多重要的機構逐漸發展至「大到不能倒」且「連結緊密到不能倒」的規模。房利美與房地美就是一例，它們的規模極大，次貸市場的參與者無論如何都必須與它打交道，以至於許多機構擁有這兩家公司大量的債權。房利美與房地美一旦破產，那可不是市場可以輕易化解的小漣漪，因此當它們陷入償債困境時，政府不得不接手這個燙手山芋，被迫吞下了巨額損失。如果當時政府坐視不管這團雪球，危機將越滾越大，最後整個經濟體可能要多付出數兆美

元的成本，才能讓一切重歸平靜。

　　隨著市場逐漸意識到「大就是好」的現象，市場上銀行的總家數越來越少，然而規模最大的銀行，其規模卻還在不斷膨脹。1980 年，美國聯邦存款保險公司（FDIC，Federal Deposit Insurance Corporation）認定的商業銀行超過 14,000 家，但到了 2006 年只剩下 5,000 多家。行業的整併並不是因為這個產業在萎縮，相反地，美國聯邦存款保險公司發佈的報告顯示，銀行業的總資產成長了 8 倍以上：從 1980 年 2 兆美元不到，一路成長到 2014 年超過了 15 兆美元。[14]

　　銀行透過整併各種金融服務，規模越長越大；這個現象不只出現在少數幾家銀行，而是整個行業都如此。1933 年的《格拉斯－斯蒂格爾法案》（Glass-Steagall Act）將金融市場的業務分成三塊：投資銀行（承銷證券發行、為證券造市、協助企業併購等業務）、商業銀行（提供存款與貸款服務），以及保險公司（發行保單）。然而，1999 年《美國金融服務業現代化法案》（Gramm-Leach-Bliley Act），取消了這一限制。密西根州的國會議員約翰·丁格爾（John Dingell）在辯論會中曾發表一個相當具有遠見的預測：這將使銀行控股公司變得大到不能倒。這個法案讓民眾可以在同一家金融機構，同時辦理存款與投資帳戶，這種一站式的金融服務相當便民。然而，讓金融機構長成龐然大物，絕非理想的狀態。除了會導致大到不能倒的問題，其中也存在根本性的利益衝突：當金融機構建議你如何管理資金時，它們同時也可以與你的交易對賭，這不見得符合存款戶的利益。[15]

　　更重要的是，銀行間的資本分布高度不均，大量的資本集中在金字塔頂端的大型銀行手中。2016 年，全球規模最大的十家銀行（前四名來自中國）的資產總計將近 26 兆美元。如果把它與以下數字相比，你會更清楚地看到資本過度集中的狀況：同一年度中國與美國的 GDP（代表經濟體的總產出）合計不過才超過 29 兆美元而已，全球 GDP 也僅略高於 75 兆美元。1990 年，美國最大的五家銀行約占國內銀行業總資產的 10％，到了 2015 年，這個數字已經接近 45％。如果你注意到 2007 年時，五大銀行也不過控制了略高於 35％的資產，你會發現次貸危機後，資產的集中程度仍大幅地增長。對許多公司而言，要避免與世界上任何一家大型銀行進行大額交易，幾乎是不可能的事。

　　圖 4-2 大致上描繪了美國最大的幾間銀行所組成的網絡樣貌，此時的銀行資金過度集中的情況還沒進一步惡化（與今天相比）。圖中包含了聯邦準備調撥系統（Fedwire system）中 66 家美國最大的銀行。因為這張圖只呈現了各種交易加總後的最終結果，所以省略了很多銀行間實際的交易細節。即使如此，它還是可以讓我們對銀行間的關係有個概略性的印象，像是：哪家銀行和哪家銀行進行了多大的交易，並據此判斷如果交易對手陷入償債困境，哪家銀行的業務會面臨嚴重衝擊。

　　我們可以從圖 4-2 中看出幾個重要的特點。首先，網絡中最大的 3 家（或 4 家）銀行規模龐大，且彼此之間的交易量也相當大。此外，其中 25 家主要銀行形成了一個彼此緊聚的核心，位處邊陲的成員（通常是地區性銀行）分別連接到 1 至 2 位核心成員。

這種極具辨識度的「核心—邊陲網絡」型態，在許多金融網絡中都可以看到。[16] 現在我們可以很容易理解，為什麼核心銀行的財務問題特別讓人擔心，原因就是它會影響到其他核心銀行，最終波及到邊陲銀行。當時的美國銀行網絡，看起來與圖 4-1(d) 幾乎沒什麼兩樣！

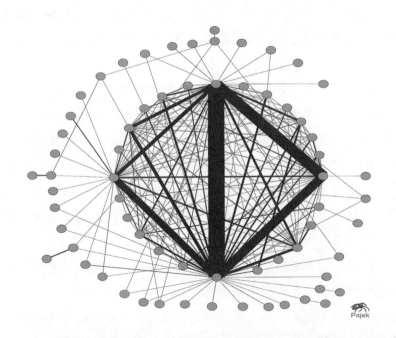

圖 4-2　聯邦準備調撥系統中前 66 大銀行（占總交易量 3/4）。資料描述了次貸危機爆發前，2004 年銀行業的資金集中程度，當時過度集中的情況還沒有現在這麼嚴重。其中最活躍的 25 家銀行組成了一個彼此緊密連結的群集（cluster）。連線的粗細程度，代表兩家銀行間交易金額的大小。本圖引用自 Physica A: Statistical Mechanics and Its Applications, Vol.379, Kimmo Soramäki, Morten Bech, Jeffrey Arnold, Robert Glass, and Walter Beyeler, 317—333. Copyright (2007)，已獲得出版商 Elsevier 授權。

　　究竟是什麼造就了那些大型銀行的規模以及其不斷增長的趨勢？我們可以從金融市場的一些特徵，來討論「越大越好」現象的成因。從最起碼的層次來看，規模可以節省維護資訊與通訊技術的固定成本。資料庫與會計系統的建立或維護成本，很多時候與使用量多寡無關。原本總共需要支付兩次這類成本的兩家銀行，併購後只需要支付一次就好了。從投資和商業的層次來看，掌握更多資金就能建立風險更分散的投資組合，也有機會可以參與大型的投資項目，這是作為小型投資者無法企及的。在世界各地設立分支以及開展業務，不僅可以分散地區性或單一業務的風險，也更容易得到跨國企業的青睞。此外，同時跨足儲蓄與交易兩種業務，可以讓金融機構利用交易與造市的綜效取得（特別是資訊方面的）優勢。除了這些之外，規模所帶來的品牌與聲譽也相當重要：市場普遍更喜歡與這些「大到不能倒」的大型銀行來往，因為這個封號暗示了，無論如何政府會在背後為其提供保障，這可不是小型銀行能擁有的待遇。

　　儘管這些具有規模、業務分散的金融巨擘，獲得了更強的韌性抵禦輕微或地區性的經濟下行；然而，一旦這些巨擘犯下無可挽回的錯誤（例如，對次貸市場過度曝險），將會給整個市場帶來巨大的災難。[17] 巨大的外部性就是代價：金融機構做了投資決定，卻不考慮潛在的失敗可能給市場帶來多大的衝擊。

　　除了外部性、主要參與者規模過大等因素以外，還有一些推力讓企業更傾向維持少數的商業夥伴。如果考慮到簽訂契約與擴展合作對象所需付出的成本，到處開發新客戶顯然不是個很吸引

人的選項，企業更傾向和一兩個商業夥伴長期合作。類似的狀況
也發生在你我的生活中，像是：銀行帳戶太多，管起來可是耗時
又費力。相對之下，就算我們只有一兩個帳戶，也不太需要操心，
因為背後有政府明確承諾（或至少彼此心照不宣）的擔保——同
樣的道理也適用於企業。圖 4-2 清楚可見：位處邊陲的銀行大多
只與 1 到 3 家對口銀行進行交易。除了維持對口很費力以外，只
和一個商業夥伴做大筆生意還有其他好處，那就是可以把交易額
拉高，有機會獲得更好的待遇與關注。無論大小企業都有所謂的
優待客戶。在雙方對彼此的依賴程度較高的情況下，即便出現一
些意料之外的狀況，雙方還是會願意為了談成生意而調整合約（換
成別人大概早就吹了）。[18] 這種依賴關係，有助於雙方在經濟
動盪時期達成特殊協議；多次與同一個商業夥伴做生意，也有助
於建立信任，而這種信任關係又會因為未來潛在的合作利益，而
進一步強化。沒有企業會想要拒絕一個未來能帶來長期且豐碩商
業利益的合作夥伴。

　　位處網絡核心的大型銀行所做的決定，可能在各方面造成他
人的損害。其一是銀行本身從事風險過高的投資，導致自身陷入
償債危機。其二是銀行的業務過分地集中於少數交易對象身上，
導致它自己直接暴露在交易對象的破產風險中（同時也間接地置
整個網絡於險境）。值得注意的是，這分別對應到兩種不同的外
部性：第一種是銀行選擇承擔更多的直接風險，導致其破產以及
引發金融傳染的可能性增加，這樣的風險選擇超出了市場可以接
受的水平；第二種則是銀行選擇承擔更多間接的風險，它將自己

放在一個容易被他人危機波及的位置，導致金融傳染持續蔓延。

　　如今的金融網絡還非常國際化。圖 4-3 描繪了一國主權債券被他國銀行持有的分布狀況，資料來自我之前的兩個學生，經濟學家馬特・艾略特（Matt Elliott）以及本・古魯布（Ben Golub），與我共同進行的研究。這張圖重點呈現了，希臘債務危機中幾個關鍵歐洲國家的情況。例如，在 2011 年底法國的銀行約持有相當於 3,300 億美元的義大利主權債券。因此圖中可以看到一個很大的從義大利指向法國的箭頭。[19] 這意味著，一旦義大利的債券估值下跌（例如因為該國銀行財務體質惡化），法國的銀行將承擔巨大的風險。圖中也可以看出義大利的銀行持有大量的德國主權債券，而德國持有大量的希臘主權債券等等，以此類推。

　　儘管希臘是個相對小的國家，但其帶來的風險曝露已經大到足以引發大麻煩。希臘主權債券幾個百分點的報酬變動，就足以讓一家金融機構由盈轉虧，且其債權往往高度集中於少數對象手中。基於這些理由，國際貨幣基金（IMF）、歐洲中央銀行、歐盟各國組成的「三頭馬車」，決定援助希臘：它們向希臘提供了緊急貸款，且為了確保希臘債券市場不會崩潰，它們買下了相當於數千億美元價值的希臘債券，並用這些債券買下許多當地的銀行。

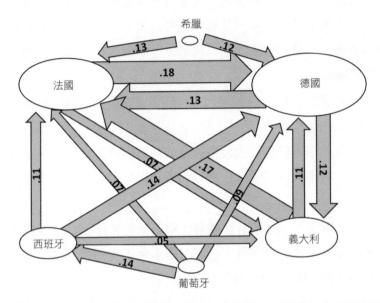

圖 4-3 圖中箭頭代表在 2011 年底各國有多少主權債券（政府發行的債券）被其他國家持有。箭頭的寬度代表曝險程度的大小（少於 5% 則不呈現於圖中）。例如，在 2011 年底，法國的銀行持有 13% 的希臘債券。圖與資料出自 Elliott, Golub, and Jackson（2014）。

讓我們做個總結，以下列出的種種因素，都可能將金融網絡網絡推向險境，誘發金融傳染現象：

◎規模經濟與多樣化經濟的效應，使得銀行的規模越大就越可能具有優勢，這也造成有很大一部分的銀行業務，集中在少數幾間最大的銀行手中。

◎銀行與其他金融機構彼此的交易往來，催生了連通網絡。

　　◎比起到處開發新客戶，與少數商業夥伴談更大的生意，可以省下維繫關係的成本，並獲得優惠待遇。因此，某機構在金融市場上重要的生意往來對象，也意味著其嚴重地暴露於這個交易對象的風險之下。

　　◎破產隱含的總成本極大，一旦某家機構陷入償債危機，其他機構也會被拖下水。

　　◎公司在選擇自己的投資組合與商業夥伴時，不會考慮其決策將給它的商業夥伴帶來什麼外部性，或是可能引發什麼連環危機。

　　◎不確定性和恐懼致使投資人撤回資金或停止提供貸款，這麼做的後果很快就會浮現：已經深陷債務困境的，甚至原本體質健康的金融機構，都會被推向償債危機。

　　這些因素（特別是當它們產生交互作用時）都說明了，為什麼金融市場需要被監管與謹慎對待。

監管

　　但當實體企業也攪和進投機漩渦中，成為泡沫的一員時，事情就嚴重了。當一個國家累積資本的進展成為博弈活動的副產品時，很多事情將變得難以順利推展。

　　——約翰・梅納德・凱因斯，《就業、利息和貨幣通論》

　　究竟該如何監管金融市場呢？

　　這個問題的答案至今仍充滿巨大的分歧。有些人認為，金融市場本身的調節機制就可以讓它運作良好。這些人要麼是對規模經濟、外部性與網絡效應等一無所知，要麼是既得利益者，因此選擇忽略這些事。前者可能只上了經濟學第一堂課，知道一些關於市場的基本知識後，就停止繼續認識經濟學了；後者可能本身已經占據了相當有利的網絡位置。另外還有一群人奉新古典學派的經濟學家為圭臬，像是：阿爾弗雷德‧馬歇爾（Alfred Marshall）、馮‧米塞斯（Ludwig von Mises）、密爾頓‧弗利曼（Milton Friedman）等等，這些經濟學家可能不信任政府、在哲學上有強烈的個人主義信仰，或是相信市場競爭最終能解決所有難題，因此他們認為政府干預應該要越少越好，甚至最好都不要干預。

　　當然所有政府都有做不好的地方，我不否認其中有些政府做得特別糟。然而，放眼世界金融史，今天的大型企業近乎巨獸，一旦發生問題危害極大，政府不得不一再地出面援助，在這樣的情況下，政府出手干預在所難免。畢竟，比起事後收拾殘局，事前花一點小力氣監管市場就能預防危機的話，何樂而不為。我們可以從最顯而易見的地方著手，那就是：確保大型企業沒有對任何特定的交易對手或投資標的過度曝險──這也是金融市場「壓力測試」背後的邏輯之一。說來簡單，做起來卻不容易。許多機構對於自己涉及的投資標的與交易策略保密到家，加上牽涉的證券與衍生性金融商品日益複雜，想要勾勒出詳細的風險樣貌，變

成一個相當困難的挑戰。

　　雪上加霜的是，在今天這已經變成一個涉及全球尺度的挑戰：一家美國的投資銀行倒閉、希臘債券違約、泰銖貶值[20]、中國房地產價格波動，這些已經不再只是地區性的難題。然而，目前沒有人能掌握全球金融網絡的詳細樣貌，只能憑著局部面貌以管窺天。[21]這方面要取得進展，必須仰賴更審慎且各國統一的會計準則，各國政府間與機構間也要建立溝通的管道，並且平時就要做好風險示警，即時拆除過度曝險的部位，而不是等到危機近在咫尺才發現大難臨頭。這些全都是必要之務，但同時也要考量到政府與市場參與者額外付出的成本，在成本與效益之間找到一個平衡。這有點像是腦神經手術：我們面對的是一個相當龐大而精細的複雜系統，儘管我們還沒有完全理解其運作的原理，但在某些情境下，我們很清楚這個手術非做不可。

　　值得一提的是，在這個堪比複雜系統的金融市場中，其運作方式可能帶來「誘因不相容」的問題。如同我們在次貸市場所見，即使沒有經過評級機構、保險公司，以及其他相關調查單位的仔細審核，抵押貸款的商品仍然可以輕易地被轉售。那些貸款的發行機構只想著賺錢，用最快的速度放行貸款申請，絲毫不關心借款人是否適合這個貸款案，或是有沒有能力償還。這就是所謂「玩別人的錢」導致誘因不相容的一例，即：做出投資決策的人，並不承擔其決策的全部風險。大多數的投資行為都涉及高槓桿：投資的本錢可能是借來的，或是來自第三方合作對象，出錢的人不會直接參與日常的投資決策。而擁有投資決策權的大型投資銀行、

共同基金、避險基金等機構的交易員，獲利時可以得到重賞，搞砸時卻只需要承擔有限的損失。這樣不對稱的報酬結構，扭曲了交易員的行為，可能變相地鼓勵他們承擔過多風險。[22] 那些「大到不能倒」的機構心裡很明白，即便玩過了頭，危急時刻政府一定會出手援助；這某種意義上也是在「玩別人的錢」──納稅人的錢、替客戶保管的錢，以及從交易對象那裡借到的錢。由於這些「大到不能倒」的機構破產成本極高，加上在金融網絡中位置相當重要，其外部性可以引發的連鎖危機牽連甚廣，這樣的性質使得「誘因不相容」造成的後果變得更加嚴重。

因此，政府要與之交鋒的經濟體，就像是一張龐大而複雜的網，由相互依賴性與曝險程度交織而成，不但難以監管，而且還在不斷演化。那些彷若巨獸的大型機構也是政府要應付的對手，它們是政府明確承諾或默認擔保的對象，也是外部性滲出的破口，同時還帶有「誘因不相容」的問題，即：這些機構的最大利益與國家長期發展的目標不一致。如果再考慮以下兩點，你會發現政府面對的挑戰變得更困難了：一是規模經濟與多樣化經濟的強大效應，二是企業不可能輕易放棄「企業規模擴大」的好處──開拓各地分支與業務範圍帶來的綜效，可節省下的成本可是相當巨大。

雖然政府可以明確規範，哪些機構可以做哪種程度的風險投資，但這樣的監管本身有其難辦之處。一旦政府對某個市場祭出嚴格規範，投資人的因應之道，就是將資金轉移至其他不受監管的市場。舉例來說，經歷經濟大蕭條之後，政府明確規定商

業銀行不得向支票帳戶支付利息。然而，儲貸銀行與投資銀行的帳戶不受此限，仍可以支付利息。因此，儲貸銀行以及其他金融機構紛紛推出自家的支票帳戶與可支息的存款帳戶，並且讓客戶可以方便地轉移不同帳戶間的資金。不出所料，人們開始將他們的資金轉移到可支息帳戶，促成了儲蓄帳戶與貨幣市場存款帳戶（money market account）等未受監管的服務大幅成長。[23] 由於競爭激烈，各家儲貸銀行紛紛提高利率以吸引客戶；為了能順利支付它們承諾的高利息，儲貸銀行轉而投入高風險投資，最終導致超過 1,000 家（全美也不過只有 3,000 多家）儲貸銀行在 1980 年代末期到 1990 年代期間相繼破產。除了給金融市場帶來壓力以外，這也促使資金從儲貸銀行撤離，轉而投入其他機構，加速了投資銀行以及各類型的基金與企業的成長。這些市場新寵中的許多成員，在後來 2008 年的次貸危機中深陷風暴。

因此，金融監管的對象必須與時俱進，瞄準市場上可能肇事的種種機構。畢竟上有政策，下有對策，為了規避監管限制，金融機構也將不斷地隨之調整，發展出新的應對方式。[24] 目前很少政府可以做到如此。當務之急是建立更好的知識體系，為深入理解由各種契約與曝險程度組成的金融網絡，邁出重要的第一步。

爆米花還是骨牌？

金融危機會如何在網絡中散播取決於一個關鍵：這是一場「爆米花」式還是「多米諾骨牌」（dominoes）式的金融危機？這是

學者艾迪‧拉澤爾（Eddie Lazear）提出的隱喻，艾迪是我的朋友
也是共同進行研究的夥伴，他在 2006 到 2009 年期間任職於美國
白宮經濟顧問委員會（Council of Economic Advisors）主席，當
時正逢次貸危機。

　　網絡中的傳染現象是一種骨牌效應：一人違約導致他人相繼
違約，就像是多米諾骨牌一個接一個相繼倒下。某些金融危機則
更像是炸開的爆米花：所有的玉米粒在同一個油鍋中加熱，不斷
地膨脹，最後在差不多的時間、出於差不多的原因一起炸開；乍
看之下，可能會有人將此誤認為骨牌效應，誤以為是一顆玉米粒
導致其他玉米粒相繼炸開。

　　次貸危機同時帶有爆米花與骨牌的特徵。房地產市場的惡化
以及大量的貸款違約，顯然就是那個熱油鍋，許多公司在其上煎
熬地掙扎著。[25] 雖然很難精確地指出，哪些公司完全是因為自
身的錯誤而注定走向破產一途，但我們不難體認到政府對某些公
司的援助至關重要，特別是房利美、房地美、AIG 等公司，一旦
破產將涉及數兆美元的違約金額，牽連廣大，不只是美國本土，
全世界都會遭殃。[26] 除了這些像爆米花一樣炸開的公司，許多
大型銀行與企業就像是列在第一排的骨牌，它們雖然沒有直接受
到房貸市場崩潰的影響，但卻面臨了間接風險，因為它們與那些
炸開的公司有大量的生意往來。

　　由美國國會委託撰寫的〈金融危機調查報告〉（Financial
Crisis Inquiry Report）[27] 明白地揭示了，當時市場上一波一波如
骨牌般倒下的企業，迫使政府啟動了一系列的干預手段，例如金

援 AIG，接管房利美與房地美，以及提供各種機構緊急貸款與補助津貼。例如，該報告（第 346 頁）援引了，2008 年 9 月紐約聯邦儲備銀行（New York Fed）海莉・波斯基（Hayley Boesky）寫給內部資本市場小組負責人威廉・達德利（William Dudley）的一封電子郵件：「來自避險基金方面的恐慌越來越高了。現在所有人的焦點都在 AIG，我聽到的情況比雷曼兄弟還要糟。所有銀行與交易商都持有對 AIG 曝險的部位。」該報告（第 347 頁）接著提到：「AIG 的破產將影響到其他公司，因為它的帳上有『相當可觀的非典型衍生性商品交易』──在 OTC 市場（over-the-counter，俗稱店頭市場）有高達 2.7 兆美元的衍生性商品投資組合，其中 1 兆美金集中於 12 家大型機構手上。」這些大型機構正是最後名列政府救助清單上的銀行，它們獲得了政府數十億美金的資金，以彌補它們本應從 AIG 手上拿到的款項。[28] 該報告（第 352 頁）下了結論：「如果沒有獲得援助，AIG 的違約與倒閉，將會進一步推倒其他交易對手，造成連環性的損失與更多企業倒閉，其影響將波及整個金融市場。」[29] 這是對所謂的骨牌效應再清楚不過的解說了。

小結：駕駛一台沒有儀表板的飛機

隨著全球化深化，金融網絡的連通程度越來越高，核心參與者的規模也成長到前所未有的大。儘管網絡的連通性質與核心參與者的規模，有助於吸收一般程度（甚至是有點規模）的市場震

盪，然而，一旦網絡中的重要節點遭逢無預警的重大衝擊，其引發全球性經濟衰退的可能性卻是與日俱增。

我們提出的網絡視角雖然重要，但它無力為以下的爭論給出一個答案：究竟要如何對付金融市場上許多的難題，包括規模經濟與多樣化經濟效應、日益緊密交織的全球市場，以及伴隨而來的各種外部性與行為扭曲等等。如何在自由市場與金融監管間找到平衡，充滿了挑戰性。

不管怎麼說，網絡的視角明白地揭示了，市場上存在嚴重的外部性，以及我們必須綜觀全局，勾勒出完整的金融網絡曝險分布樣貌，才有辦法衡量系統性風險；如果我們每次只從單一個金融機構的角度評估風險，將完全忽略掉真正的危險所在。只要我們搜集了相應的資料，我們是可以計算類似傳播中心性的指標，作為一個參考。目前各國的中央銀行、政府各級部門與國際機構，更不用說金融機構本身，彷彿是駕駛著一台沒有儀表板的飛機。它們只能用極其有限的資訊，做出迅速反應，嘗試駕駛一台相當複雜的機器。如果能有一張幅員遼闊且記載詳細的金融網絡地圖，就像是幫這些機構（不管是公部門或私部門）裝上儀表板，它們可以據之避免將來遇上大麻煩。

總而言之，我們對金融網絡的探討，再次強調了以下幾點的重要性。網絡使得個人的行為或是機構的投資決策，得以影響其他成員。這樣的外部性可以解釋，為什麼人們接種疫苗的誘因如此弱，但從事高風險投資的誘因卻如此之強。此外，結夥關係也會帶來外部性，例如，和一位在性關係上不忠誠的伴侶在一起，

或是和承擔過多單一交易對手風險的商業夥伴做生意。最後，人們會因為網絡的變化做出不同的反應，例如取消旅遊計畫暫時待在家、將資金撤離市場等等，這些反應可能伴隨著極為嚴重的後果。

第 5 章

同質相吸：人以群分

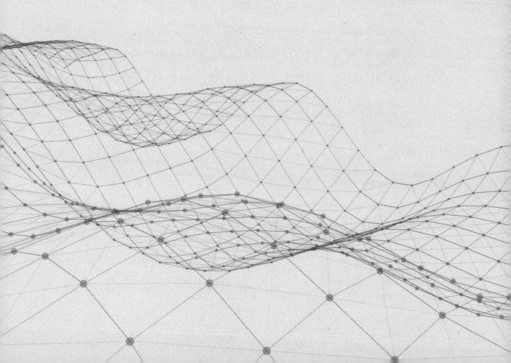

種姓制度

「隔離」是強者加諸於弱者的行為；「分隔」則是兩個地位相等者的自願行為。

——麥爾坎．X（Malcolm X），美國黑人民權運動領袖

　　種姓制度深入印度人生活的方方面面，和誰結婚、從事什麼職業、祭拜什麼神祇、日常生活中和誰來往等等，都有詳細的規範。這套種姓制度即使對虔誠信眾來說也頗為複雜。種姓制度與印度教淵源頗深，但也可見於數以億計的錫克教徒、耆那教徒、穆斯林和基督教徒等宗教社群內。歷經各朝代統治階級的動盪更迭，數千年來種姓制度在各個部落、宗族社會中不斷演化。由於印度大陸幅員遼闊且組成多元，種姓制度也順應各地風土民情而有所變通。儘管 19 世紀的英國殖民政府試圖建立一套簡單的種姓階級，但這個制度直到今日仍然相當複雜而玄妙。儘管難以描述，在此我還是會試著讓大家了解其基本架構。

　　種姓制度主要包含了四種帶有階級意涵的「瓦爾納」（原意為「顏色」）分類，即：婆羅門（祭司和教師）、剎帝利（戰士和統治者）、吠舍（地主、商人、工匠），以及首陀羅（勞工和佃農）。除了這四種主要的瓦爾納以外，還有「棄民」與「賤民」兩種類別，包括今天一般被稱為達利特人（其他勞工）與原住民（各種土著部落）的族群。此外，印度人普遍認為，靈魂永生不滅而肉體與性格終將消亡，這是與種姓相應而生的概念。你這一

生的善惡觀與所做所爲，將決定你有生之年累積的「因果報應」。善報能讓你轉世到更高的種姓階級。當你最終在輪迴中覺悟，你將得到「解脫」：脫離無限的轉世輪迴，到達神聖的境界。這個概念將今世的種姓看作過去的報應，因此這一世的種姓就是你理所應得的結果，不應該奢望去改變，至少在今生今世如此。

　　瓦爾納還可以繼續細分成上千種「迦提」或「亞種姓」，這些劃分更精細地結合了出生地、世襲職業、婚姻規範與宗教等條件，不同階級間的來往因此更加受限，也難以向上流動。[1] 即便種姓可能和財富或教育等條件有關，但也偶有例外，像是賤民成爲有名的政治人物或商人，而婆羅門生活赤貧等等，這些例外讓種姓制度變得更加複雜。

　　由於種姓制度嚴格限制了人們的發展機會與社會流動性，爲此政府實施了廣泛的措施以削弱其影響。印度憲法以及其他政策法規，認定某些種姓或是亞種姓屬於弱勢群體，將其納入平權措施扶助的對象。這些種姓一般被稱爲「表列種姓暨表列部落」，包含被排除於主要種姓之外的賤民以及許多原住民群體。然而種姓制度已經深植於人們的宗教信仰中，要鬆開其社會控制力談何容易。例如，保留名額制要求大學、政界、政府機關必須保障「表列種姓和表列部落」群體獲得一定的名額。這樣的制度受到一群人所愛戴，但也爲另外一群人所憎惡，愛惡取決於其所屬的種姓與宗教信仰。

　　在這個有著超過 1/5 人口生活在貧困線以下（即便印度的貧困線已經很低了）的國家，許多不屬於「表列種姓暨表列部落」

的人同樣處於極端弱勢。像是有超過 1/3 的印度人口被歸類為所謂的「其他落後種姓」，在某些地區、某些特定的條件下，這些人也適用法律保障的平權措施。其他人則被稱為「領先種姓」或是「一般種姓」或「一般優勢種姓」。

　　雖然種姓制度難以三言兩語就解釋清楚，但它所造成的後果卻清晰可見。理論上，每個種姓都只是總人口中的少數群體，因此如果種姓不影響婚配選擇的話，大部分人應該更可能與其他種姓通婚。然而，近期一份關於跨種姓婚姻的綜合研究指出，儘管政府致力於補貼跨種姓婚姻，仍只有約 5%的印度人與其他種姓結婚[2]。事實上，在這份研究中有 2/3 的女性，直到婚禮當天才第一次見到他們的配偶。婚姻關係仍得經過相當程度的安排，恪守嚴格的群體規範，畢竟婚姻不只與夫妻兩人有關，通常還是涉及整個大家族的事務。

　　種姓制度的影響力當然不僅及於婚配關係。在圖 5-1 中，你可以看到種姓制度造成的明顯分隔。這張圖描繪了家戶間的互惠網絡，家戶資料取自本書第 2 章微型貸款研究中涉及的其中一個村落。一個節點代表一個家戶，兩個節點間的連線則代表這兩戶曾互相商借煤油與 / 或米。在這個村落中，煤油是主要的燃料，煮飯與取暖都少不了它；米則是最主要的營養來源。各方面而言，這個網絡基本上就是整個村落網絡的主幹：家戶間分享煤油與米，也經常互相借錢、提供建議，或在醫療方面彼此照應。

　　在圖 5-1 中，實心圓形節點代表屬於「表列種姓暨表列部落」的家戶，而格狀方形節點則是其他屬於「其他落後種姓」或是「一

般種姓」的家戶。在這麼小的村落裡，追求更多元的跨種姓支援
管道，無疑可帶來巨大的助益，然而人們向同種姓的朋友尋求幫
助的傾向，卻是向外求援的 15 倍之高。

　　圖 5-1 將這個網絡視覺化後，讓原本有些可能被我們忽略的
細節，躍然紙上。

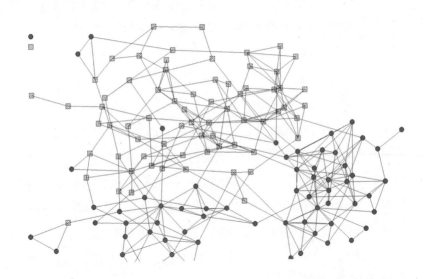

圖 5-1　某印度村落的隔閡特徵。一個節點代表一個家戶，連線則代表兩端的家戶節點
　　　　至少互相借過煤油和米一次。圓形（實心）節點代表那些屬於「表列種姓暨表
　　　　列部落」的家戶（他們是印度政府平權措施的扶助對象）；方形（格狀）節點
　　　　則代表其他屬於「其他落後種姓」或是「一般種姓」的家戶。這些節點的相對
　　　　位置由彈簧演算法決定，往來連結越緊密（而非用居住地、種姓或其他家戶特
　　　　徵）的節點將被集結為同一類。同類的家戶往來頻率，大約是異類的 15 倍。

如同圖 5-2 所示，這個印度村莊的網絡還清晰地呈現出另一個額外的特徵：隔閡。有些同屬「表列種姓暨表列部落」的群體幾乎沒往來——圖中可見兩群之間僅出現一連結。這反映了更深層次的隔閡。有些亞種姓間的互惠關係幾乎可以說是合作無間，有些則不然——若非身處當地文化之中，很難預測到這樣的結果。

這種截然分明的隔閡特徵帶來了深遠影響。村民平日面對著生病、穀物歉收、就業不穩定等風險，或是籌備嫁妝等各種現金需求。他們沒有保險，通常也沒有太多存款：他們賴以維生的是彼此的互助與幫忙。因此，可以很容易地看出這樣的隔閡特徵，不利於風險分攤。比方說，遭逢旱災時，所有的農夫都將蒙受損失，沒有人有餘力幫助別人。如果村裡的農夫只和其他農夫往來，那麼他們可能全都要餓肚子；或是村裡的工匠旺季找不到人幫忙，淡季則出現大量閒置人力。據估計，在類似這樣的村落中，有大約 87％到 90％的資金，流向同種姓的借款人手中，這顯示了跨種姓風險分攤的程度遠遠不足，就像是圖 5-2 網絡所反映的狀態。[3]

種姓制度之所以牢不可撼，部分是因為那些占據著特權位置、坐享巨大利益的人，有強烈的動機將這樣的優勢延續下去。然而，我們也不要忘了另一股阻力，即：種姓的概念在印度人心中已經根深柢固（舉凡個人認同、文化，以及宗教等各方面），以至於那些弱勢群體，就算是其中最有野心改善自己與後代生活的人，也不屑與跨種姓者通婚或來往。對雙方來說，跨越種姓邊界，就是一種恥辱。

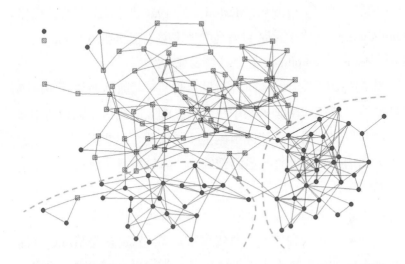

圖 5-2　除了種姓隔離現象，這個網絡還額外呈現出另一種相當明顯的隔閡特徵，此處
　　　　我們以虛線描繪這個狀況。

同質相吸

俗話說，同類取悅彼此，相似帶來友誼。

—— 蘇格拉底，《柏拉圖：斐多篇》

這樣強烈而明顯的族群隔閡，並非印度及其種姓制度所獨有，在世界各地都可以看見。以下我們將介紹種種可能的原因。

人們傾向與同類往來，這種現象被稱為「同質相吸」現象（homophily），由學者保羅・拉扎斯菲爾德（Paul Lazarsfeld）

與羅伯特・默頓（Robert Merton）於 1954 年提出。同質相吸「homophily」的英文字源具體而微地說明了它的字義：「homo」意指「相同」，「phily」意指「喜愛或癖好」。

圖 5-3 提供了另一種同質相吸的例子，其脈絡迥異於印度的種姓制度。這是一所美國高中校內學生的友誼網絡，圖中彷彿有一條種族界線將整個網絡隔成兩半。同樣地，我們發現同種族的兩人成為朋友的可能性，是跨種族（此處意指黑人與白人成為朋友）的 15 倍以上。[4]

因為資料集還記錄了朋友間一起從事了多少活動，我們能據此衡量往來的密切程度。所有包含在圖 5-4 的友誼連結，必須滿足一個條件，也就是兩人每週至少要一起從事三項活動；簡單來說，這裡只考慮「摯友」的情況。這就是你在第 1 章看到的網絡。如同你所見，跨種族的友誼幾乎完全消失了──在全校 255 名學生中，黑人與白人為友的案例屈指可數。[5]

這樣的網絡型態，可見於各種重要的人際關係中。經濟學家（同時也是我的朋友與研究夥伴）羅蘭・弗萊爾（Roland Fryer）就曾提出一個例子。他發現，儘管黑人在美國總人口中的比例超過 10％，但僅有不到 1％的白人與其結婚。[6]同樣地，白人雖然占總人口超過 60％，但僅有不到 5％的黑人與其結婚。[7]

幾乎所有的社會都具有同質相吸的特性，所謂的同質可以展現在各種維度上，像是：性別、種族、宗教、年齡、職業、教育水準，甚至是遺傳基因標記。[8]也幾乎所有的共同特徵都能引發同質相吸效應。人口學家路易斯・布魯布（Lois Verbrugge）曾

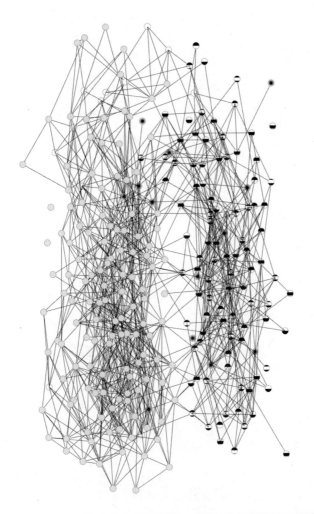

圖 5-3　（由學生自己回報的）高中生友誼關係，資料來自愛德青少年健康研究中心。
　　　　自我認同為「黑人」的學生以黑白節點標註，「白人」以灰色節點標註，其他
　　　　的少數節點包含「西裔人士」（節點中心標示黑色圓點）與「其它／未知」（空
　　　　白節點）。此圖以彈簧演算法繪製，關係越緊密的朋友，相對位置也會比較近，
　　　　非朋友則會距離較遠。彈簧演算法並不知道每個節點屬於什麼種族，因此圖中
　　　　呈現出的隔閡特徵完全反映了真實的友誼狀況。

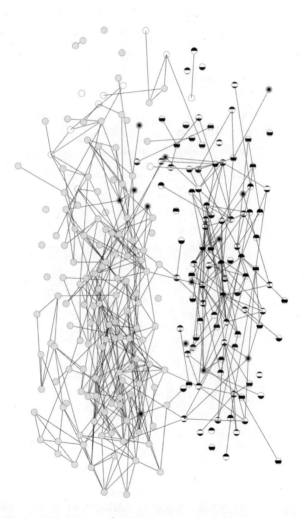

圖 5-4　與圖 5-3 同樣的網絡，但本圖只納入「密切聯絡朋友」，也就是被認定為朋友
　　　　的兩人，每週至少要一起從事三項活動（例如：下課後一起閒逛、一起度過週
　　　　末、平常會通電話聊天〔資料來自 1990 年中期〕等等）。網絡的隔閡特徵在
　　　　本圖中變得更加突出了。

經調查了美國底特津與德國舊諾伊施塔特（Alte Neustadt）的成
年人。她發現有 68% 的女性聲稱她們最好的朋友也是女性；而有
90% 的男性則聲稱自己最好的朋友是男性。她幾乎在所有她調查
的特徵上都看到了同質相吸的作用，包括：年齡、受教育年數、
職業、宗教、婚姻狀況、就業狀況等等。[9]

　　在古今各類社會中都可以看到同質相吸效應。事實上，在狩
獵採集社會中也發現了強烈的同質相吸效應。讓我們將目光先聚
焦到非洲。東非大裂谷綿延數千公里，自非洲東北厄利垂亞與吉
布地起，貫穿衣索比亞與肯亞，最後向南延伸至坦尚尼亞與莫三
比克。[10] 非洲板塊的緩慢分裂造就了這個大裂谷，數百萬年來
它以肥沃的土地孕育了無數生命，以風化後的沉積層完好地保護
了化石與人類祖先遺物。它為我們留下了露西原人（Lucy），這
是距今超過 300 萬年前的人類遠古祖先的遺骸。裂谷也保存了我
們已知最早的人造工具，大概可以追溯到 250 到 350 萬年前，我
們也在出土的動物骨骸上見到這些工具的使用痕跡。或許更令人
稱奇的是，至今仍有遊牧民族，在裂谷中以狩獵採集的方式維生，
他們就像是一片透鏡，讓我們得以一窺已流傳數千年的生活方式。
哈德札族就是其中一群，他們生活在東非大裂谷南端坦尚尼亞的
埃亞希湖周圍，鄰近塞倫蓋蒂草原。儘管許多傳教士試圖教化他
們，儘管農牧族群曾多次入侵其領地，目前還是有約 1,000 名的
哈德札族人，堅持著他們的傳統文化。

　　哈德札人的生活稱不上輕鬆。今天的食物在哪裡就往哪裡遷
徙。他們基本上以水果、蜂蜜、根莖類、野菜維生，偶有蛋或是

用毒箭獵得的獸肉。要獲得足夠的卡路里並不簡單。例如蜂蜜，他們得先跟蹤那些依靠蜂巢生活的鳥類，才能發現蜂蜜，接著還要冒險爬上高聳樹梢。他們通常在旱季時狩獵，因為此時動物被迫要聚集在有限的水源地附近。埃西亞湖每年的水位變化相當劇烈，且受到季節性影響極大，有時水量豐盈甚至會出現成群河馬，但有時只能看到乾燥龜裂的泥濘湖底。

　　由於食物來源難以預測，哈德札人若想維生，必須學會彼此分享。學者科倫‧艾皮瑟拉（Coren Apicella）與同事[11]研究了哈德札人的網絡關係，包括：下次想和誰一起扎營（他們通常分成幾個不定的機動小組，視情況和別人組隊或拆夥），以及通常和誰分享食物。儘管哈德札人的社會形式相當自由，我們仍可以在各種不同的維度中，看到顯著的同質相吸效應，包括：年齡、身高、體重、體脂、力氣等等，即便在控制了其他特徵後，仍然如此。舉例來說，如果兩人的體重相似程度拉近了 7.5 公斤，他們彼此連結的機率會提高到原本的三倍。

　　這裡，我們並不意外同質相吸效應再現：有許多因素都能驅使相似的人聚在一起，例如哈德札人網絡中體力與年齡的作用。這也指出了一點，即同質相吸不會只出現在前述的狩獵採集社會中。稍後，我們會看到處於技術發展光譜另一極端的社會，雖然挑選的對象範圍變廣了，但同樣呈現出強烈的同質相吸傾向，且這樣的趨勢與日俱增。[12]

　　網際網路的普及，促成了線上交友配對的爆炸性增長。根據資料，15％的美國人曾用過線上交友網站[13]，隨著時代變化，

人們對使用這類交友服務的態度也出現巨大改變。這種態度轉變
尤其展現在年輕一代驚人的使用率：超過 1/4 的年輕人曾使用過
線上交友網站或是 App。

　　這些網站帶來了一些相當有意思的交互作用，影響著同質相
吸效應的消長。一方面，人們擁有的選擇更多了，可以接觸到原
本日常生活中不可能遇到的對象。這理應降低了同質相吸的效果。
然而另一方面，網站提供了篩選並搜尋約會對象的功能，讓人們
對潛在對象的條件變得更加挑剔。

　　如果我們觀察一家德國線上交友網站十萬用戶的行為，篩選
效應似乎勝出。[14] 用戶必須先填寫一份詳細的問卷，接著放上
個人檔案，包含照片與文字敘述。完成後，用戶可以瀏覽其他人
的個人檔案，發訊息給有興趣的對象。一旦收到訊息，用戶可以
決定是否要回覆。平均來說，男性用戶瀏覽了 138 名對象的個人
檔案，主動送出 12 個交友邀請，最後獲得 4 個回覆。女性用戶則
是瀏覽了 73 名對象的個人檔案，主動送出 6 個交友邀請，最後
獲得 4 個回覆。因此，男性用戶得到的回覆率為 1/3，女性則為
2/3。

　　透過人口統計學，我們可以分析用戶發出邀請的對象以及回
應的對象，從中觀察同質相吸效應。舉例來說，若男性對象擁有
相似的學歷背景，女性用戶發出交友邀請的機率，會比平均高出
35％；若男性對象的學歷較低，則機率將降低 41％。相較之下，
男性用戶對此比較不挑剔——他們對同等學歷的女性對象發出邀
請的機率，只高了 15％；對學歷低的女性對象，機率只降了 6％。

在回覆率的分析中也可以看到類似的傾向，即便控制了其他個人特質，像是年齡、身高與外表後，同質相吸效應仍具有統計顯著性。[15]

如果我們觀察另一個美國線上交友網站，從 100 萬名左右的用戶資料中，可以看出在種族這個維度上，同質相吸的現象特別強。即便控制了學歷等其他因素後，我們還是會發現，無論是同性戀或是異性戀用戶，多半還是發交友邀請給同種族的對象。[16]

當其中一個群體遠大於另一個群體時，同質相吸效應可能會被放大。如同好萊塢明星克里斯‧洛克（Chris Rock）曾講過的笑話：「我所有的黑人朋友都有一群白人朋友，而我所有的白人朋友都只有一個黑人朋友。」

儘管這只是個笑話，但它實際上是個簡單的算數問題。讓我們考慮一個 10 人的團體，其中 9 人為白人，1 人為黑人，接著假設所有人都互為朋友。如此一來，所有的白人都會有 1 個黑人朋友，而唯一的黑人則會有 9 個白人朋友。這其實與美國真實的黑人白人比例相去不遠。這個簡單的算數問題告訴我們，平均來說黑人擁有的白人朋友，將高於白人擁有的黑人朋友。這個現象可以適用於所有少數族群與多數族群。現在讓我們在這個不對稱的組合上，再加入同質相吸效應，此時身為多數族群的一員，結交到少數族群朋友的情況，可能就變得更為罕見。

現在讓我們來猜猜，如果定義朋友為「經常一起討論重要事務」的人，那麼一個典型的美國白人擁有多少黑人朋友？答案是零！是的，至少根據一份涵蓋 2,000 名成年人的調查，2/3 的白人

沒有任何其他種族的摯友。[17] 意識到這樣的隔閡現象後，我們開始理解，為什麼一個群體可以對另一群體的生命經驗、信仰與文化幾乎一無所知。

　　就算從未聽過同質相吸這個術語或是任何統計數據，你應該都對它不陌生；除非你生活在與世隔絕的環境下，否則你很難與這個現象絕緣。然而，同質相吸效應影響範圍之廣與普遍性，可能會讓你大吃一驚；我們後續探討人際網絡如何影響人類行為與決定時，你將會看到群族隔閡造成的嚴重後果。

地理位置的重要性

　　我們無法跟愛斯基摩人結婚，因為我們生活周遭根本沒有愛斯基摩人。

　　　　——彼得・布勞（Peter Blau），〈理論視角的比較〉
　　　　　　　　　　（Contrasting Theoretical Perspective）

　　為什麼我們和背景相似的人更常來往，這個問題背後有許多原因，有些可能出於我們的自由選擇，但有些可是出於一些我們自身無法控制的因素。

　　同樣都經歷過某個情境，誰更適合提供建議？比方說，新手爸媽在教養小孩的過程中，經常要面對許多繁瑣的選擇，和其他新手爸媽交流能幫助他們做出判斷。準備醫生、律師或精算師考試時，和同樣備考中的戰友或是剛考完試的前輩交流，通常可以

受益良多。同行朋友間的交流，有助於彼此了解新技術、產業前景與各種發展機會。兒童更容易受到年紀相仿的同儕吸引，因為彼此的心智成熟程度差不多，也有共同的興趣與煩惱。

　　除了相似的興趣以外，生活圈遠近對友誼也有重大影響。例如在學校時，學童朝夕相處的對象，年紀差距都在一歲以內。即便他們想結交其他年級的朋友，也沒什麼機會，況且和一個不常見面的人當朋友，其實沒什麼幫助。

　　在企業與機構內部，接受不同職業訓練的員工，彼此交流的機會相當受限，因為專業技能與任務分配形成了一個天然的隔閡。樓層配置是一個重要因素，決定了每天上班哪些人會經常交流。建築師深知這個道理，他們在設計住宅區的庭院或是公司的辦公環境時，都會將此納入考量。

　　人們也傾向自己生活的鄰里社區，有著相似的商業環境與文化。比方說，移民在選擇落腳地時，通常會希望該地居民也說著同樣的語言、過同樣的節慶、有著同樣的宗教習俗。大多數移民出外靠朋友，異地的生活與工作能否有個著落，能否盡快熟悉新環境，都相當仰賴當地親朋好友的照應。通常這些照應來自早期的同鄉移民。早期歐洲人移民美國時，他們選擇落腳地的條件，甚至與氣候有關，他們傾向住在氣候與母國相似的地方，以及當地盛行產業與他們的生活技能相符之處。因此小麥農民奔向北美大草原，肉販移民則湧入芝加哥與奧馬哈的牧場。瑞典人遷往伊利諾、愛荷華、威斯康辛、明尼蘇達地區；挪威人搬到達科他與蒙大拿地區；德國人前往伊利諾、紐約、威斯康辛、賓州地區；

波蘭人則聚居在芝加哥。在很多年間，芝加哥曾是全球第二大波蘭人聚居地，僅次於華沙。

　　早期移民的社交網絡對生計至關重要，這個現象直到一個世紀後的今天，仍鮮明地反映在移民留下的痕跡中。在 19 世紀末到 20 世紀初的移民潮時期，出現了以族裔為核心緊密交織的社群，至今仍具影響力。例如，用美國各郡愛爾蘭（義大利）裔的人口密度，來預測該郡居民有多少住在愛爾蘭（義大利）地區的臉書朋友，目前仍是一個出乎意料有力的預測指標。一地每多出 1％先祖來自外國的居民，該地居民將多擁有 0.33％來自該祖國的臉書朋友。[18]

　　除了來自同一母國的移民有聚居的傾向，人們也希望自己的鄰里社區住著與自己相似的對象，此處的相似可以擴大到不同的維度上。例如，受過高等教育的人才聚居於矽谷，這是矽谷成功背後眾所周知的秘密。帕羅奧圖（Palo Alto）的居民有 13％擁有博士學位，而這還不包含史丹佛大學的校區（校園周邊不屬於帕羅奧圖，但許多教職員居住於此）。鄰近的山景城（Mountain View）與庫帕提諾（Cupertino）也有大批的高知識技術人員。這通常是大學城，才會有如此規模的高知識分子居民比例，像是加州戴維斯（Davis）等鄉村小鎮，住滿了學校的教職員生，或是毗鄰麻省理工學院以及哈佛大學的麻州布魯克林（Brookline）等郊區。矽谷成功的部分因素，要歸功於思想交流的熱絡，甚至你在咖啡廳坐上一會就能不經意聽到。而當勞動力在不同公司間流動，專業技能與經驗也跟著轉移。矽谷自由的思想、資訊、創新與文

化交流，讓它成為所有人科技創業最佳的基地。[19]

　　除了訊息流動的優勢以外，高科技公司與高階技術人才相互共生的緊密關係，也讓矽谷成為人才與新創公司的聚集地。克里斯‧扎哈里亞斯（Chris Zaharias）是一家名為「SearchQuant」的新創公司創辦人，在此之前，他曾在 Netscape、Efficient Frontier、Omniture、Yahoo 與 Triggit 工作過。這樣的履歷在矽谷並不罕見。在高科技領域，新創公司出現與消失的速度都很快。如果這些公司座落於世界各地，那麼擁有這樣履歷的人，大概每隔幾年就要搬一次家。這對員工以及公司來說，都是一筆很高的成本。但如果你住在矽谷，即便你任職的公司即將結束營運，也沒什麼好擔心的，說不定在舊公司關門以前，你就在離家幾哩的範圍內又找到一份新工作了。正因為技術人才與科技公司都聚集在矽谷，矽谷的人才密度高且品質相似，這進一步加強了矽谷的吸引力。因此，任何有志於高科技職涯或新創事業的人，很難找到比矽谷更好的環境落腳。

　　這種現象並非矽谷獨有，好萊塢長久以來能掌握電影產業命脈也是同樣的道理，這也能解釋金融產業為什麼高度集中於紐約、倫敦、東京、新加坡與上海。一起工作或技能類似的人有聚居的傾向，是另一股推動同質相吸效應的力量。下一節我們將介紹地理位置帶來的其他影響，以及它如何放大同質相吸效應。

謝林的洞見

2005 年湯瑪斯・謝林（Thomas Schelling）獲頒諾貝爾經濟學獎，以表彰其奠定了衝突與合作分析的賽局理論基礎。他曾提出一個令人印象深刻的觀點，用一股出乎意料簡單而微妙的作用力，來解釋族群隔離的現象。

即使只是匆匆一瞥的路人大概也能明顯看出，無形的種族與收入界線將整個城市分割成一區一區。這是一種同質相吸現象，由許多作用力形塑而成，包括前一節討論的那些因素。

然而謝林指出了另一個因素：就算你對鄰居的種族組成只有一點點偏好傾向，也能造成極大的影響。謝林的模型驚人地穩健，幾乎放諸四海皆準，開啟了大量的後續研究與變體模型。[20]

謝林的模型大致上是這麼運作的。社區中有形形色色的人，有著不同的種族、宗教、種姓，或是某些特徵的組合。為了簡化我們的例子，我們假設了一個棋盤狀的社區，所有家庭都是一個方塊，但每戶的花色不同，分成「實心」與「格狀」兩種花色。每戶最多會有 8 個鄰居，也就是棋盤上直接相鄰的 8 格（上下左右以及四個對角）。每個家庭對於鄰居的種族組成都有一點點偏好。他們希望至少有 1/3 的鄰居和自己花色相同。

這樣的偏好限制其實非常弱：人們只是希望自己在鄰里間不屬於極少數的族群。如果是更強的偏好，像是每個人都要求自己的鄰居屬於同一花色，那我們會看到高度隔離的狀態也沒什麼好大驚小怪。相對地，在謝林的模型中，只要有一小部分鄰居與自

己花色相同，人們就感到滿足了。

　　讓我們用圖 5-5 為例，來觀察後續發展。起初圖中有 13 個家庭，隨機地座落在棋盤上。白色空格代表閒置空地。只要至少 1/3 的鄰居與自己花色相同，他們便對目前的住處感到滿意；否則，他們就會考慮搬家。

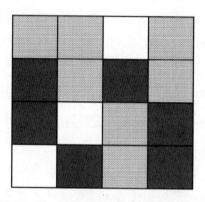

圖5-5　謝林的隔離模型。起初，城市裡有兩種家庭混居其中，一種是實心家庭，一種是格狀家庭，另外還有一些閒置空地（白色空格）。每個家庭都在意他們在鄰里間的相對分布，只要他們不屬於極少數族群，便對目前的住處感到滿意。如果只有不到 1/3 的鄰居與自己的花色相同，那他們就會想搬家。

　　在圖 5-5 中有三個家庭對住處不滿意，我們用 X 將他們標註於圖 5-6 中。例如，位於棋盤下方的格狀家庭，其 3/4 的鄰居都是實心家庭，只有 1/4 的鄰居與它同一花色。

　　在謝林的模型中，對住處不滿意的家庭將隨機地搬到任一閒置空地（白色空格）。讓我們一步一步地套用這個規則。這個模

型沒有複雜的策略，僅有的規則就是「不滿意的家庭搬到空地」；家庭不會考慮未來棋盤將如何隨著住戶搬家而動態變化。當然如果你願意的話，你也可以擴充這個模型，將規則改成「不滿意的家庭搬到他們滿意的新地點」，但即便不另作擴充，目前的模型已經能帶來一些啟示了。一旦有任何家庭不滿意當前的住處，他們就會不斷地搬家，直到落腳在滿意的社區為止。當每個家庭都對目前的住處感到滿意，不再搬家時，我們就可以觀察最後產生的家庭分布樣貌。

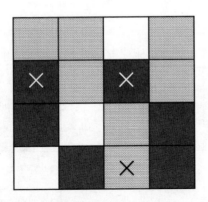

圖 5-6　三個家庭對目前住處不滿意：每個家庭都只有不到 1/3 的鄰居與自己花色相同。其他的家庭則是一開始就對自己的住處很滿意。

讓我們試著運作這個模型。圖 5-7 呈現了一系列的搬家活動。在圖 5-7(a) 中，其中一戶不滿意的家庭搬離當下住處。這戶實心家庭決定搬往左下角的空格，因此原住處（標註 X 處）變成閒置的空地。在此我們隨機地決定搬家的次序。

　　請注意，當我們如圖 5-7(a) 移動這戶實心家庭時，這改變了其他家庭對自己住處的滿意度。每當有一戶家庭搬家，其花色在新鄰里的比例上升，在舊鄰里的比例下降，進而影響了其他家庭的滿意度。觀察圖 5-6 到圖 5-7(b) 中不滿意的家庭分布，可以看出這種影響。圖 5-6 最左邊的實心家庭，起初並不滿意自己的住處，然而一戶實心鄰居搬來後，現在他們也對自己的住處感到滿意了。另一戶位於圖 5-6 右側的實心家庭心情卻是大不同，他們原本住得滿開心的，然而一戶實心鄰居搬走後，他們開始對住處不太滿意，如同圖 5-7(b) 所示。

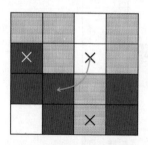

(a) 第一戶不滿意的家庭搬往左下方。

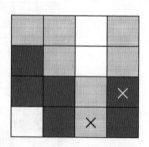

(b) 現在圖中剩下兩戶不滿意的家庭。

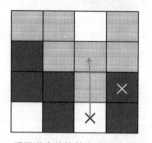

(c) 中一戶不滿意的格狀家庭決定搬家。

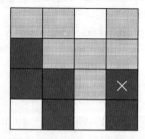

(d) 還剩下最後一戶不滿意的家庭。

圖 5-7　不滿意的家庭陸續搬至新地點，搬家順序與目的地都是隨機決定的。

　　這種外部性是謝林模型中一個很重要的元素。每當一戶家庭搬離原住處，同花色的舊鄰居滿意度就會下降，隨後跟著搬離此社區。同時，在這戶家庭搬入的新社區中，不同花色的新鄰居滿意度也會下降。這樣的外部性引發了劇烈的連鎖反應。

　　在所有不滿意的家庭搬完家後，我們得到圖 5-8(b)。雖然所有的家庭都不介意與其他花色的家庭混居，他們只是希望能有一小部分同花色的鄰居，但這樣的要求已經足以造成明顯的分界了。這個模型適用於不同的偏好門檻以及棋盤類型。

　　謝林模型背後的那股作用力漸漸浮現，其實就是我們熟悉的外部性與連鎖反應。人們搬家的決定影響了鄰居的滿意度。這種反饋機制會引發連鎖反應，因此就算一開始只有一點點偏好傾向，人們的反應將放大這些微小差異，進而引發極大的後續影響。[21]

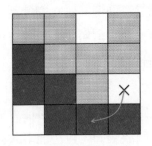

(a)最後一個不滿意的實心家庭也　　　　(b)現在所有家庭都對自己住處很滿
　決定搬家了。　　　　　　　　　　　　意。

圖 5-8　儘管所有的家庭都不介意自己在鄰里間屬於相對少數族群，只希望鄰里內的己方族群成員不要太少，但輕微的傾向就足以讓整個社區轉變為高度隔離的狀態。

　　有研究估計了「白人逃離」現象的臨界點，也就是要有多少比例的少數族裔搬入社區，才會引發白人相繼搬離的現象。研究證據顯示，臨界值約為 5 到 20 個百分點，也就是說即使搬入社區的少數族裔數量不多，就已經可以引發「白人逃離」的現象了。[22] 這意味著，那些搬出社區的人，其實傾向住在自己屬於絕對多數的社區，這是一個比謝林模型來得更極端的情境。這可能也反應了與「凱因斯選美」類似的效果：一旦引入人們的預期，謝林的模型就多了一層考慮，也就是說，人們是否搬家，取決於他們對其他家庭搬家決定的預期。

　　當然，用簡化的模型（例如謝林模型）來描述真實情況，肯定無法捕捉到所有面向。有些社區長期以來維持著不同種族高度混居的狀態，然而有些社區卻非常敏感，即便少數族裔的人口只有微小的增幅，居民就會打算搬離。[23] 再加上，並不是所有人的偏好都一致：有些人傾向住在居民背景高度同質化的社區，鄰居的組成只要有一點變化，他們可能就會舉家搬離；但也有些人不介意（甚至很樂意）住在多元化的社區裡。

　　然而，謝林的模型仍帶來重要的啟示。我們已經清楚地看到，在人們決定自己落腳何處時，這個決定帶來的外部性可能會引發連鎖效應，因此就算只是相對輕微的種族偏好，也可能導致巨大的影響——這不只與居住社區的選擇有關，也可以用在夜店的選擇或其他網絡上。謝林的觀點同時解釋了，同質相吸效應為什麼在許多維度上都是一股強勁的作用力。因為謝林觀察到的現象放大了種種造成同質相吸效應的作用力。

同質相吸現象的其他成因

從未相遇的敵手，散發著令人最熱血沸騰的吸引力。
　　　　　　——安迪‧沃荷，普普藝術大師

　　你可能會以為，我們前面討論的因素已經解釋了大部分同質相吸現象的驅動力，然而它之所以無所不在，就是因為背後有太多作用力，合力將我們推向背景相仿的人。[24]

　　界定社群的範圍，對於日常生活中我們信任誰以及與誰合作，有重要的意義。同一社群中的成員經常有來往的機會，因此這次受人幫助，下次可以投桃報李；而遭受惡意對待時，下次就可以選擇以牙還牙。我們之所以放心地讓鄰居幫忙照顧小孩或是保管貴重物品，是因為我們信任他們，也願意為他們做同樣的付出。我們甚至教育小孩要提防陌生人。

　　隨著都市人口日益增加，界定人們所屬的社群變得越來越困難。現代人建立人際關係網絡的方式，可能是依據職業、種族、宗教等等會讓我們頻繁且密切交流的共同特性。相對於用地理位置界定社群，我們更依賴同質性與密切來往的程度，來定義自己信任的朋友圈。

　　同質相吸效應具有自我強化的能力。對於經常往來的對象，人們更容易預測他們的行為與反應[25]，因為他們很熟悉圈子內的文化與規範，以及在不同情境下需要做出什麼回應。然而，同質相吸效應雖然有助於減少社交不安全感，以及促成日常生活中

的合作[26]，但它也讓族群間的差異越來越大，讓人更想輕鬆地棲身於充滿安全感的同溫層中。

要完整理解同質相吸的概念，必不能忽視群體間的競爭。一旦有人與競爭對手接觸，可能就會被視為叛徒，或是有背叛的嫌疑。誰能忘記羅密歐與茱麗葉的故事呢？漫長的歷史上不乏許多世仇鬥爭與幫派火拼的社會動盪。互相競爭的群體通常處於高度對立的狀態，像是古代中國的嫡庶之爭，或是伊斯蘭世界遜尼派與什葉派的分裂。我們很難在世界上找到一個角落，同時富有種族或宗教多元性，但卻沒有出現群體對立。

隨著群體間的敵意與不信任日漸加劇，群體內的同質性也將更為明顯。在 2004 年以前的西班牙，本地人與阿拉伯裔移民間隔離對立的情況，一度趨於和緩。然而，2004 年 3 月 11 日早晨的連環爆炸，讓情勢急轉直下。10 顆炸彈在四列行駛於尖峰時段的火車上引爆，造成上百人死亡、數千人輕重傷。這起事故相當複雜，調查過程中甚至還鎖定了錯誤的線索，但總之最後起訴了二十多人。這起炸彈攻擊背後主事的核心恐怖分子，志在宣示伊斯蘭武裝勢力，使得當地民眾與阿拉伯裔移民間的關係緊張了起來。據估計，西班牙人與阿拉伯人的族群隔離程度，在隨後的兩年內上升了 5 個百分點以上 —— 這是一個相當高的數字，因為人們其實不常搬家。[27] 這樣的現象並非西班牙獨有。雖然任何單一事件的影響最終都將消散，但這個事件無疑地突出了群體認同的重要性。

身分認同也是一種同質相吸現象的驅動力。但要洞悉身分認

同為什麼會造成群體間的隔閡，我們得先明白人們很容易被他人賦予的角色與身分所支配。雖然著名的「史丹佛監獄實驗」在今日已經是老生常談，但這個嚇人的實驗仍可以讓我們了解，僅僅只是讓人擁有一個假想的身分，就能輕易地造成族群間的隔閡甚至是衝突。有個網站詳細地描述了細節，其開場如下述[28]：「在八月一個安靜的週日早上，加州帕羅奧圖的警察在鎮上執行了一波大規模搜索行動，逮捕了多名大學生，他們因為持有槍械與入室竊盜而違反了加州刑法 211 條與 459 條。其中一名嫌犯在家中被逮捕並起訴，警察告知其法律權利後，將他押在警車上搜身並銬上手銬，整個過程都落入鄰居好奇而驚訝的眼中。嫌犯被押上警車後座，在警笛鳴聲中送往警局。」

　　這個實驗由學者菲利普・辛巴多（Philip Zimbardo）、克雷格・海尼（Craig Haney）、柯帝斯・龐克斯（Curtis Banks）於 1973 年發起。實驗對象是 21 名大學生年紀的健康男性，他們被隨機地分成兩組：一組是獄卒，一組是囚犯。這些「囚犯」實際上從未持槍搶劫或闖空門，「獄卒」們也毫無執法的經驗。根據更生人的建議，研究人員在史丹佛大學某棟大樓的地下室，臨時搭建了一座監獄。為了幫助實驗對象更加融入囚犯的角色，他們不但經歷了戲劇性的「逮補」行動，送到監獄後還得被搜身、脫衣、沖水、除蝨等等。之後他們換上囚服，被分配到沒有時鐘與窗戶的囚房。相反地，研究人員沒有給「獄卒」任何具體指示，如同前述網站形容：「他們可以在一定限度內，執行任何自認為必要的措施，要求囚犯遵從命令，以維護監獄內的秩序與法律。」[29]

　　事態的發展遠超過原本實驗設計者的預料。實驗對象對自己的角色入戲太深，以至於整個實驗走上險路。實驗的第二天，開始有囚犯起身反抗，大聲抗議獄卒對待他們的方式。獄卒對此的回應是，拿滅火器對著囚犯噴、沒收囚犯的床，並將反抗活動的帶頭者抓起來關禁閉。同一天，編號 8612 的囚犯精神崩潰，開始歇斯底里地怒吼與哭喊。獄卒一開始覺得這傢伙在裝病，拒絕釋放他，轉而誘之以利，要求他作為臥底，換取更好的待遇。直到他的狀況變得更差，明顯看得出來不是裝病，獄卒才釋放了他。到了第五天，這個實驗不得不中止。有些獄卒表現出「虐待傾向」，其他獄卒根本控制不了他們；而囚犯們則表現出「畏畏縮縮病態般的行為」。

同質相吸效應帶給我們的啟示

　　學者阿爾貝托‧阿萊西納（Alberto Alesina）與葉卡捷琳娜‧朱拉夫斯卡亞（Ekaterina Zhuravskaya）[30] 研究了各國在種族、語言與宗教維度上的族群隔離程度，並且探討族群隔離與國家發展程度之間的關係。在這份研究中，他們採用了不同的國家發展指標；而他們採用的「隔離指標」由一種衡量同質相吸效應的指標變形而成，大致的計算方式如下：將國內各區域真實的人口集中程度，與一個假想的標準相比；這個「假想的標準」假設所有人都依照總人口中的族群比例，均勻地分散到國內各區域。例如，南非約有 80% 的人口屬於非洲黑人，9% 屬於當地所謂的「有色

人種」（多種族混血），9%的白人，其餘爲亞裔。如果沒有種族隔離的現象，南非各地的人口組成應該會有類似的種族比例。但如果我們看到，某些地區幾乎都是黑人，其他地區全都是有色人種，或白人與亞裔等等，這就代表有嚴重的種族隔離現象。這個隔離指數最低爲0，代表各族群均勻地分散於全國各地；相對地，如果隔離指數爲1，則代表不同的族群住在完全不一樣的地區。

　　全球種族隔離現象最嚴重的國家分別是辛巴威、瓜地馬拉、阿富汗、烏干達與土耳其，他們的隔離指標都有 0.36 以上。種族隔離現象最輕微的則是德國、瑞典、尼德蘭、柬埔寨與南韓，他們的隔離指標皆小於 0.1。中國、印度、俄羅斯、以色列與西班牙的隔離指標落在 0.8 到 0.24 之間；美國與英國則在 0.1 到 0.3 之間。英美的種族隔離程度看似不高，也許讓你非常驚訝，但這是衡量單位的問題，因爲目前的指標用了一個比較大的區域（城市）來衡量種族隔離程度，自然無法捕捉到出現在更小單位的種族隔離現象，例如英國與美國城市裡黑白分明的社區。因此，這個指標衡量的是，不同種族是否住在完全不一樣的地區，而非該地區居民（以及其人際網絡）是否高度同質化。例如，以色列境內的阿拉伯人與猶太人通常住在不同的城市（只有少數例外），因此以色列的隔離指數較高。相對地，美國境內的亞裔、西班牙裔、黑人與白人通常住在同一個城市，只是集中在城市裡的不同社區。在這樣的衡量標準下，以色列的種族隔離指標，才會看起來遠高於美國。

　　姑且不論種族隔離現象爲何在某些國家特別嚴重，我們先來

看看這個粗略的隔離指標是否能預測國家的發展程度。從這些國家的名字與它們的種族隔離程度，你大概已經猜到幾分。種族隔離程度最高的國家，也是最貧窮的國家，有著運作效率極差的政府；而種族隔離程度最輕的國家，則通常是富裕國家，政府運作效率極高。

　　我用阿萊西納與朱拉夫斯卡亞的資料，繪製了一國的隔離指標與其他變數的關係。為了讓圖看起來更整潔，我只納入超過某個 GDP 門檻的國家。迦納剛好跨越門檻，象牙海岸則剛好低於標準。事實上，如果我納入所有的國家，圖中的負斜率線將變得更加傾斜，只是如此一來，標示過多的畫面將雜亂到難以查看。[31]

　　圖 5-9 顯示了一國的整體生產力（人均 GDP）與該國的種族隔離程度之關係。基本上我們可以看出，當一國的隔離程度越高，其生產力越低的趨勢。隔離程度最輕微的國家，其平均 GDP 是高度隔離國家的 6 倍之高。從資料中得出的最佳配適線（best-fit line）顯示了，相關性顯著為負（在 99.9% 的信心水準下）。

　　圖 5-9 中呈現的關係，還有其他值得注意的地方。首先，這個關係的變異程度很大：不同國家的表現頗為懸殊。例如，就低度隔離的國家而言，其 GDP 表現差異極大。這說明了，低度種族隔離不見得意味著高 GDP 水準：有些經濟體雖然隔離程度低，但經濟上仍是相當貧窮。然而，有個重要的發現是，種族隔離最嚴重的地方（超過 0.25），沒有任何高 GDP 國家。這似乎說明了，種族隔離與經濟發展不相容：沒有任何經濟體散布在圖中右上角（此區域代表高度種族隔離同時經濟高度發展）。我們可以下一

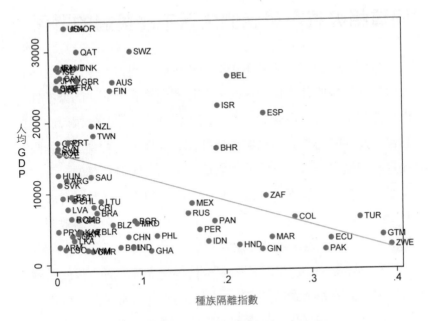

圖 5-9　將各國的 GDP 視為種族隔離程度的函數。

個結論，低度隔離不代表經濟繁榮，但高度隔離似乎與經濟發展相斥。

　　為什麼高度族群隔離會導致政府效率不彰，以及經濟發展落後？[32] 阿萊西納與朱拉夫斯卡亞給出了一個解釋：嚴重的種族隔離現象，削弱了國民彼此之間的信任，助長了特殊利益政黨的出現，使得政局更為分裂，政府的運作更為低效。

　　我們很快地會討論種種同質相吸效應帶來的影響，包括不同群體在信仰、社會規範、發展機會上的差異。

同質相吸現象與我們生活千絲萬縷的關係

　　我們已經認識了許多驅動同質相吸的作用力，像是：對落腳地與來往對象的輕微偏好、共同的目標與挑戰、交流的方便性、對社會規範與行為模式的熟悉程度、眞實的（甚至是假想的）群體競爭及伴隨而來的偏見與種族歧視，或是人們需要群體認同的社會心理傾向等等，這些對我們接下來的討論很有幫助。再加上人類行為的連鎖反應（像是謝林提出的住處選址模型）會放大群體間的分歧；而分歧的社會規範與行為模式，加上反饋效應，強化了人們對彼此越來越深的歧見。

　　在人際關係中，同質相吸現象彷彿是天經地義，我們已經習以為常，而感覺不到它的存在。因此不管在日常決策，或是當我們想解釋自己的文化、習俗、行為時，很容易忽視其重要性。因為同質相吸效應，我們能夠想像生活的樣貌或是周遭親友的行為反應[33]，但它也讓社會變得更分歧。我們身處一個充滿隔閡的社會結構中，其隔閡既深又廣且難以撼動；而且這種分裂特徵基本上主宰了，為什麼人們信仰與觀點呈現兩極化，以及為什麼機遇、就業、福利長久以來呈現不平等的狀態，這些都是之後幾章即將討論的議題。如果有人試圖提出解決的政策，但卻沒有考慮基本的網絡隔閡特徵，那他最後很可能只會落得徒勞無功。

第 6 章

社會不流動與不平等：
網絡反饋和貧窮陷阱

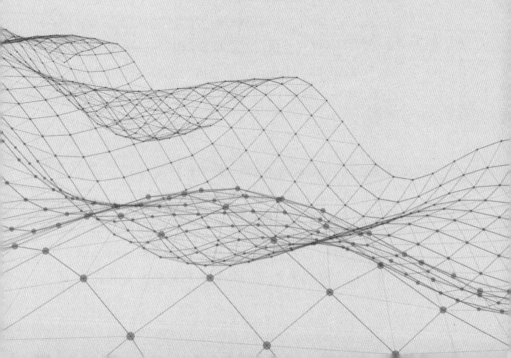

社會不流動

　　克萊爾‧瓦耶‧沃特金斯（Claire Vaye Watkins）在內華達州的帕朗市長大。這個城市之名帶有「水岩」（water rock）的含義，座落在拉斯維加斯到死亡谷的惡水盆地之間。與周遭嚴峻的環境相似，帕朗的氣候惡劣，夏季平均氣溫可以高達華氏 100 度以上。然而地處偏遠的帕朗，卻有著珍貴的水資源，源源不絕地從自流井中湧出。[1] 在 19 世紀初拓荒者來此定居之前，這裡曾是南派尤特族印第安人的故鄉。當地的棉花與苜蓿產業早已不復當年盛況，如今最主要的收入來自幾家聲名響亮的賭場、（合法的）妓院、一家高爾夫球場和一條賽道。雖然帕朗市的收入中位數遠低於全美水準，但其水準完全足以躋身所謂的「下中產階級」。

　　你可能認為，那些下中產階級裡成績最好的學生，會有機會進入名校。然而，如同克萊爾在〈常青藤聯盟是另一個星球〉（The Ivy League Was Another Planet）文中所述，事實可能並非如此。[2] 她提到自己早年一段經歷，當時她與朋友瑞恩被推選為帕朗市的代表選手，參加內華達州「百大高中生」的競賽。她是這麼說的：

　　　在飛機上，我和瑞恩遇到一位來自拉斯維加斯的男孩。出於一種打探競爭對手底細的心態，我們問他念哪所高中。他講了一個校名，不過我們都沒聽過，於是他又加了一句：「這是一所磁力學校（magnet school）」。瑞恩繼續問什麼是磁力學校，並且在剩

下的時間裡不斷地追問更多細節，他的問題圍繞在這個少年的受教育史，像是：他的出國經驗、他課後的機器人社團、他的導師、他的大學預科課程等等。

那時我們才意識到，原來教育機會並非生而平等。對於來自帕朗市的瑞恩與我而言，那個拉斯維加斯男孩其實不過與我們相距一個小時的車程，但他卻彷彿是住在一個我們永遠無法造訪的遙遠星球。不過當時的我們並不知道，其實還有更多更遙遠的星球，是我們根本連看都看不到的。而那些遙遠的星球，也看不到我們。

　　儘管克萊爾住在離都會區僅有一小時車程的地方，她對所謂的大學與入學管道幾乎一無所知。她所感受到的隔閡感與資訊落差，解釋了為何社會不流動與不平等並非一個暫時的現象。克萊爾的故事開啟了一個議題：既然學歷對薪水的影響越來越大，為什麼還是有人不願意提高自己的教育程度呢？

　　一旦人們的視野受限於先天成長環境時，社會不流動的現象就出現了：他們身處的人際網絡，無法提供走向成功需要的資訊和機會。

　　除了道德爭議以外，社會不流動還造成了效率不彰的問題：社會上極具生產潛力的個體，可能因此被侷限在不合適的位置，導致社會的整體生產效率低落。有多少「畢卡索」在煤坑裡工作了一輩子？我們的社會中也許有人具有發現某種癌症療法的潛

力，然而如果他生在貧民窟，他還有機會發揮天賦嗎？這些都說明了社會不流動對一國生產力的成長有多麼大的影響。

　　同質性，在社會不流動現象中扮演著重要的角色。同質性決定了父母能掌握的資訊，因而影響了他們育兒的方式。而即使排除了父母因素，孩童的成長環境也對他們的教育機會與未來收入有著深遠的影響。成長環境影響著他們怎麼看待社會的方式，也影響著社會對他們的期待是什麼。阿羅娜‧金（Alona King）曾在史丹佛大學攻讀電腦科學，身為年輕黑人女性，她深刻感受過這點：「每次走入蓋茨計算機科學大樓（Gates Computer Science Building）大廳，總是有人會問我『嗨，你迷路了嗎？』。這是人們看到一位陌生的少數族裔走在這個科技地盤上時的反應，對此我深感厭煩。」[3]

　　為了更全面地了解網絡對社會不流動與不平等的影響，接下來我們將會介紹這兩個現象的背景，以及這兩者之間緊密的關聯。我們也會討論正在經歷變化的勞動力市場：一個人擁有大學學歷與否，造成的薪資差距正在拉大。最後，我們將在社會不流動現象的背景上，拼上重要的一塊拼圖：教育不流動性。由教育程度較低的父母與環境養育出的孩子，通常先天就處於弱勢，受教的機會與獲知資訊的交流都更少，因此更不容易獲得高等教育的資源。

　　有了這些背景知識後，我們將探討網絡在其中扮演了什麼角色。首先，正如克萊爾的故事所示，同質性限制了資訊交流與某些常識的流通，導致教育的重要性或受教育的管道難以廣為人知。

這種限制不只影響了父母，也影響了子女：父母的育兒方式、子女從周遭環境吸收的資訊，都受到同質性左右。第二，一個人是否追求高等教育或進入正規勞動市場，很大程度取決於成長環境與同儕行為。第三，一旦進入勞動市場，一個人的薪資與發展機會，也取決於有多少同儕仍活躍於職場，因為人脈是獲得工作機會最主要的來源。結合以上種種網絡效應，以及它們之間的相互作用，能幫助我們了解為何社會不流動與不平等的現象，如此難以撼動且日益加劇。這些力量造成了極大的影響，甚至更勝於來自上一代的財富效應——後者只能部分解釋上述的社會趨勢。

社會不流動性、不平等、「蓋茨比曲線」

> 於是我們奮力揮槳，逆流而上，承受著那股不斷將我們往回推的壓力。
>
> ——費茲傑羅，《大亨小傳》

顯而易見地，父母從小給予孩子的資源與成長環境，將影響孩子未來的成就與幸福。一般而言，我們會比較子女與父母的收入、財富與學歷等條件，來衡量世代間的社會地位有多僵固。你的命運與父母的成就有多大的關聯性呢？圖 6-1 顯示了子女與父母收入的關聯程度。這個指標就是所謂的「代際收入彈性」。

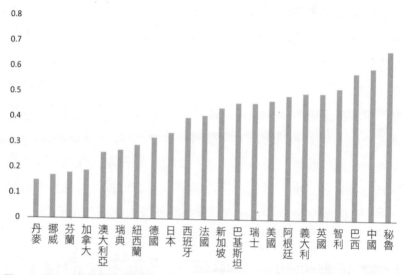

圖6-1   社會不流動性：代際收入彈性。這個指標衡量了親子兩代收入的關聯性；經過標準化處理後，若指標為 0 ，代表子女與父母的收入基本上不掛鉤；若指標為 1，則代表父母那代在收入上的相對優勢，完全跨代保留給子女了。資料來自 Miles Corak（2016）。

　　代際收入彈性能夠回答這個問題：假設你父母的年收入比我爸媽高出 10%，那麼作為子女的我們步入職場後，你的收入會比我高多少？如果答案是 10%，這代表父母那一代的優勢完全跨代保留了下來。也就是說，你父母的收入比我爸媽高出 10%，你的收入也比我高出 10%，這兩個數字的比值為 1，此時社會處於完全不流動的狀態：我們的相對地位，與父母那一代的相對地位完全一樣。但如果你的收入只比我高出 1%，那麼你父母那一代的優勢只有 1/10 被傳給了下一代。而如果作為子女的我們收入一樣

高，那代表此時社會處於完全流動的狀態，因為我們的相對地位
與我們上一代完全獨立，此時代際收入彈性為 0。

　　根據這個邏輯，我們可以用代際收入彈性來衡量社會不流動
性。以美國來說，代際收入彈性（社會不流動性）略低於 1/2；而
圖中不流動性最嚴重的秘魯，則高達 2/3。[4][5]

　　也許你會對美國在圖中的排序之高感到驚訝。與加拿大相比，
美國的不流動性幾乎是兩倍之多。英國的排名也頗高。

　　美國社會的高度不流動性也許讓你相當驚訝，但所有人都會
同意，美國是一個極度不平等的社會。當你漫步在美國的大城市
中，映入眼簾的除了極富有的社區，也會有極度貧困的社會角落。
然而諷刺的是，我們一直以為美國是所謂的「機遇之地」，懷抱
著「美國夢」幾乎是所有美國人靈魂與身分認同的一部分。無論
血統，只要人們努力工作、懷有技能或才華，都將在此獲得回報。
「人們追求幸福的權利是不可剝奪的」，這是《獨立宣言》的中
心思想，也是所有人對美國的期待：「機遇之地」的社會流動性，
至少要比其他國家好吧。

　　我們都聽說過一些相當勵志的成功故事。比方說我的爺爺雖
然沒拿到高中學歷，一輩子在一家卡車公司工作，但我的父親還
是想辦法念完了大學與研究所，成為了一名核物理學家。歷史上
的美國被封為「機遇之地」可說是當之無愧。在 19 世紀到 20 世
紀初的移民浪潮中，無數的拓荒者前往中西部發展，創造了一段
極長的經濟榮景（當然也偶有波折）。對這群為了脫離貧困而離
開故鄉的移民來說，美國處處皆有就業與發展的機會。人們搬到

加州，追求致富的可能。在當時，教育雖然重要，但絕非一個人能否過上體面生活的關鍵。對那些懷抱著美國夢追求發展的人來說，那是個黃金年代。二戰後也迎來了一段製造業起飛、經濟蓬勃發展的時期，社會中出現大量的中產階級，人們普遍認為只要努力工作就能改善自己的經濟狀態。

　　然而，當我在 15 年前開始研究社會不流動性的現象時，情況有了驚人的變化。我第一眼看到美國父母與子女教育程度的相關性時，簡直難以置信，我想一定是資料哪裡出錯了。然而深入研究後，我才發現所有資料拼湊出的都是同一個故事：如今的美國，不管在收入、教育、財富、甚至壽命等方面，父母與子女的跨代相關性都比許多國家來得更高。在這方面名列前茅，絕非什麼好事——這意味著社會高度不流動。

　　你不是唯一一個誤以為美國社會流動性還不錯的人。許多人對社會流動性的想像，與現實相距甚遠。例如圖 6-1 中，德國社會的不流動性程度為 0.32，美國的數字為 0.47，幾乎是德國的 1.5 倍。然而，如果你問美國人「努力工作是否能改善生活」，你會發現 84% 的美國人對此持正面態度，但同樣的問題只有 62% 的德國人樂觀以對。[6]

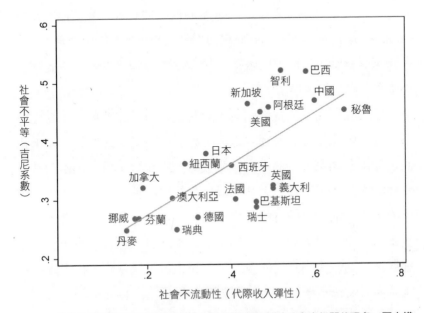

圖 6-2　蓋茨比曲線顯示了各國的社會不流動性與不平等彼此高度相關的現象。圖中橫軸以代際收入彈性衡量各國的社會不流動性；縱軸則以吉尼係數衡量社會不平等的程度，若數值為 0 代表社會相當平等，若數值為 1 則代表極度不平等。社會不流動性指標來自 Corak（2016）；吉尼係數則來自美國中情局《世界各國紀實年鑑》（*The CIA World Factbook*）。

　　2012 年 1 月，時任白宮經濟顧問委員會主席的阿倫・克魯格（Alan Krueger），在一次著名的演講中，清楚地揭示了社會不流動性與不平等的關係。當時克魯格展示了「蓋茨比曲線」（Great Gatsby Curve）：社會不流動性與不平等之間存在驚人的關聯性；這是邁爾斯・科拉克（Miles Corak）在 2011 年發現的現象。為了給這條曲線取個好名字，克魯格拿出一瓶葡萄酒作為獎賞，向所

有的年輕員工徵求好點子──這瓶酒最後被賈德‧克萊默（Judd Cramer）贏得，他的命名靈感來自於《大亨小傳》的主角蓋茨比，在跨越社會階級時面對的困難。[7] 圖 6-2 呈現了社會不流動性與不平等之間的緊密關係。

　　這裡我們需要先提醒讀者，有時我們看到的社會不流動性與不平等，可能是源於某種自然而然如此的機制。比方說，如果我們比較兩個國家，一個是人口組成單一的小國，另一個是相當異質化的大國，那麼在所有其他條件都相同的情況下，組成單一的小國很自然地會有較低的社會不流動性與不平等。又或者，如果我們只考慮工程師的子女，那不平等程度自然也會比較小，因為這群孩子通常受到良好的教育，未來也更可能拿到一份不錯的薪水；而且父母與子女收入的關聯性也較低，因為父母那一代的收入差距本身就不大，因此不太會影響到下一代的發展。同樣的道理也可以類推到礦工的子女：他們之間不平等程度也會較低，因為大多數人長大後也會是勞工階級；再加上父母那一代的條件幾乎一樣，他們的發展基本上也與父母沒有關聯。因此，通常是比較一個經濟體中的不同部門時，才會看到明顯的社會不流動性與不平等。這也是說，當一個經濟體的組成變得越多元時，社會不流動性與不平等程度自然也會同步上升。

　　然而，蓋茨比曲線要傳達的訊息遠超過這種規模帶來的機制效應。比方說，丹麥的國家規模只能部分解釋，為什麼這個國家的社會不流動性與不平等程度比較低。同樣是從事技術含量不高的工作，丹麥工人的收入比美國工人高了 50%，且享有更多福利。

因此，丹麥的不平等程度之所以低於美國，有一部分要歸因於低階技術勞工的處境：他們在丹麥雖然也屬於相對較窮的族群，但處境遠遠優於美國同等職位的勞工。在丹麥社會，大多數人可以選擇自己想要從事的工作，像是低階技術勞工或是高階技術人員，因此低階勞工的薪水很自然地會被推高：必須要有夠高的工資，才會有人想從事這些工作，否則大量的低階工作職位將乏人問津。就社會不流動性而言，美國與丹麥都有相似的大學就讀率，但丹麥父母與子女的教育程度關聯性低於 10%，而美國則高達 50%。因此，兩國之所以在蓋茨比曲線上排名有所不同，不能只用丹麥人口組成的單一性來解釋。[8]

　　加拿大有 1/4 的人口屬於少數族裔，國內另有相當規模的移民人口，經濟活動也相當多元，製造了各式各樣的產品，提供了形形色色的服務。儘管社會組成複雜，但加拿大卻是全世界社會流動性最高的國家之一，其社會不平等的程度也沒有落後北歐國家太多。蓋茨比曲線有趣之處在於，為什麼像加拿大這樣的國家只有出現輕微的不流動性與不平等，而這兩個現象在美國與中國卻嚴重得多。

　　為了強調社會不平等其實受到社會不流動性的影響，我將克魯格原本的蓋茨比曲線互換了軸線。在圖 6-2 中，橫軸顯示了社會不流動性，縱軸則顯示了社會不平等的程度——也就是說，我們將不平等的現象，視為社會不流動性的函數。這背後隱含的邏輯為，社會不平等的現象有很大一部分肇因於社會不流動性。如果所有孩子都出生在類似的環境（類似的父母、同儕、社區），

有著類似的發展機會，那麼不平等只會來自一些微小的隨機差異，像是與生俱來的天賦與人格特質，以及他們做出的選擇與一些運氣成分。相反地，如果孩子成長的環境差異很大（不同的父母、社會風氣、資訊與發展機會），那麼不平等的現象就會加劇。因此，孩子們最終之所以發展大不相同，部分要歸因於他們本身擁有的發展機會與社會流動性就已經有所不同。

其實社會不流動與不平等的現象彼此互為因果：不平等也會滋養社會不流動性，兩者形成了一個反饋系統。為什麼父母、同儕與成長環境的差異會限制發展機會，部分原因也是來自社會不平等。然而追根究柢，真正限制人們發展機會的，仍舊是那堵由同質性一手堆起的資訊與價值觀高牆，這些網絡隔閡才是造成社會不流動與不平等的主要推手——我們應該將不平等視為結果，而非根本的原因。一般人常說富裕家庭有更多資源可以養育子女，但我們的觀點與此不同。

這種視角更有助於擬定對策：如何打破惡性循環、如何改善社會不流動與不平等的現象。我們可以將焦點從資本稅率等方法移開，轉而關注更深層的社會結構問題——這才是造成社會不流動與不平等的根本性原因。

社會不平等

邦有道，貧且賤焉，恥也；邦無道，富且貴焉，恥也。

——孔子

任何試圖將「不平等」量化為一個數字的指標，總不免有過度簡化之虞，就像我們先前衡量中心性與影響力時也遇過這個問題。比方說，我們該用什麼條件來衡量不平等呢，財富、收入、支出、消費、就業、幸福，還是壽命，或是應該綜合以上數個條件呢？我們該如何計入稅賦與福利支出的影響？我們應該要以一戶還是一人為單位？子女的數量要怎麼納入考慮？這裡頭實在有太多因素需要考慮，不過幸好它們大多彼此高度相關，因此我們還是可以用一些簡單的指標描繪出大致的輪廓。

來自義大利的科拉多‧吉尼（Corrado Gini）是一位統計學家、人口學家，也是一位社會學家，他在 1921 年提出了一個相當精闢的指標，能用來衡量社會不平等的程度。如今這個指標以「吉尼係數」之名廣為人知。諷刺的是，吉尼本人其實是個法西斯主義者，且支持人種改良優生學。他也是墨索里尼的信徒與早期支持者。雖然他後來確實也與法西斯運動分道揚鑣了，但主要的原因是他不滿自己的學術研究被干預。不管怎麼說，他所提出的「吉尼係數」是目前最廣為人所用的不平等指標。

簡單來說，吉尼係數可以這樣理解[9]：如果從社會上挑出兩個人，一人比較有錢，一人則較窮，這個情況下兩人的收入差距有多少？我們重複這個動作（即任意挑出兩人並計算收入差距），會得到社會上任兩人之間的收入差距，接著我們算出平均收入差距，以此數字衡量整個社會（平均來說）有多不平等。為了能跨國比較，我們將這個數字標準化──除以各國平均收入的兩倍。

為什麼是兩倍呢？因為如此一來可以保證吉尼係數的值落在 0～1 之間：如果我們對抽出的兩人作財富重分配，將其中一人的收入，完全交給另外一人，此時社會處於極端不平等的狀態，這兩人的收入差距就會是平均收入的兩倍，因此標準化後得到的吉尼係數就會是 1。而當社會上所有人的收入都相同時，吉尼係數則會是 0。[10]

圖 6-3 展示了幾個國家的吉尼係數。一般來說，吉尼係數落在 0.25（社會極平等）到 0.7（社會極不平等）之間，此數字與測量的時間點與收入衡量方式有關。[11]

資料顯示，丹麥的平等程度最高，吉尼係數約為 0.25；南非則敬陪末座，是所有國家中不平等程度最高的一國，其吉尼係數超過 0.60，是丹麥的兩倍以上。

如圖中所示，不平等程度因地而異，同時也會因時而異。要拼湊出數世紀以來的收入分配狀況並不容易，但透過嚴謹的調查與仔細的推敲，人們還是得到了一些估計數字。[12] 例如，人們可能認為狩獵採集社會相當平等（正如那些田園詩歌所歌頌的那樣），但事實上並非如此──即便是狩獵採集社會也存在著明顯不平等的現象。

加拿大的英屬哥倫比亞省就存在一個這樣的例子。距離溫哥華東北二三百公里處，有條自山區蜿蜒而下的吉特利溪。數千年來，當地的原住民部落以吉特利溪為家，溪流中的成群鮭魚是他們從春天到秋季賴以為生的食物來源之一，森林裡的野鹿、狐狸、熊等動物，以及各種根莖類植物、野生洋蔥、覆盆子等等野菜蔬

果，也是他們的營養來源。雖然此地野生資源豐沛，然而能控制最佳獵場的人，享有的資源將會更多。比方說，整條溪仍有一些地段是比較有利的捕魚地點。某些家族掌控了這些地點，並且一代一代地將這個控制權傳下去。從當地挖掘出的「長屋」考古證據發現，那些掌握了主要漁場與獵場的家族，儲存了更多、種類更豐富的食物，有更大的睡眠空間，也有更大的爐灶可以用於做飯或取暖。相較之下，住在附近的其他家庭，不論是儲備的食物或是做飯空間都小得多。〔13〕

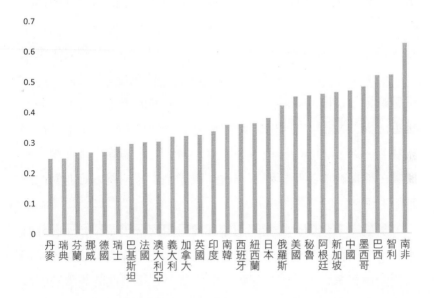

圖 6-3　吉尼係數，資料來自美國中情局《世界各國紀實年鑑》。吉尼係數的區間落在 0（社會極平等）到 1（社會極不平等）之間。此圖僅呈現少數國家的狀況。

這種不平等的現象並非個案。一旦人類開始儲備物資、控制土地使用權之後，財富累積並世代相傳的過程就開始了。透過觀察各地農牧社會的土地與牲畜所有權，人類學家發現這些社會的吉尼係數落在 0.3 ～ 0.7 之間，平均約為 0.4 ～ 0.5。[14]

雖然社會不平等的現象已經存在了數千年，但卻是到了工業革命之後，這個現象才真正開始劇烈惡化。工業革命帶來了前所未有的生產力提升。這種爆發性的成長，再加上當時國家對獨占事業的監管不力，使得工業化國家中的少數人，累積了不成比例的大量財富。隨著經濟蓬勃發展，社會不平等的程度也創了歷史新高。到了工業革命中期，英格蘭與威爾斯兩地的吉尼係數估計約為 0.59，整個歐洲約為 0.57。這與今日南非的極端情況相差不遠。早年的美國以發展農業為主，社會較為平等；在獨立戰爭爆發之前的 1774 年，美國的吉尼係數估計約為 0.44。然而到了南北戰爭時期，美國的工業開始蓬勃發展，社會的不平等程度也開始接近歐洲的狀況，在 1860 年時吉尼係數已經高達 0.51 了（包含奴隸）。到了 20 世紀初，美國的工業產出已經贏過了大多數歐洲國家，然而社會不平等的程度也同樣壓倒群雄，與一戰前的德國不相上下。

那些工業化腳步較慢的國家（像是中國、印度和非洲部分國家），他們在工業革命時代也有著較低的吉尼係數。然而，隨著它們開始工業化，其吉尼係數也隨之飆升，因為此時經濟體的收入成長，大多落入了最富裕者的口袋，而許多人仍舊徘徊在貧窮線邊緣。社會總體的收入正在提高，然而金字塔頂端的收入成長

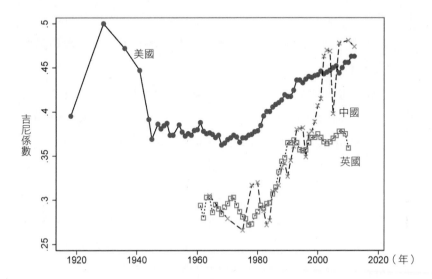

圖 6-4　**中國、英國與美國的吉尼係數時間序列。中國與英國的資料來自世界銀行「All the Ginis」資料庫於 2014 年 11 月釋出的版本，資料庫建立者為布蘭科・米蘭諾維奇（Branko Milanovic）。美國的資料來自 Atkinson and Morelli (2014) 的**《**經濟不均度表**》（*Chartbook of Economic Inequality*）。

更快。如圖 6-4 所示，中國過去數十年的吉尼係數迅速攀高。[15]

　　有些因素暫時抑制了工業革命後社會高度不平等的現象。比方說，工會組織日漸壯大，或是各國政府開始推行反壟斷法，以及監管獨占事業。再加上經濟大蕭條與兩次世界大戰催生的「大政府」，開始提高稅收並進行所得重分配。此外，製造業急需一批能掌握新技術的勞動力，這個需求缺口將勞動就業率推至歷史新高。中產階級由此出現。在二戰後的幾十年裡，中產階級（尤其是在歐洲和北美地區）的生活水準經歷了前所未有的成長。他

們經濟範圍內能負擔的商品越來越多（像是電話、汽車、收音機、電視等等），同時也開始有越來越多的成員接受了高等教育。[16] 吉尼係數跌至工業革命以來最低的水準。圖 6-4 中可以看到這個明顯的下降。

　　然而，從 1980 年代至今出現了幾個新趨勢，使得全球許多國家（包括不列在圖 6-2 中的那些國家）不平等的現象再度惡化。首先，技術進步正在取代或排擠勞動力，而非如以往般增加了勞動力需求。許多國家中下層的中產階級因此面臨了巨大的衝擊。隨著技術日益成熟，越來越多的商品與服務將更依賴技術，而不再需要勞動力。這並不代表所有的工作機會都終將消失——我們需要越來越少的汽車工人與旅行社代辦，但我們需要更多能幫忙遛狗的人。

　　如果這個趨勢沒有被妥善應對，那麼勞動市場面對的將是越來越痛苦的轉型。1940 年代經濟學家約瑟夫・熊彼特（Joseph Schumpeter）發明了「破壞式創新」一詞，描述了技術創新如何淘汰過去流行的技術與企業。今日的我們正在見證一波史無前例的「破壞式創新」浪潮。技術創新正在取代許多工作職位，只有技術含量最高的工作能倖免於此。然而被淘汰的老舊機器還可以回收報廢，被淘汰的勞動力又該怎麼辦呢？

　　倫敦的計程車司機就是一例。過去所有想拿到倫敦計程車執照的人，都必須通過世界上最困難的考試之一，一個名為「Knowledge」的常識測驗。應試者需要花上多年時間準備，研讀倫敦錯綜複雜的地圖，記住數萬條大街小巷與地標，還要有憑

記憶規畫出兩點之間最佳行車路徑的本領。如果你在倫敦坐過計程車，那可真是令人印象深刻。然而當 GPS 衛星導航技術與地圖 app 出現後，這些知識就顯得過時了——這些新技術不但能瞬間算出最佳路徑，還能根據即時交通狀況作調整。這引發了英國某些政治人物與計程車司機的爭論，前者認為這種考試已經不再有存在的必要。

　　這類的技術進步降低了各行各業的勞動力需求，從農業到製造業，乃至於服務業。如今大多數的旅遊環節都可以在網路上搞定了。隨著網路購物的興起，即使是那些有名的百貨公司也正在消失中。自動駕駛汽車與卡車很快就會問世，交通運輸業的面貌將隨之改變。中下層中產階級面對的衝擊將會最大——因為他們是過去製造業與服務業的主要勞動力，他們具有一定的技能與經驗，但不見得受過高等教育。

　　圖 6-5 顯示了過去 40 年製造業的勞動生產力變化。今天的技術讓我們只需要 1980 年代末期 40％的勞動力，就能完成同樣的工作內容。這種生產力的變化不但巨大，而且速度飛快——過去 30 年內生產力翻了一倍以上！當然，這也造成了一些後果。產出不管在數量（如汽車產量）或是質量（如比 30 年前更精密的車用電子裝備）方面都有長足的進步。但同時，汽車製造商需要的勞動力也變少了。這不是製造業的特例，也不是近年才出現的現象。農業技術的進步就是另一例：美國農業從業人口在 19 世紀初期還有將近 70％，到現在只剩下 2％左右。這不是因為人們勒緊褲帶吃得少了，實際上農業食品的產量與品質都有了大幅度的提升。

　　此外，中國、墨西哥、印度與南韓等國的生產力與貿易出口也呈現了爆發式的成長，促成了勞動力的國際化。隨著亞洲、南美洲和非洲部分國家湧現了新興的製造業與服務業勞工階級，歐洲和北美地區的中產階級開始萎縮。這裡必須指出一點：這些萎縮大多是技術變化造成的，而非全球化。例如有研究指出，在 1999 到 2011 年期間，美國製造業中只有 10%～ 20%的職位是因為中國進口增加而消失，大部分的原因還是來自技術變化。[17]

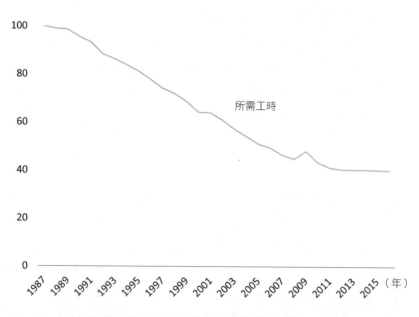

圖 6-5　製造相同產量所需的工時（計算標準為製造業生產出相同 GDP 產量所需的工時，除以 1987 年的數據以標準化）。在 2016 年，同樣的產量只需要不到 40 個小時就能達成，1987 年需要 100 小時才能完成。資料來自美國普查局（Bureau of Labor Statistics）。

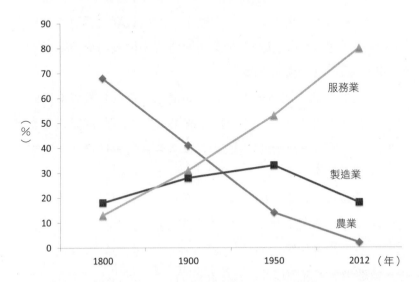

圖 6-6　自 1800 年代初期以來，農業在美國就業人口的比例持續萎縮，製造業則在 1950 年代也出現了下降的趨勢。儘管服務業的就業人口仍在持續增加，但部分行業也出現了勞動力需求減少的趨勢。資料來自 Piketty（2014）表 2-4。

　　圖 6-6 顯示了以上種種因素角力的結果。農業部門急遽下降的趨勢相當明顯，製造部門在中途也出現了類似的狀況。雖然直到二戰後，製造業才出現勞動力下降的趨勢，但其走勢頗有繼續下探至極低水準的跡象。

　　不只是歐美地區，這種趨勢也開始出現在亞洲地區。例如，印度與中國的農業逐漸走向現代化後，類似的趨勢也漸漸浮現。他們的農業人口還不至於低到只剩 2%，但也正在往這個方向前進。在中國，農業部門的勞動人口占比從 1990 年的 60% 下降至

2015 年的 28％，同一時期的印度也從 60％以上降至 45％左右。亞洲地區製造業的勞動力雖然經歷了一段成長期，然而隨著技術快速發展，也看到了停滯的跡象。製造業的總產出仍持續增加，但勞動力需求已經趨於平緩。

在美國與歐洲地區，服務業（如醫療、金融、教育、媒體、飯店與餐飲、零售、倉儲和運輸、娛樂業等等）已經成為勞動市場上最主要的雇主。在亞洲地區，服務業人口也在快速增長中。在中國，服務業已經是勞動市場的主力了。在印度，服務業正在起飛，例如邦加羅爾（Bangalore）等城市蓬勃發展的軟體業，現在已經是全世界程式碼的供應地。[18] 服務部門的勞動力也無法免於生產力提高帶來的威脅，倫敦計程車司機的處境就是一個例子。普遍來說，電腦以及日益複雜的演算法正在取代人類的角色：舉凡報稅、外語教學、金融證券交易等等，不勝枚舉。

以上種種原因擴大了薪資差距，且有日漸惡化的趨勢。在 1950 年代的美國，擁有大學學歷者的薪資，比擁有高中（或以下）學歷者還要多出 50％左右。如今這個差距擴大到了 100％左右：大學畢業生的收入一直在增加，而只有高中學歷的人收入正在減少。[19] 現代技術更重視高學歷人士的專業技能，因為他們有能力提出重大發現、接觸更多人、實現以前不可能完成的任務。然而與此形成鮮明對比的是，同樣的技術正在取代、排擠中低階技術人員。

不過，生產力的爆發並沒有完全消滅市場對低階勞工的需求。人們對主題公園的需求增加了，對健身、旅遊與其他休閒產業的

需求也在擴張中。從前人們親力親爲的工作，像是燒菜洗衣等等，如今都交給低技術含量的服務業來完成。如今的勞動力需求彷彿處於光譜的兩端：一邊是需要高階專業技能的設計與管理職位，另一邊是對學經歷要求不高的日常任務。

這些變化導致二戰以來「最終所得超過自己父母收入」的比例下降了將近一半。圖 6-7 顯示，在 1940 年出生的人中，90％以上都可以賺到比自己父母更高的所得——當時剛崛起的中產階級正在蓬勃發展，幾乎所有美國人的收入都比自己的上一代還要高。然而在 1980 年出生的人中，只有 50％的人收入高於自己的父母。如果我們只看男性勞動力，這個數字就更難看了：在 1940 年出生的絕大多數男性，在 30 歲左右時的收入都高於自己的父親，然而到了 1984 年只剩下 41％的男性能夠達標——也就是說，59％男性的收入不如他們的父親。雖然整體的生產力提升，但經濟紅利卻分配不均：來自高收入家庭者，其收入更容易超過自己的父母；而來自低收入家庭者，即便和父母的教育程度相似，其收入卻可能比父母更差。

另一個問題是，勞動市場調整的速度跟不上突飛猛進的生產力。因此，當技術不斷地進步時，薪資與生產力最高的頂層勞動力越顯稀缺，而價值與薪資最低的底層勞動力則被大量閒置。1974 年美國 25 ～ 29 歲的人口中，只有 20％左右擁有大學學歷，到了 2014 年，這個數字已經接近 30％了。這接近 50％的漲幅看起來頗爲可觀，但其實還遠遠低於生產力的相對增幅。人口結構的調整太過緩慢，跟不上勞動市場對高學歷人才的需求，加劇了

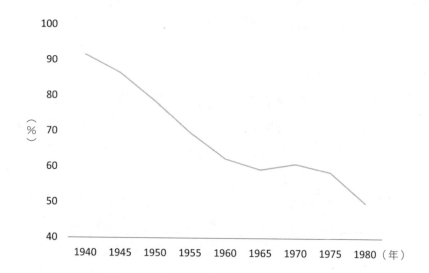

圖 6-7　子女與父母 30 歲左右時的家計單位稅前收入對比（已調整通貨膨脹率）。資料來自 Chetty, Grusky, Hell, Hendren, Manduca, and Narang (2016a)。

高等教育的薪資溢價，於是大部分的經濟紅利便集中到了教育程度最高的那群人身上。

　　日益擴大的薪資差距也意味著，收入高度集中於金字塔頂端 1％人口的情況越來越嚴重，這是歐美社會近一百年未曾見過的極端情況。在歐洲，頂層 1％人口的收入約占社會總收入的 1/10；而在美國，這個數字更高達 1/5。[20]

　　值得注意的是，就算在歐美收入最頂端的 1％人口中，約有 2/3 的收入來自勞動收入，只有 1/3 屬於資本報酬。也就是說，即

使在這個極端的群體中，財富優勢與投資報酬也只能部分解釋不平等的成因。[21] 社會不平等現象的惡化（尤其是社會頂端 1% 人口以外的那 99%）大多還是因為勞動收入的變化所造成。1970 年代以來，頂層 1% 人口的薪資成長了 2.5 倍以上，頂層 5% 人口成長了 2 倍，頂層 10% 人口則成長了 4.5 倍以上。然而，對社會底端 60% 的人口來說，同一時期的薪資成長幅度只有 1/3 倍不到。不同勞動族群間的相對薪資差距擴大，才是讓社會不平等現象惡化的原因。[22]

隨著學歷造成的薪資差距越來越大，一個重要而明顯的問題漸漸浮現：既然如此，為什麼沒有更多人接受高等教育呢？

要解答這個問題，我們必須回過頭來討論社會不流動的現象：這個社會上必定存在某種強大的力量，使得許多人難以取得在現代職場走向成功必備的專業技能。

教育

在美國富裕家庭長大的孩子，取得大學學位的機率是低收入家庭的 2.5 倍。[23] 種族之間也有極大的差異。比方說，如果我們觀察美國各種族近三十歲的群體，會發現亞裔青年擁有大學學歷的比例驚人的高，高達 72%；同一數據在白人群體為 54%，非洲裔為 31%，西班牙裔則為 27%。[24] 造成這些差異的原因相當錯綜複雜，可能是家庭收入、族裔、父母教育程度、文化和成長環境等因素彼此交互影響。

　　除了誰最後去念了大學，最後念了哪間大學也有族群差異。如果你就讀的是美國最具競爭力的大學（例如：常春藤名校、史丹佛大學或麻省理工學院），你上生物學、經濟學或電腦科學導論時，隔壁坐的同學很可能來自全美國最富裕的家庭：他來自全國前 1/4 富裕家庭的機率，是來自後 1/4 窮困家庭的 20 倍。[25] 全美國最富裕的 1%家庭的孩子更有可能進入常春藤名校：他成為名校大學生的機率，是後 20%最窮困家庭孩子的 77 倍。[26] 雖然這些名校提供了相當多獎助學金的機會，希望低收入家庭的孩子也能負擔得起更好的教育投資，然而最終進到名校的孩子，大多數仍來自家境最好的社會階級。

　　這帶來了嚴重的後果。所有找過工作的人都明白，大學畢業證書上的校名足以影響你求職的結果。美國教育部有個積分卡系統，能衡量投資大學學歷帶來的報酬率。如果你是哈佛大學、麻省理工學院或史丹佛大學的畢業生，你的薪資中位數會是普通大學畢業生的兩倍以上。[27]

　　不過，教育造成的薪資差距，其實早在上大學以前即可見一斑，在青春期左右的時間就已經相當明顯了。圖 6-8 描繪了這個現象。

　　差距自出生後就開始拉開了。舉例來說，相對於那些領取低收入戶補助的孩子，富裕家庭出身的孩子在上小學時已經多認識了三千多萬個詞彙。這個數字由學者貝蒂・哈特（Betty Hart）和托德・里斯利（Todd Risley）[28] 所估計，他們採用的估法出乎意料地簡單。他們計算了父母跟孩子講話時所使用的詞彙量。低

收入戶家庭的父母每小時大約會跟嬰兒說 600 個詞彙，而白領階級的父母則每小時會說 2000 個以上的詞彙量——是前者的三倍以上。這影響了兒童的發展。兒童使用的詞彙有 86 ～ 98％習自父母，他們的講話風格也非常接近自己的照護者。哈特與里斯利也發現，兒童 3 歲時的語言技能，與 9 ～ 10 歲時的語言閱讀能力存在顯著的相關性。[29]

　　兒童早年的互動發展就有如雪球效應一般，隨著時間會越滾越大。越早投資孩子（學齡前）的發展，將來獲得的回報也會越高。讓小孩學會耐心與堅持，將來他們就有能力學會其他專業技能，進而為自己的人生打開機遇的大門。小孩越早開始閱讀，他們就越早開始攝取知識，啟動知識累積的過程。改善小孩表達自己想法的能力，將讓他們更不容易在探索世界的過程中感到迷失，能夠學到更多的知識。孩子了解的知識越多，他們的在學成績就越好，越容易獲得獎勵，這個過程將進一步鼓勵他們投注心力在學習新知。諾貝爾經濟學獎得主詹姆斯・赫克曼（James Heckman），也是一位研究幼兒教育的專家，他曾這麼說過：「技能可以繼續滋養新技能，這不但是一種動態過程，而且還帶有一種互補性。因此，我們應該將資源集中在早期幼兒教育，才能帶來最高效率與最大效益。給予出身弱勢家庭的 0 ～ 5 歲幼童更優質的早期發展資源，是最划算的一筆教育投資。」[30]

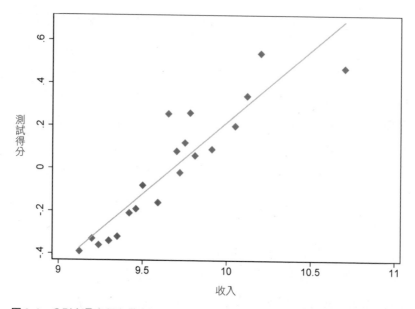

圖6-8 分別在最窮困與最富裕社區長大的小孩,其平均成績可以相差一整個標準差
(也就是從倒數第三名到第三名之間的距離)。樣本為紐約市八年級的學生(約
13～14歲),縱軸成績為數學和英語造詣兩科的總分,單位為標準差。社區
收入的指標為對數化後的人均收入(對學區內的各社區計算人均收入)以收入
等距分成20組觀測值。資料來自 Fryer Jr. and Katz(2013)。

　　不同的家庭之所以採取不同的育兒方式,有時是受限於父母
本身有多少時間,但有時是受限於育兒價值觀的落差:花時間陪
伴孩子到底有多大的價值,不同的家庭有不同的評價。例如,一
份英國的近期研究發現,全英國前 1/4 最窮的家庭對教養的看法,
與前 1/4 最有錢的家庭截然不同。像是以下這個敘述:「我的孩
子會按照他自己的步調成長,我能為他/她做的事很少。」[31]
在那些較窮的家庭中,約有40%的家長同意(或不否認)這種說

法，然而那些較富裕的家長只有不到 20％的比例對此表達同意
（或不否認）。因此，我們可以看到窮困家庭中，有兩倍以上的
家長並不認為自己能為子女的發展做點什麼。也許會有人認為，
這些父母不過是在找藉口，以掩蓋自己沒有時間陪伴子女的事實。
但如果我們繼續觀察其他問題的答案，將會發現原因不止如此。
當研究人員問道：「我的小孩能學會寫程式。」，幾乎 80％富裕
家庭的家長對此深感信心，然而在那些窮困家庭中，只有 50％的
家長這樣想。[32]

　　資訊對教育的影響遠遠不只是幼兒發展。

　　雖然在低收入戶家庭成長的孩子居於弱勢，但仍有一批優秀
的高中生在這樣困頓的環境中脫穎而出：他們的在校平均成績相
當高（至少有 A–），大學入學考試（SAT 或 ACT 考試）的排名
贏過了全美國 90％的學生。在這批最優秀的學生中，大約有 17％
來自全美前 1/4 窮的家庭，這個數字只有前 1/4 有錢家庭（34％）
的一半。[33]

　　也就是說，當我們考慮各種童年開始累積的影響，頂層工資
階級要培育出優秀子女的機會，是底層工資階級的 2 倍。這已經
是個很大的差距，但還有一個重要因素被我們忽略了。我們先前
才提到一個數字：來自頂層工資階級的孩子進入美國名校的機會，
是底層工資階級的 20 倍以上。[34]因此，收入一定還帶來了其他
影響（且幅度高達 10 倍），左右著優秀學生最終能否進入名校。

　　你也許會猜想，這些名校對低收入戶家庭來說太過昂貴。但
這似乎只是一個次要考量。據估計，只有不到 8％的美國家庭，

是因為收入不夠高而放棄名校。〔35〕

　　然而，人們對念大學到底要花多少錢沒有概念，就像人們對其他高價物品的真正成本也沒有概念一樣。在許多國家，你要是走進汽車經銷商的店面，直接照定價付錢，一定會被當成肥羊。除了新推出最熱門的車款以外，定價只是經銷商用來談判的起價。隨著消費者變得越來越精明，開始有許多人要求經銷商出示當初購入汽車的發票，於是整個汽車經銷業開始虛報發票金額，以各種名目墊高自己的利潤空間，讓消費者難以得知經銷商的談判底線。即使如此，只要稍加研究，再經過一番議價，往往可以談出一個遠低於定價的數字。

　　同樣地，大學報價（即預估花費）也只是個起價，代表著最高花費上限。不過幸運的是，大多數大學並不像汽車銷售員那樣手段激烈。因此大部分學生真正的花費其實遠低於報價，比汽車折扣的空間還要來得大，而且也不用討價還價。各種補助、津貼、獎學金等等管道，大幅地降低了求學的花費。只有 1/3 的全職學生按照學校報價支付學費。以 2016 年的數據為例，美國四年制私立大學的平均報價（包括食宿費）為 44,000 美元，但平均每位學生只支付了 26,000 美元。如果我們只看公立大學的學雜費支出，那麼來自全美收入前 1/4 家庭的學生平均付了 6,330 美元，而來自收入後 1/4 家庭的學生則付了 -2,320 美元。後者支付的花費為負，代表這群來自貧困家庭的學生所獲得的獎助學金，不只能支付學雜費，還有餘裕可以補貼食宿費。就算是在私立（非營利）大學也有類似的情況：來自全美收入前 1/4 家庭的學生平均付了

19,720 美元的學雜費，而來自收入後 1/4 家庭的學生則付了 4,970 美元。[36]

即使大學的實際花費相當低，但許多高中生以及他們的家庭卻對此幾乎一無所知。他們要麼被自己想像中的高價嚇跑了，要麼就是完全不曉得自己有機會可以獲得豐厚的獎助學金。因為資訊的不流通，那些來自低收入家庭的學生很可能根本沒有遞出申請，錯過了那些可能最適合他們的學校。

如果我們回顧克萊爾的故事，或許能映證這一點。她在前述的文章中提到：

許多人的父母沒有上過大學（像是我的父母），他們不了解申請大學或獎助學金的流程，甚至可能對於了解這個複雜的過程感到害怕（有時甚至抱有敵意）。當年我申請大學時，我對自己該做什麼一點概念都沒有。有一次，我聽到排球教練提到要還清她的學生貸款，這讓我以為大學就像餐廳一樣，可以先吃完飯再付錢。而當我意識到我需要我母親和繼父的收入資訊與稅務文件時，他們卻拒絕提供文件給我。我想，他們大概是對於自己的經濟狀況感到難為情吧。[37]

頭號嫌疑犯：機構與資本

　　為什麼我們人生的幸福必須繫於父母與先天成長環境？這問題存在已久，而對此網絡可以提供重要見解。我們都知道，要理解社會流動性與受教程度不均的現象，關鍵在於資訊的流通程度。而一個人能取得的資訊，很大程度受限於自己與父母生活的社群。

　　人們從自身社群取得的資訊，就像是一種「資本」。不過這個「資本」與一般傳統的概念不同，蘊含了更多意義。比方說，「金融資本」指的就是金融資產，可以轉化為其他形式的資本或是勞務；或是「實質資本」指的是包含土地在內的物質資源。但這些傳統的「資本」並不是我們接下來故事中的重點。

　　早在一個多世紀前，阿爾弗雷德・馬歇爾就已經將「人力資本」納入傳統的「資本」概念中。馬歇爾提到：「在所有資本類型中，投資在人身上的資本是最有價值的一種；而在這之中，最為珍貴的就是來自母親的照護與影響了。」現代意義下的「人力資本」指的是，在生產或是貿易的過程中所需的專業知識與技能，包括藝術、發明、設計、營運、管理與行銷等等。除了先天的稟賦之外，大部分的人力資本是後天習得的：人們透過上學、觀察、當學徒、做實驗等方式學習新技能。

　　與我們最相關的是「社會資本」，這也是近年開始被重視的一種新資本類型。[38]「社會資本」泛指一個人能透過自己的聲望或社交網絡，所獲得的好處、資源與資訊等等。[39]

　　能帶來社會資本的社交關係包括：友誼、職場人脈、公開組

織或私人團體的會員身分或是聯繫管道。這種資本涵蓋範圍最廣，
但其定義也最爲模糊，因爲它涉及了許多難以衡量的東西，像是
人脈或網絡位置。[40] 舉例來說，社會資本就在梅迪奇家族崛起
的故事中，扮演著重要的角色。梅迪奇家族最終能掌握巨大的權
力，不只是因爲許多盟友助其一臂之力，也因爲他們家族占據了
一個獨特的網絡位置，能夠有效地協調盟友間的行動。這種能夠
協調他人的權力也是一種資本，掌握這種資本的人能創造價值、
提升生產力。[41] 社會資本也建構在種種詮釋空間極大的概念之
上，如：聲譽、地位、友誼、組織等等。甚至社會資本也受同質
性影響：你的人脈網絡可能既廣又可靠，但仍無法觸及重要的資
源與知識。雖然我們很難用一個簡潔且易於量化的方式，來定義
社會資本，但其重要性不可小覷。

　　由於不同類型的資本大多能互相轉化，因此如果一種資本相
當豐厚，通常也能藉此取得其他類型的資本。舉例來說，金融資
本可以用來購買教育，從而取得人力資本；社會資本能帶來專業
知識與發展機會，有助於累積人力資本與金融資本。

　　事實上，所有類型的資本都能夠被繼承，從父母這一代傳給
下一代；這一事實對社會不流動現象影響重大。父母能給子女金
錢、資產或不動產。同時，父母也是子女的終身導師——他們是
孩子最早的人力資本來源，他們決定孩子去哪上學、學習的內容，
以及學習的方法。最後別低估了環境的重要性，父母與一個人成
長的社區已經奠定了其社會資本的基礎。父母的社會資本也影響
著他們教養孩子的價值觀，比方說他們是否理解投資孩子教育的

價值，或是他們能做些什麼來幫助孩子表現更好等等。不管是地理、收入、種族或文化上的同質性，都意味著某種群體隔閡，就像是一座座極少聯繫的孤島，資訊難以互通有無，也更容易限於同溫層的思維與行為模式。

社群具有高度叢生的特性：富人與高學歷者往往聚在一起，而窮人與低學歷者也會聚在一起。舉例來說，在伊利諾伊州的東聖路易（East St. Louis）或密西根州的本頓哈伯（Benton Harbor），只有不到10％的人擁有大學學位，然而在紐澤西州的上蒙特克萊爾（Upper Montclair）或加州的帕羅奧圖，80％以上的成年人都曾念過大學。在克萊爾的家鄉帕朗市，25歲以上的成年人中只有13％擁有大學學歷。[42] 如果這個社區每七個成年人只有不到一人曾上過大學，那麼許多家長與學生對申請大學及各種獎助學金一無所知的情況，也就不足為奇了。況且，如果那些上過大學的人，念的是當地的社區大學或是排名普通的學校，那像克萊爾這樣的高材生也就沒有機會得知任何有關頂尖名校的資訊與機會了。

收入水準也是造成社群間出現明顯隔閡的原因；隨著收入差距擴大，網絡隔閡的現象變得越來越嚴重。在1970年，有將近2/3美國人居住的社區，其收入的中位數落在全美中位數水準上下20％以內。到了2009年，這個比例降到只比2/5多一點，也就是說大多數美國人目前居住的社區，其收入的中位數與全美中位數水準都有一大段差距。[43]

美國國會在1992年核可了一項實驗計畫，開始研究社區環境

對家庭福祉的影響。這項研究中的核心計畫被稱爲「遷往機遇之
地：公平住房」（Moving to Opportunity for Fair Housing）。這
個計畫挑選了美國各地（巴爾的摩、波士頓、芝加哥、洛杉磯和
紐約）共 4,600 個居於公共住宅的家庭爲實驗對象，他們被隨機
地分爲三組。其中一組會得到一組代券，可以用來補貼房租，但
這組代券不能在貧窮社區使用；因此這一組必須搬到比較富裕的
社區，才能使用代券。第二組也會獲得代券，但沒有任何的使用
限制，也就是說，如果他們選擇留在原社區，也可以使用代券。
第三組則不會獲得代券，他們作爲對照組，會用來與另外兩組相
比較。

　　這項計畫在 1994 到 1998 年間進行，當時參與實驗的兒童
如今都已經長大成人，我們可以追蹤他們生活因此產生了什麼改
變。結果顯示，搬家的影響相當巨大。[44] 其中搬家時年紀最小
的孩子，受到的影響最大。拉吉・切蒂（Raj Chetty）、內森・亨
德倫（Nathan Hendren）與賴里・卡茲（Larry Katz）研究了這項
計畫中選擇搬家與留在原地的兩組家庭，他們結合了美國國稅局
（IRS）的稅務資料，分析兒童的成長環境如何影響他們未來的收
入與人生。研究結果顯示，如果兒童在 13 歲以前就搬到富庶社區，
他們在 20 幾歲時的收入，會比對照組（沒有拿到代券者）高出將
近 1/3。據估計，一個 8 歲的孩子若透過代券搬到了富庶社區，他
的終生收入將因此增加了 30 萬美元。最後，這些搬家的孩子後來
上大學的可能性提高了 1/6，就讀的大學排名更高，同時他們住在
貧窮社區或是成爲單親父母（小孩出生時）的可能性也變低了。

　　你也許會認爲，最幸運的家庭是那些能在任何地方使用代券的家庭，但他們之中的許多人並沒有搬家，只是用代券來折抵原本的房租。省下來的錢當然也帶來了一些好處，但對孩子產生的影響卻沒有搬家那麼大。最大的獲益者是那些被要求搬家的家庭，他們必須搬到較爲富庶的社區才能使用代券。而無須搬家就能使用代券的家庭，其獲益只有前者的一半，而且有很大一部分的獲益還是因爲這些家庭後來也自發性地搬家了。最值得注意的是，搬家時年齡越小的孩子，受到的影響越大。[45]

　　「遷往機遇之地」計畫最終以一種非常直觀的方式，證實了社會科學家等人士數十年來的猜測：「鄰里社群與成長環境非常重要。」[46]

職場人脈與社會資本

　　觀察社會資本如何影響求職機會，也能看到社會不流動現象的影子。這解釋了爲什麼來自低所得與高所得家庭的兩個孩子，即使畢業自同一所大學同一個科系，兩者未來的收入仍有所差異。近期一份英國研究提供了具有參考價值的量化數據。[47] 若不考慮就讀的大學排名，出身於高所得與低所得家庭的大學畢業生，其收入的中位數相差了 25％。但若畢業自同一所大學同一個科系，那麼這個差距將縮小到 10％。因此我們可以說，這兩個孩子家世背景的差異，造成了 25％的收入差距：其中 3/5（＝ 15％／25％）是因爲家世背景影響了一個人最後念哪間學校哪種專業，

而另外的 2/5（＝ 10%／25%）則是因為家世背景在職場上產生的影響。[48]

要理解家世背景的差異為何會延續至職場，關鍵在於：我們必須先認知到人際網絡和社會資本的重要性——它們能決定我們獲得的工作機會以及薪水。

有位人力資源顧問是這樣說的：「在人資的圈子裡，我們經常戲稱來自線上人力銀行的求職者為『荷馬』（Homers），因為他們就像是《辛普森家族》中那個無精打采、老是啃著甜甜圈的荷馬‧辛普森。而最理想的求職者則被暱稱為『紫松鼠』（purple squirrels），可遇而不可求，通常要透過圈內人的推薦才能遇上一個。」[49] 如果不藉助某種人際連結，要找到任何一種工作的機會都很低。

想在麵包烘焙坊工作嗎？以下是一位麵包師傅的說法：「我可以發給走進店裡來的任何人一份求職表，不過他們幾乎不可能被錄取，因為我對這些人一無所知……我不會隨便從大街上找員工，因為這簡直是自找麻煩。我對所有種族的求職者都抱持一樣的態度，就算他是美國白人也是如此……種族並不是問題。」[50]

也許你只是想找個資源回收站的工作。就分類垃圾這種工作而言，就算沒有人介紹，總不會太難找吧。你看完下文後也許會有所改觀：「我們幾乎只靠口碑找人。我這裡所有的員工，幾乎都是其中幾個員工介紹過來的，他們剛來時完全沒有相關經驗。他們介紹了自己的朋友、表親、叔叔舅舅等等，總之都是他們身邊認識的人。我也曾從大街上找過五個人，其中只有兩三個人待

了下來，不過時間也不長。我們是有正式的求職表啦，不過那只是爲了保存紀錄而已。」[51]

如果你曾爲求職苦惱過，你並不是唯一的特例。沒有親朋好友的照應，要進到任何行業其實都不容易。喬治・舒爾茨（George Shultz）在 1951 年發表了文獻上第一份關於求職的詳細研究報告。[52] 在他所採訪的紡織工人中，有一半以上是透過朋友介紹才找到這份工作的。[53] 爲了排除這個現象只是紡織業的特例，舒爾茨還調查了各種不同職業的求職管道。[54] 調查結果顯示，在秘書、管理員、堆高機司機、卡車駕駛、電工等等職業中，高達 50%～ 70%的人是經由朋友介紹而獲得這些工作的。

後來的研究也證實，在世界各地、各種不同的行業（從低端技術人員到高階管理職）都看得到這個現象：有相當高比例的求職者，是透過朋友或熟人引薦而找到工作的。在不認識任何公司內部員工的情況下拿到工作機會，比較像是一個例外情況，而非常態。[55]

無論你喜不喜歡，你與朋友的職涯發展彼此緊密相連。如果你的朋友有不錯的際遇，那他們就能在職涯上給你幫助。如果他們現正待業中，那你就沒有貴人相助了。大約在 15 年前，托尼・卡爾沃－阿門格（Toni Calvó-Armengol）和我開始研究這個現象帶來的影響。如果就業市場的資訊必須透過網絡傳播，這個現象對一個人的就業機會與薪資水準有何影響？又會怎麼影響一個人繼續求學或是留在職場的決定呢？[56] 在職場上發展得順風順水的朋友越多，你在職場上的優勢就越明顯。比方說，你將更有機

會找到一個適合自己的職位，因為你的朋友消息靈通，這代表你可以更容易地得知某個職位即將開缺。

　　更容易在交友圈中偶然得知某個工作機會，會帶來什麼影響嗎？讓我們設想一個簡單的情境來回答這個問題。假設每次面試成功（即技能相符且最後獲得錄取）的機率都是 50％。為了讓這個例子更容易理解，我們假設每次面試成功的機率都是獨立的，也就是說，就算這次面試失敗，下次面試成功的機率還是 50％。如果你只得到一次面試機會，那你找到工作的機率就是 1/2。但如果你得到兩次面試機會，那你找到工作的機率會提高到 3/4──因為只有在兩次面試都失敗的情況下（機率為 1/4），你才會空手而歸。以此類推，如果你得到三個面試機會，找到工作的機率進一步提高到 7/8；若是四個面試機會，機率則會上升到 15/16。每多面試一次，找到工作的機率就會提升 50％──這裡我們可以看到邊際效益遞減的現象，當面試機會增加到一個程度以後，找到工作的機率就不會再有明顯的提升。然而，前幾次的面試機會可說是影響重大。

　　不只是工作機會，就連薪資也會受到影響。假設你永遠都在到手的工作合約中，選擇薪水最高的那一份工作。同時，市場上所有的工作職缺中，有一半對你來說有些大材小用，雇主只願意為這些職位支付每小時 15 美元的工資；另外一半的職位，則與你的專業技能相符，雇主願意支付每小時 20 美元的工資。在這樣的勞動環境下，當你拿到一份工作合約，你的預期薪資會是這兩個數字的平均，即每小時 17.5 美元。當你拿到兩份工作合約時，有

3/4 的機率至少一份是可以提供每小時 20 美元的合約——因為兩份都是低薪工作的機率只有 1/4。如果是三份工作合約，機率將上升到 7/8；四份以上合約的情況，可以此類推。因此當你的朋友越多，不只找到工作的機率越高，而且拿到好工作、好薪水的可能性也會增加。

這裡我們需要提醒讀者，一個朋友不等於一次面試機會，因為並不是你認識的每個人都會剛好得知某個職位即將開缺。每次面試的成功率也不會是 50%。這些事實告訴我們的是，人脈在真實世界中的重要性，遠高於這個我們設想的簡單情境。要拿到一份工作，背後可能需要幾十個朋友推你一把；而要拿到一份高薪的理想工作，可能需要更多職場上的貴人相助。

你應該不會對此感到意外：當你的人脈越廣，面試的機會越多，你就越容易找到工作，也越可能談出更好的薪資。[57] 職場上的朋友越多，求職成功的機會就越高，跳槽到更好職位的機會也會越高。

這個現象影響甚廣。舉例來說，朋友的職涯發展終究會互相影響。如果我們分析兩組不同的群體：其中一組的就業率較高，因此一旦有人失業，群體內還有許多人可以幫忙引薦面試的機會；另外一組的就業率較低，因此一旦有人失業時，群體內能幫上忙的人也就比較少。因此，第一組的成員就算一時失業，也很容易可以找到新工作，平均薪資也比較高。如同卡爾沃與我發現的那樣，當一群體的就業率變得更高、而另一群體就業率變得更低的情況下，前者會獲得更多的職場優勢，且差距會持續擴大。這個

動態過程只會讓兩群體變得越來越不平等。當人際網絡成為工作職缺的主要消息來源，朋友的職場命運就連在一起了：就整個勞動市場來說，你的交友圈可能屬於高就業率的那一群，也可能屬於低於平均的那一群——但不管你在哪一邊，網絡的反饋效應將使得兩邊走向極端，就業率高者越高，低者越低。[58]

　　因為就業市場的資訊必須透過網絡流通，這使得位於同一網絡內的你與朋友，各自的就業狀態出現了關聯。這個推論聽起來頗有道理（稍後也會得到證實），但要證明這個因果關係成立，卻是一件相當棘手的事。你與朋友各自的就業狀態存在相關性，並不足以證明背後的原因就是網絡效應。身為懷疑論者的經濟學家，要的是真憑實據。為什麼相關性不足以為證呢？這是因為你的朋友並不是隨機樣本。比方說，工作努力、做事可靠的人更容易成為朋友；而做事丟三落四、喜歡偷懶的人也可能更容易聚在一起。很自然地，前者會更受就業市場歡迎，有更高的就業率與更好的薪水。因此，同質性也可能造成朋友間的就業狀況與薪資存在相關性。

　　如果我們能找到一個隨機形成的友誼網絡（以排除同質性的影響），那我們就能證明，人際關係真的會造成朋友間就業狀態與薪資水準相互關聯。但要去哪找這種隨機形成的友誼關係呢？經濟史學家羅恩・拉謝維爾（Ron Laschever）找到了一個絕佳的分析情境：徵兵令。接受徵召者被分成幾個小組，小組成員在長時間的相處下，締結了深厚的同袍情誼。

　　美國加入第一次世界大戰後，主要就是依靠徵兵令來補充兵

力。在 1917 年春季，美國陸軍只有不到 30 萬人。但到了 1918 年末，陸軍編制已超過 400 萬，其中有將近 300 萬的兵力是透過徵召入伍。這些人被隨機分組，每 100 人組成一個「連」隊。在服役的兩年中，這群美國大兵會與自己所屬的連隊度過大部分的時間。[59] 他們一起訓練，一起行軍，一起戰鬥，甚至冒著生命危險一起出生入死。這種同袍情誼濃厚而深遠。即使過了十年之久，他們與連隊戰友仍保持著緊密的依賴關係。拉謝維爾發現，當整個連隊在 1930 年代勞動市場的就業率提高 10％，其內任一成員的就業率也會跟著提高 4％。網絡效應的影響力相當驚人：雖然不到一比一，但仍有高達 40％的影響力。再者，這裡我們只考慮同袍帶來的網絡效應，我們甚至還沒有納入家庭與其他朋友的影響。為了確保這背後唯一的解釋就是連隊的同袍網絡，而不是其他與軍旅生活，或是士兵個人背景有關的因素，我們在此要特別強調，上述的就業影響只出現在士兵自己所屬的連隊之內。如果我們對照在類似時間成立、有著類似人口組成的其他連隊，可以發現一名士兵的就業狀態，與其他連隊的就業率無關。因此，我們可以下一個結論：一名士兵的就業狀態，很大程度與同袍戰友的就業狀態有關。

　　軍隊不是唯一一個將人隨機分組的組織。大學也是這樣子分配宿舍的。大衛·馬爾馬羅斯（David Marmaros）與布魯斯·薩塞爾多特（Bruce Sacerdote）就用了達特茅斯學院隨機分配新生宿舍的資料，來觀察四年後學生的就業率是否相互影響。[60] 這個研究不只追蹤學生的就業狀況，也追蹤了他們的薪資水準。我

們先定義「樓友」為自大一就住在同一棟宿舍同一層樓的學生。
該研究發現，一名學生在畢業時的就業狀態，取決於他的樓友們
的就業狀態：將樓友的就業狀態從「失業」轉換到「就業中」，
可以讓一名學生的就業率高出平均 24％。此外，樓友的收入每提
高 1 美元，該名學生的收入就會高出平均 26 美分。因此一個學生
的樓友就業狀態，對其就業狀態與薪資水準的影響大約高達 1/4。

　　人際網絡究竟對求職多重要？上述研究估計出的影響力，其
實只能視為一個下限，因為我們其實只考慮了少數特定群體的影
響──軍隊同袍和大學朋友。隨著年紀漸長，我們的認識的人會
越來越多──認真算起來，我們在各種場合結識的人可能高達上
千位。事實上，即便是點頭之交也有其影響力。比方說，上個月
碰巧遇到當年那個歷史課坐你隔壁的某同學，他得知你正在找工
作，於是機緣巧合下引薦了你未來的雇主。我們有一小群非常要
好的朋友或熟人──我們對彼此知之甚詳，遇到狀況時經常互相
幫忙，平常也往來密切。其他朋友則可能被我們分類為不同類型，
例如：不常聯絡但必要時可以求助的兒時玩伴、平日相處時間頗
長但私下往來不多的同事或窗口、遠房親戚、朋友的朋友等等。
其中有許多人際關係屬於「弱連結」：某些人與我們雖然不常見
面，但請他幫點小忙或是打探一些消息，倒是沒什麼問題；也有
些人屬於天天見面但交情不深的類型。

　　究竟「強連結」與「弱連結」有何差異，這個問題是過去
半世紀以來最具影響力的社會科學研究主題之一。[61] 馬克・
格蘭諾維特（Mark Granovetter）研究了麻薩諸塞州阿模斯特市

（Amherst）一群人的關係，以探討有多少工作職缺的消息是透過強連結或弱連結而在網絡內流通。[62] 他發現，在網絡中得知的職缺消息，只有 1/6 的職缺經由強連結傳遞，大部分的職缺消息都是從一般程度或弱連結朋友那邊聽來的；更具體地說，有 1/4 以上的職缺都是透過弱連結散布的。

經由圖 5-3 和圖 5-4 的比較，我們知道擁有緊密連結的兩人，彼此的同質性也可能更高。[63] 我們往來最密切的朋友，經常是那些和自己背景最相像、住在附近、一起共事或一起讀書的人。因為擁有相似的背景與興趣，這些人告訴我們的消息通常都相當有用，但也因為我們有著類似的資訊來源，我們可能早就知道這些消息了。相對地，我們的弱連結朋友，通常背景相異或是在地理上相隔甚遠。因此，他們提供的消息比較不容易與他人重複。雖然我們和這些人不常交談，但因為這種弱連結的數量相當多，因此最終仍可以形成一個龐大的消息來源，幫助我們打聽一些不在自己周遭交友圈流傳的消息。

雖然「強連結」絕對比「弱連結」來得好用[64]，但像是點頭之交或是同事這類弱連結，還是經常能派上用場。瑪麗・拉蘭妮（Marie Lalanne）與保羅・西布賴特（Paul Seabright）[65] 在他們的研究中，追蹤了歐美共 5,064 間公司 22,389 位高階經理人的薪資結構與人脈連結。他們調查了每位經理人目前有多少前同事身居要職。比方說，如果你曾與約翰和艾莉森共事，如今艾莉森成為某公司的高階經理人，而約翰沒有工作，此時艾莉森就會被納入你的職場人脈網絡，約翰則不在其中。在這樣的職場人脈

網絡中，有些關係極為緊密，但大部分都是弱連結，可能只是剛好在同一家公司共事過一段期間而認識。這些職場人脈，只是我們人際關係中的一部分；因此如果我們只考慮前同事對我們的影響，那一定會低估網絡效應的威力。不過這種職場人脈的確連結了一群有著同樣專業背景的人，因此也最容易從中獲得工作職缺的資訊。研究顯示，在高階經理人的網絡中，一個典型（中位數）的經理人擁有 60 個以上的人脈連結，交遊最廣闊的經理人甚至有數百個以上的連結。此外，在所有其他條件都相同的情況下，一個人脈連結贏過 75％同行的高階經理人（大約比中位數 60 再多出數十個的連結），其薪水會比一個典型（中位數）的經理人高出 20％。

這種人脈與薪資掛鉤的關係，在男性經理人的圈子中尤其明顯：人脈越廣，薪資越高；儘管這個現象男女都適用，但女性獲得的薪資成長幅度卻低於男性。這也許有助於解釋男女薪資差異：儘管女性的平均教育程度略高於男性，但男性的薪水卻足足高出了女性 1/4 以上。[66] 這可能是因為女性在職場上比較不容易被引薦的劣勢，許多其他研究也注意到了這一點。例如，洛里・比曼（Lori Beaman）、尼爾・凱勒（Niall Keleher）與傑里米・馬格魯德（Jeremy Magruder）在馬拉威共和國進行的一項研究顯示，即便男性也認識一些合適的女性人選，他們還是傾向引薦男性；相較之下，女性相互引薦的傾向，仍不敵男性帶來的影響。[67]

我們很容易可以看出，這種傾向會造成多大的影響。假設在某個行業中，男性從業人員的比例高於女性。因此，無論男女，

他們的前同事大多都會是男性。性別所引發的同質相吸效應，意味著男性更可能與男性保持聯絡，女性也會更常與女性聯絡。儘管工作一段時間後，不管是男性或女性員工，前同事的數量都會差不多；然而因為前同事大多都是男性，同質相吸效應將使得男性的有效連結多於女性，因此當工作機會出現時，女性被引薦的可能性也就比較低。在高階經理人的圈子中，男性占絕對多數；這樣的職場環境加上前述性別差異，嚴重地影響了女性經理人的發展。就像是我們一開始的估算那樣，光是多了幾個面試機會，拿到工作合約的可能性與最後的薪資水準，就可能差異極大。

　　為什麼雇主這麼執著於引薦這種管道呢？如果他們直接從所有的申請人中挑選最優秀的人才，不就可以消除網絡帶給勞動市場的種種扭曲現象了嗎？只要申請者夠多，其中就一定有璞玉，既然如此，為什麼要限制自己的選擇，只考慮現任員工的引薦人選呢？

　　就像是同質性幫助我們找到同好，同質性也能幫助雇主找到具有某種特質的員工。假設你經營著一家公司，你想雇用一個願意輪夜班以及週末加班的人，或是你想雇用一個願意出差且能說流利西班牙語的人，或是你想找一個能熟練操作某個資料庫的軟體工程師。如果你公司內部已經有人正在做這些工作，那麼根據同質相吸效應，你知道這些人很可能也會認識具有相同技能的朋友。也就是說，現職員工的朋友很可能就是你想找的即戰力。如果你公司內部的軟體工程師已經在開發某種軟體，而你需要另一個和他技能相似的工程師，有誰比他更適合幫你尋找人選呢？他

不但知道哪些人能勝任這份工作，還非常了解這個職缺具體需要什麼能力。相較之下，你花錢刊登招募廣告，更常吸引到像「荷馬」那樣的申請者，你藉此找到合適人選的可能性低多了。

　　當你打電話洽詢信用卡相關的問題時，與你對話的客服人員通常有著非常緊湊的輪班班表。他每個月大概要處理 5,000 通像你這樣的來電。要找到願意從事這種客服工作的人相當困難。因此一旦客服中心找到一個合適的人選，讓這個新進員工繼續引薦自己的朋友，是一個有效率的好方法。事實上，有研究就發現了很強的同質相吸效應，不管在性別、教育、（前任或現任）工作年資與薪資水準方面，由現職員工引薦的人選通常也具有相似的特徵。[68] 因此，為什麼被引薦者拿到工作合約的機會是其他人的兩倍（11.9％對上 6.7％），也就不足為奇了。被引薦者不只更容易得到面試機會，面試後被錄取的機會也比其他人高出 50％以上。而且透過這個招募管道，公司可以省下 400 美金以上的面試與招募成本，就算扣掉發給現職員工的 250 美金推薦獎金，也仍是一筆划算的交易。[69]

　　透過內部員工（或是其他人際關係）引薦的人選，還帶有另一層訊息：有人願意擔保他是個可靠的人選，或他具有某些人格特質。每年，史丹佛大學經濟系招募新的助理教授時，我們都會收到四、五百個申請，競爭著那一兩個位子。有些申請者缺乏某些基本條件，因此第一關就會被淘汰，但剩下的人選也還有上百個，我們必須從中找出最有成功潛力的少數幾個人。他們是否勤奮而富有創造力？他們的合作能力如何？他們能勝任教學或論文

指導的任務嗎？你很難從申請者的履歷或是他們的申請文件中，找到這些問題的答案。因此，推薦信很關鍵，但你能相信推薦信的內容嗎？

　　如果雇主無法從履歷中得知申請者的潛在工作能力，那「申請者獲得引薦」這個行為本身是否就傳遞了一些有用的資訊，可以提供雇主做參考呢？為了解答這個問題，阿曼達・帕萊（Amanda Pallais）與艾蜜莉・桑茨（Emily Glassberg Sands）在某個線上求職網站做了一個招募實驗。[70] 他們發現被引薦者的工作表現更好，在職時間更長——這是雇主從履歷中難以預測到的結果。一個申請者被引薦，本身就傳達了一些訊息：與其他條件相似但卻沒有人推薦的申請者相比，獲得引薦者的工作表現可能更好。[71]

反饋現象與難以消除的行為差異：各種社會力量的拔河賽

　　由於工作機會的資訊大多在網絡內流通，這點讓個人的職涯選擇帶有一種互補性。如果我的朋友大多離開職場了，那我也會受到影響，因為我要找到一份好工作變得更困難了；甚至可能連找到一份工作都是個問題，於是更容易從事非法工作。他們退出正規職場，可能也傳遞了一個訊息：也許對我來說，退出正規職場、投入非法工作，也是我最好的選擇。朋友甚至可能直接對我施加壓力，希望我與他們同進退。

這些來自父母、同儕與成長環境的種種壓力，導致了人們行為的連鎖反應，就像我們先前討論擴散與傳染現象時看到的一樣。這種連鎖反應再加上地理與成長背景引發的同質相吸效應，產生了相當有意思的變化。由此導致的傳染現象，與之前單純的傳染模式大相逕庭。

傳染病能跨越社會網絡的邊界，這一點在封建社會展露無遺。貴族與農民過著截然不同的生活，不管在文化程度、飲食、財富等方面都有著天壤之別；然而對傳染病來說，邊界並不存在。即便只有幾次跨階級的接觸，就足以讓疫情在所有社會階級間肆虐。在 18 世紀爆發的天花疫情就是如此，即便貴為一國之君也難逃與他的子民一起染疫身亡的命運，例如西班牙國王路易斯一世（1724）、俄國沙皇彼得二世（1730）、摩納哥王妃路易絲・希波呂特（1731）、法國國王路易十五（1774）、巴伐利亞選帝侯馬克西米利安三世約瑟夫（1777）、英國王子阿爾弗雷德（1782）等等。[72]

相較之下，上大學與否這類的決定，就受到周遭親朋好友的影響極深，過程也更像是一場拔河比賽。你不會因為曾經遇到一個上過大學的人，就知道上大學是怎麼一回事、該怎麼申請，然後開始奮發向上朝這個目標前進。我們面對許多選擇，通常最後還是依照自己最熟悉的方式，或是聽從身邊重要人士的建議，拍板而定。這不同於疾病的傳染模式：只要你曾遇上一個天花患者，就有被傳染的可能。

因此，雖然許多傳染病能夠輕易跨越社會界限，但人類行為

卻非如此：人類需要多次的交流與確認，才可能改變行為模式。

　　為了更清楚地觀察這個現象，我們來看一個頗具代表性的例子——「輟學賽局」，這是我與托尼‧卡爾沃一起設計的。[73]簡單來說，這個遊戲的規則如下：某人必須決定要繼續上學還是輟學（也可以是上大學與否、犯罪或不犯罪等等）。其中最關鍵的規則是，如果某人有一半的朋友都輟學了，那這個人也會跟著輟學。這是一場各種社會力量的拔河賽：人們終究會被拉往大多數朋友的方向。不過，此處我們還要加入一個重要的元素「同質相吸效應」。假設這個世界存在兩種類型的人：實心與空心兩類。實心者的交友對象通常也會是實心者，而空心者則結交更多空心者，如圖 6-9 所示。

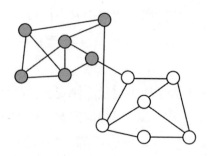

圖 6-9　同質性與輟學。這是一個存在同質相吸效應的社會，空心者的交友圈大多也是空心者，而實心者則大多數朋友都是實心者。

　　假設當空心者的交友圈中有兩個人輟學，此時我們可以觀察這會在群體中引發什麼連鎖反應。圖 6-10 同一圈子中的空心者一

個接一個地相繼輟學，無一例外；但這種傳染現象最後卻戛然止步於實心者的圈子之前，沒有任何實心者受到影響。同質性彷彿是一堵防火牆——不同圈子各自爲政，發展出完全不同的行爲模式。

輟學行爲之所以在空心者的圈子中流行，背後關鍵的推手就是同質性。爲了凸顯這一點，我們在網絡中增加了一些跨類型的人際關係，結果輟學的現象更早停止了。整個過程正如圖 6-11 所示。

雖然這個例子確實是一個刻意設計之作，但不難看出圖 6-9 到圖 6-11 背後的邏輯能如何推廣到脈絡更豐富的情境之下。同質性無法阻擋傳染病的蔓延，但同質性卻是阻止人類行爲模式擴散的關鍵。同質性營造了不同的社會風氣，因此被隔開的兩側出現了不同的行爲模式，像是投票傾向、遵守信仰教條與否、接受教育與否等等。[74] 周圍朋友的力量，再加上同質相吸效應——人們沿著種族、收入、種姓等邊界築起的高牆——這兩個因素能很大程度地解釋，爲什麼同一群體有著相似的教育選擇。[75] 除此之外，同質性不只影響了學生未來是否上大學，還影響了許多其他行爲，像是他們花多少時間念書、在課堂上多專心、閒暇時間做什麼，以及未來想從事什麼職業等等。

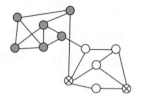

(a)空心者的交友圈中出現兩個輟學者。

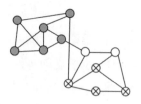

(b)因為位於其間的空心者看到大多數
　朋友都輟學了，於是加入了輟學的行
　列。

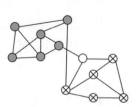

(c)如今右上角的空心者發現大多數朋
　友都不在學校了，於是他也決定輟
　學。

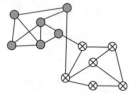

(d)一旦最後的空心者發現大多數朋友
　都輟學了，他也會因此離開學校。
　不過因為同質性的阻擋，輟學行為
　不再繼續傳播。

圖 6-10　當群體出現兩個輟學者後，群體內的其他人也相繼輟學。每個人都只是追隨
　　　　大多數朋友的行為：如果大多數朋友都輟學了，那我也不想待在學校了；但
　　　　如果大多數朋友選擇繼續求學，那我也想繼續留在學校。

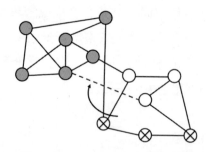

圖 6-11　同質性與輟學行為：降低群體內的同質程度，能有效阻止某種行為模式的傳
　　　　播。如圖例所示，如果我們移除一條空心者之間的連結，以一條跨類型的人
　　　　際連結取而代之，此時輟學行為就停下來了。

小結：
網絡隔閡、社會不流動、社會不平等

　　社會不流動與不平等就像是社會的癌症。徵稅或所得再分配當然是一種治療手段，但充其量只是緩解症狀，無助於拔除病根。值得慶幸的是，社會不流動與不平等比很多癌症來得容易診斷，但這些現象也有與癌症相似之處，通常是由多種因素（往往還有其交互作用）所引發的。探究其病源，有助於擬定治療計畫。同質性造成的網絡隔閡，再加上大多數資訊與發展機會都得透過網絡流通的特性，成為不同族群間教育投資不均、社會不流動、不平等背後的根本性原因。

　　那如果從網絡的角度來看的話，要怎麼對症下藥呢？第一步，我們得先排除一些行不通的方法。

　　關於如何根除社會不流動與不平等，曾經有人提出一種相當激進的方法：那就是取消私人財產制，組織公社，就像以色列在1930 至 1940 年代建立的基布茲集體農場（kibbutzim）那樣。我的同事拉恩・阿布拉米茲基（Ran Abramitzky）一直在研究以色列集體農場的發展過程，以及建立這種完全平等的社會所面臨的挑戰。[76] 雖然以色列的各個集體農場在意識形態上有所差異，但這些農場的建創者與早期成員大多都是來自東歐的猶太人，懷抱著強烈的馬克思主義思想與實現完全平等的理想。農場內沒有私人財產所有權，所有收入都必須與全體成員共享，所有人都得在公社食堂用餐。甚至連孩童也是由所有人共同撫養，不與父母

同住，以便將女性從沉重的育兒負擔中解放出來。兒童必須學習利他主義、合作、團結的重要性與社會主義等。以色列建國後的十年，正是基布茲農場發展的巔峰期，全國有 5％以上的人口居住於此。許多基布茲農場設立於戰略要地，本身兼具了捍衛國家安全的任務；當時人民迫切需要一個安全網，不只因為他們正在建立新的屯墾區，同時他們也正在扶持一個新國家。舉例來說，當時大量的新成員對環境適應不良，染上了瘧疾，是這樣的集體組織支撐著他們度過困難。到了 1950 至 1960 年代，生產力極高的基布茲農場成為了當時以色列經濟的主力之一。

　　然而 1980 年代開始，基布茲農場在全國人口的占比逐年下降。到了 2000 年，只剩下 2.5％的人口還留在集體農場中生活。人才外流的情況也相當嚴重：高學歷成員紛紛離開的同時，農場又無法吸引到更多受過良好教育的人加入，導致優質成員的流失率遠高於加入的比率。農場的新成員主要有兩種：一是在農場出生的新生兒，二是教育程度較低的外來者。某些農場內的敬業風氣也不復在。這樣一個追求完全平等的體制，完全依賴意識形態與利他主義的精神所維繫，成員缺乏參與勞動與努力工作的動機。當最有生產力的成員陸續離開，或不再那麼努力工作，有些基布茲農場開始遭遇財務危機。他們不得不放棄最嚴格的平等主義：某些農場甚至建立了類似私有財產的制度，允許成員保留部分收入且可以擁有私人財產；集體共產制不再全面實施。許多農場甚至開始外包醫療和教育服務。到了 2004 年，只剩下 15％的基布茲農場還實行著嚴格的合作社制度。

在更大規模的共產制度中也能看到類似基布茲農場的轉型，
例如蘇聯與中國開始向市場經濟靠攏；它們這麼做的原因，不只
是為了要解決誘因不足的問題，同時也是因為整個計畫經濟的體
制已經龐大到難以管理。顯而易見地，平等、生產誘因與生產效
率三者之間必須有所取捨。市場經濟的優勢在於能夠有效率地分
配資源與服務，並提供了創新與成長的誘因，然而這也意味著，
我們不能用取消私有財產制或是組織公社的手段，來解決社會不
流動與不平等的問題。

　　然而一旦採用了市場經濟制度，我們勢必要面對某些難題。
技術的進步將持續排擠中低階技術人員，強化高科技與高學歷人
才的影響力與優勢，使得其餘的勞動力只能填補那些無須培訓且
枯燥乏味的職位。此外，在一個全球化的市場上，在未來幾十年
內全世界將有越來越多人擺脫貧困，接受更好的教育。也許已經
有人注意到了，如今中國的大學不管在質量或規模上都看得出突
飛猛進的成長。當一國勞動力結構出現了巨大變化，就像是中國
或印度近年來高低階勞動力供給的增加，全世界都會受到衝擊。
我們必須先承認這些事實，才能更理智地觀察事情的全貌、思考
對策。

　　政府總是以為設置貿易壁壘或限縮移民政策，就能夠防止國
內勞動力需求萎縮。然而，技術進步才是真正導致低階工作職位
消失的主因，因此這些政策不但無力刺激就業，甚至還可能造成
額外的傷害（第 9 章我們將討論這一點）。[77]

　　由於（至少在短期內）不可能讓所有人都接受高等教育，因

此勞動需求的兩極化、政治極端化的現象，在可預見的未來仍會持續惡化。

　　這個現象才剛剛開始上演。整個 19 世紀到 20 世紀初，我們看到農業勞動力大幅減少，義務教育年限延長，一定年齡以下（大多數國家的規定落在 14 至 18 歲之間）的孩子必須上學。這為勞動市場注入了更多識字人口與可靈活運用的人才，正好填補了當時（不管是藍領或白領職位）對各種專才的強勁需求。[78] 然而當前的技術變化，將個人的技能報酬率推到了更高的水準；這代表政府應該投資更多資源、提升國民的教育程度，以順應技術的進步，我們的未來也許就像是《星艦迷航記》（*Star Trek*）描繪的那樣，有許多目前只存在於幻想中的工作職位，而目前的我們還難以想像哪些領域的技能與知識將會是未來世界所需要的。

　　為了解決高階與低階勞動力收入差距過大的問題，為低收入族群提供某些支持是必要之務。好消息是，今天我們生活的世界比過去任何時刻都來得繁榮，日新月異的科技進展帶來了豐盛的產出，足以與所有人共享繁榮的成果。芬蘭等國家已經開始實驗一種看似激進的做法。政府隨機挑選了數千名失業的芬蘭人，無條件給予他們一筆現金與某些福利。沒錯，不需要維持失業狀態，也不用證明自己正在找工作或是參加了什麼培訓，他們就是直接拿到一筆現金。這種「全民基本收入」的概念得到了許多人的認同，類似的實驗即將在加拿大、印度、肯亞、尼德蘭，甚至在一家加州的私人企業中進行。[79] 這項政策直觀而充滿爭議，企圖為日益失衡的勞動市場下一帖猛藥。[80]

　　雖然沒有人能預知成效，但這樣的政策依然沒有解決機會不均的問題（或者我們應該說背後的社會不流動問題），社會仍然以一種不正義且不效率的方式運作著。機會不均的問題（可能以各種形式出現）大多可以追溯到同質相吸效應。舉例來說，低收入家庭的家長通常沒有上過大學，也不認識受過高等教育的人，因此網絡的同質性限制了家長與孩子所能獲得的資訊與發展機會，導致這樣的家庭普遍對孩子的教育投資不足。同質性還可能帶來種種反饋效應。弱勢群體的發展機會原本就受限，偶有機遇也可能因為認識不足而錯過，惡性循環下整個群體的見識與資訊管道越形限縮。網絡的反饋現象也讓群體的就業狀態與薪資水準出現關聯性，並讓成員的決定（如人力資本投資、職業選擇、輟學與否）互相影響。

　　既然如此，我們該如何抑制同質性帶來的壞處呢？如果你打算徹底地改造人們的社交網絡以杜絕弊端，你大概會吞一場敗仗。不過，如果你試著提高人們對同質性的關注，也許能引導網絡往良性的方向發展，只是一般來說大型社會實驗通常都以失敗告終，歷史上已有許多災難般的例子；再者，你也無法讓所有人都「遷往機遇之地」。但無論如何，透過短期遷移來建立更多人際連結，仍不失為一個好辦法，畢竟即使是弱連結也同樣極有價值。

　　想辦法抵銷同質相吸效應，也許是一種更直觀的解法，例如：為資源匱乏者提供他們所需的資訊與發展機會。資訊沒有什麼成本，但非常有效。這就像預防性用藥的概念，能為將來省下巨大的潛在成本。光是協助人們理解某些行為的重要性（甚至時不時

在後面推一把），就能帶來驚人的成效。[81]比如說，在孩子學齡前，就讓家長理解早期幼教的重要性、如何幫助孩子學習等等，這些都是不難執行的作法。由於資訊與行為都會透過網絡傳播，這代表反饋效應也能幫上忙：如果網絡內流通的資訊量越多，資訊就越容易在網絡內散播開來。此外，我們還可以幫那些忙於工作的低收入戶家長減輕負擔，讓他們能騰出精力來關心子女，例如：提供平價的幼兒托育方案、更容易加入的課後活動等等。這些措施的成效有目共睹：在美國州政府資助的幼兒園中，四歲孩童的就讀率自 2002 年以來已經翻了一倍，這使得高收入與低收入家庭間的兒童，進入小學時的學力差距也相應下降。[82]

下一步我們要努力散播的資訊是，那些關於高等教育與職涯發展的機會。克萊爾的故事明白地點出其中關鍵：許多高中生對他們成長環境之外的世界認識不足。光是讓學生理解教育的價值，就有助於提升他們的出席率與成績，這個現象從多明尼加共和國到馬達加斯加都看得到。[83]給予基本的資訊，再加上一些培訓與指導，就能吸引到低收入家庭的孩子上大學。史丹佛大學的學生傑佛里・里爾（Jeffrey Valdespino Leal）的父母甚至連高中都沒有畢業。他一直以為到外州念大學所費不貲，直至他受邀參加某次工作坊後，他才知道原來有獎助學金這回事。透過由彭博慈善基金會（Bloomberg Philanthropies）資助的「美國人才計畫」（American Talent Initiative），傑佛里聯繫上了一位當時就讀於威廉斯學院（Williams College）的學生，他幫助傑佛里完成了入學申請文件。如同傑佛里所言：「如果這裡能有更多來自低收入

家庭的學生，那該有多好，因為這樣我們就能證明自己可以做得跟其他學生一樣好。」[84] 僅僅為高中生提供資訊帶來的成效有限，因為光是告訴青少年他們該為未來做些什麼，並不代表他們真的會付諸實行，特別是他們周遭沒有人這麼做時。[85] 那位大學生的協助，似乎在技術上幫了傑佛里一個大忙。此外，這種協助還會經由網絡反饋而放大效果：就像是先前提及的輟學賽局，人們有從眾的傾向（第 7 章與第 8 章將有更多討論）。因此，比起在全國各地社區協助零星幾個高中生取得資訊，還不如集中火力在同一個社區，利用網絡反饋的效應引發社區內的連鎖行為，此時同樣的資源可以帶來更大的槓桿作用。隨著越來越多來自低收入社區的高中生進入大學，將會有更多的青少年受到啟發也選擇攻讀大學。這種流動性的提升，不只讓升學環境變得更公平，也讓出身貧困但天資聰穎的學生有機會繼續深造，進而增進了社會的生產效率。

　　因為高階勞動力的薪資優勢越來越大、社會不平等的成本也越來越高，這兩個趨勢意味著，發展前景最好的國家將會是那些教育水準最高且社會流動阻礙最少的國家。當一國充斥著無法轉型的低階勞動力時，技術的進步將會使這個國家處於劣勢，難以與其他國家競爭。[86] 因此，教育的普及就變得相當重要，不管你的家庭收入背景如何，即使你來自加爾各答的貧民窟、蒙古的鄉下、或是芝加哥的貧窮社區都一樣。社會流動性的提高不只在道義上實現了機會平等，實際上還降低了潛在的醫療、社福、執法的成本，也提升了生產效率。這對防止社會不平等惡化與刺激

第 7 章

集體智慧與愚蠢

　　到底是什麼讓人類與其他物種如此不同？地球上許多物種都發展出了複雜的社會結構，像是螞蟻[1]與斑鬣狗：數以千兆的螞蟻在全球各地建立了彷彿帝國殖民地般的精密組織；非洲塞倫蓋蒂草原上的斑鬣狗發展出一套競爭激烈的母系社會階層，令人歎為觀止。人類也不是唯一一個會使用工具的物種。珍·古德（Jane Goodall）的觀察打破了這個迷思：黑猩猩利用植物的葉片製作「釣竿」，將肥美的白蟻從其巢穴中釣出來。我們甚至也不是唯一一個會教育後代的物種。狐獴教導幼崽如何對付毒蠍子時，有一套循序漸進的教程：先從死蠍子開始，接著是已拔除毒刺的活蠍子，最後才是一般的毒蠍。在這方面，牠們甚至發展出一套合作模式：成年狐獴會一起培訓下一代，不管是不是自己的小孩。最後，人類也不是唯一一個能用聲音溝通的物種，我們在許多物種中都觀察到了這種重要的溝通方式，例如：大象、鯨魚、鳥類等。

　　如果其他物種也能發展出精密的社會結構、能互相合作教養後代、能進行溝通、能使用工具，那到底是什麼讓人類如此與眾不同？答案就在於：我們不但能與他人溝通，還能理解抽象概念。我不可能在 17 世紀的中國生活過，但我卻相信明末清初時那裡曾爆發過農民起義。當然我永遠都無法完全證明這件事真的發生過——當時遺留下來的文物、文獻、歷史記載和研究全都是間接證據。我能夠回顧當時的歷史文獻，或是深入訪談相關的史學專家，但我絕對不可能親眼見證清兵入關。儘管如此，透過各種間接證據，我還是能相當程度的還原史實，並對自己勾勒出的大致輪廓頗有信心。就像是太空旅行一樣，雖然我們還沒有機會親身

體驗，但我們能閱讀邁克爾・柯林斯（Michael Collins）為阿波羅11 號任務留下的紀錄，藉此想像所謂的太空旅行是怎麼一回事。

　　我對如何製造出一台電腦完全沒有概念，更別說其中各種小零件的製造原理或用到的金屬材料。事實上，要憑一己之力從頭開始打造某些電腦零件（哪怕只是一小部分），幾乎是不可能的事。然而，許多人集結在一起，配合上下游供應鏈，一台又一台的電腦就能被製造出來。作為使用者，我只需要對電腦有某種程度的理解，就足以運用電腦進行網絡研究或寫作本書。

　　肯・馬汀利（Ken Mattingly）是阿波羅 16 號上的一名太空人，他是少數曾飛向月球的 24 人之一。他曾這麼說的：「這是一個極其龐大的工程。坦白說我完全不知道這是怎麼辦到的。儘管我自己就是計畫的一員，但如果我曾自認為可以獨力打造整個工程，哪怕只是閃過一試的念頭，我都覺得那是極其魯莽且自大的心態。很顯然地，我沒有能力掌握這整個工程，但作為一個太空人，我能做的就是學著把自己份內的事做好。」

　　因為人類擁有理解抽象概念的能力，所以我們能從別人身上學習經驗，能凝聚共識採取行動，但這種能力也是一把雙面刃。我們不只會認識事實，也會相信謊言。疫苗會不會導致兒童自閉症？氣候變遷是否肇因於人類活動？這類的問題無法單憑個人經驗得到解答（頂多你可能有一些親身見聞），因此你一定得仰賴來自其他人或可靠消息來源的說法。這可能讓人們對所謂的「事實」，出現劇烈且難以撼動的認知分歧。我們更容易懷疑彼此、迷信偏方、堅持極端意見，但人類也因此得以在科學與工程上取

得巨大的進步。[2]

　　本章我們將會帶大家探索網絡中的人們如何相互學習，以及這種集體學習的過程將帶我們走向正確、抑或是錯誤的方向。當我們解讀親朋好友告知的訊息時，很容易得出帶有系統性偏誤的結論。舉例來說，我們經常以為從不同管道聽到的消息彼此獨立，因此聽到同一訊息越多次，就越能佐證其可信度，然而這些訊息很可能全都來自同一個（不可靠的）源頭。網絡中的隔閡（尤其是同質性造成的那種）可能讓不同族群的價值觀與風氣出現長期的分歧。我們理解抽象概念的能力，也可能反過來使我們更容易受騙，導致錯誤訊息、甚至是假新聞阻礙了我們理解真相與真實新聞。儘管我們面對著種種挑戰，在很多情況下，集體智慧還是能帶我們走向正確的道路。接下來我們將從網絡的觀點來看，群眾何時能創造集體智慧，何時又會集體犯傻。

集體智慧

　　假設今天你想要估計一頭牛的重量，但你手邊沒有秤。此時你該怎麼辦？也許你開始問自己，到底為什麼我要為一頭牛秤重，老實說你一點也沒錯，你這輩子大概不會有這麼做的機會。但別想太多，這只是個例子，而且這個例子背後有著悠久而有趣的歷史與啟發。

　　基本上標準作法如下。首先你需要一把捲尺（單位為英寸），量出這頭牛的心圍。就像是人的胸圍一樣，牛的心圍指的是前肢

後方一圈的長度。接著你要量出整頭牛的長度，即從肩部到臀部
（即所謂的坐骨）的距離。基本上，就是從牛頸與前肢交接處到
牛尾的位置左右。我勸你不要悄然無聲地靠近那頭牛，盡可能讓
牠保持心情平靜與自在，特別是在量心圍的時候。有了這些數字，
你就能估計這頭牛的體積了──就像是你小學時算過的圓柱體體
積公式。將心圍乘上體長，再除以 300，大約就是這頭牛以磅爲
單位的體重了。[3]

　　如果你身邊沒有捲尺，但有一群朋友，那你還可以試試另
一種方法：請所有朋友猜猜這頭牛有多重，接著將蒐集到的所有
猜測值取平均或是中位數。這種估計方法出人意料地準確，早在
1907 年法蘭西斯・蓋爾頓爵士（Francis Galton）就在科學期刊
《自然》上刊登了一篇名爲〈民意〉（Vox Populi）的文章，提
及了這個神奇的現象。一百多年後，詹姆斯・蘇洛維奇（James
Surowiecki）再次將這個方法帶到大眾眼前。[4]

　　「Vox Populi」一詞在拉丁文中爲「人民的聲音」之意，後來
逐漸引申爲「集體智慧」。蓋爾頓爵士當時去了普利茅斯「西英
格家畜與家禽展覽」年會。現場有一頭待宰殺的牛──它是當天
一場競賽的主角。只要繳交 6 便士的報名費，人人都可以參賽喊
一個數字。估計值最接近這頭牛眞實體重的人即爲最後的贏家。
在當天 800 名參賽者中，蓋爾頓爵士可以觀察到其中 787 名參賽
者的估計值。那頭牛的體重最終揭曉，重達 1,198 磅，而衆人估
計值的平均只比正確答案少了 1 磅（1,197 磅），中位數也只高出
9 磅（1,207 磅）──不管是哪個數字都只有不到 1%的誤差。[5]

　　看起來這些參賽的群眾似乎比你我都還要更了解牛隻。事實上，一半以上參賽者都估出了距離真實重量上下 3％誤差的數字，90％以上的參賽者給出的數字位於 1,000 到 1,300 磅的範圍內。儘管群眾的猜測或高或低，蓋爾頓爵士指出了驚人的一點：將所有人的估計值統整後能抵銷絕大部分的誤差。

　　在蓋爾頓爵士的案例中，有幾個關鍵之處。首先是現場群眾的觀點足夠多元。將近 800 名參賽者根據自身經驗紛紛提出自己的估計值。這些來自四面八方的經驗，為我們帶來了極具參考價值的各種意見。[6]

　　其次，這些經驗與觀點不能帶有系統性偏差。舉例來說，如果每個人都用同樣的技巧去估算一頭牛的重量，就像是之前提到的捲尺估算法，這將會產生兩個問題。一是，這降低了估計值的多元性，因此所有意見間的差異就只會是估計誤差。這不見得是件壞事，然而這帶來了第二個問題：系統性偏差被引入了。所有人都使用同樣的估計方法，將會導致最後的結論系統性地高估或是低估一頭牛的體重。

　　比方說，這頭牛剛好是特殊品種，牠的重量大部分集中在後背而非前胸部位。此時，捲尺估計法將會低估一頭牛的重量，因為這頭牛的心圍附近重量較輕。如果所有人都用這種方法估計，那平均來說這頭牛的重量會被低估。此時，我們會看到一個相當有意思的差異：所有人的猜測值可能會落在 1,130 到 1,180 之間，而非 1,000 到 1,300 之間。大多數人的猜測值將會更接近，但他們都有同一個方向的估計誤差。這讓最後的平均數帶有某個方向性

的偏差，沒辦法藉由相互抵銷誤差，讓平均後的數字變得更準確。
這種系統性誤差一直是科學研究中的一大難題：當所有人都採用
同一種技術或是分析同一組資料，得到的結果可能都會被同一種
誤差所污染。

　　最後一個關鍵是：我們必須統整不同的看法。如果我們隨機
選出一個數字或是直接採用最大值，估計準確度一定不如中間位
置的數據，像是平均數或是中位數。只要統整得當，採納集體意
見一定比採納任何一個人的意見來得好，或者退一步說，至少會
比群體內最具代表性者來得好。[7]

　　對任何組織來說，如何統整來自各方的內外部資訊，是個相
當重要的任務。實務上有很多可行的方法，就讓我們來看看其中
比較重要的幾個。

　　如果想知道群眾對政治競選活動或運動賽事的看法，其中一
個方法就是從預測市場下手，通常可以從中得到頗為可靠的消息。
民意調查從民眾的回答中推測結果，那市場是怎麼預測選舉結果
的呢？其實就是讓人們為心中的勝選人下注。具體來說，如果你
投注一單位，那麼一旦你投注的候選人贏得了選舉，你將贏得一
美元；但如果輸了，就什麼都沒有。因此，如果你認為某個候選
人的勝選機率為 60％，那投注一單位的期望值就相當於 60 美分
的價值：贏得一美元的機率為 60％。也就是說，如果一單位的價
格少於 60 美分，你就會進場投注，因為你預期自己將會獲利。但
如果價格高於 60 美分，你則會成為這種賭注的賣家，同樣是因為
你預期自己能從中獲利。於是，投注就變成一場拔河大賽，對勝

選機率持不同看法的人們各據一方，兩方拉鋸之下買方與賣方最後達到一個平衡點。[8] 這與運動賽事博弈頗有異曲同工之妙。

當然，這整套預測市場的機制要能有效預估價格落點，必須仰賴前面提及的多元且無偏差的市場參與者，或是某些擁有準確消息來源、信心高漲且資金充沛的人士。相對於民調或是某種平均估計法，這套預測市場的機制帶來了許多優勢。首先是市場機制能根據參與者的信心水準而調整價格。如果有人對自己的判斷特別有信心，他會買入或賣出大量的投注，此時價格將相應而漲跌。其次，預測市場的運轉是即時的，這代表一旦有新消息，很快就可以反映在價格上。第三個優勢是，這種市場機制讓所有人都看得到目前的最佳預測值，能據此調整自己的看法。不過，有時這也可能變成缺點：一旦人們看到市場共識與自己的預測值相距甚遠時，他們可能因此對自己的估計失去信心，就算他們的預測其實頗為接近實際情況。

由於預測市場（例如，愛荷華州電子市場）在多場選舉中的精準表現，以及優於民調的預測力，這種方法也被應用在許多其他場域。[9] 包含 Google、法國電信、英特爾、惠普、禮來藥廠（Eli Lilly）、IBM、微軟與其他許多公司都採用了這個方法，來預測營收或是利率等各種標的。美國國防部甚至考慮使用預測市場，來彙整各路情報或是軍事人員蒐集到的資訊，以預測地緣政治趨勢或是潛在的恐怖攻擊。然而，最終這個構想沒有實行，原因是大眾對「投注」的觀感不佳。[10] 當時參議院的少數派領袖湯姆·達施勒（Tom Daschle）曾經這麼說：「我不敢相信居然有

人會提議用人命作交易。」加州參議員芭芭拉‧柏克瑟（Barbara Boxer）也認為「這實在是一個非常病態的想法」並且大力鼓吹要將提出此構想的人革職。我並不是告訴你，世界各國政府已經放棄預測重大事件，而是目前大部分的國家還無法接受用市場機制來預測某些類型的事件。

　　除了預測市場以外，還有另一種統整各方意見的方法，那就是審慎協商；透過這個方法，我們也能預測接下來將發生什麼事或是該採取什麼行動。這其實就是陪審團制度背後的邏輯。審慎協商不只適用於小尺度的決策，也能用在更大尺度的決策，像是後來以「卡斯帕洛夫對戰全世界」聞名的比賽。加里‧卡斯帕洛夫（Garry Kasparov）是史上最好的西洋棋士之一，他在 1999 年向全世界的西洋棋愛好者下了戰帖，打算以一人之力對戰全世界成千上萬棋迷的集體智慧——後者將在線上討論對戰策略並票選出最佳迎戰棋步。執白棋的卡斯帕洛夫最終贏得了這盤棋，然而雙方纏鬥了四個月共 62 棋步才分出勝負。雖然群眾沒有贏，但卡斯帕洛夫卻認為這是有史以來最偉大的一盤棋。很明顯地，群眾表現出的集體棋力遠遠超越了大部分（也許不是全部）單獨應戰的個人棋力。況且，卡斯帕洛夫不但有執白棋的先行優勢，還可以預先在線上論壇上看到所有人的討論內容。[11]

　　然而，事實上我們接收到的大部分訊息，都不是經由民調、投票、市場，或是協商等程序統整而出的。

　　假設現在你必須下一個決策，比方說是否買這本書、是否讓你的小孩接種疫苗、在接下來的選舉中投給哪個候選人、是否響

應某個抗議活動、或是應該買哪個型號的手機。通常你會在決策前會先搜集相關資訊，但你無法奢望能得到具有代表性的平均估計值（哪來的數百人為你提供參考答案？），也不可能為此發展一個預測市場或要求先舉辦一輪投票。此時你周圍的社交網絡結構就變得相當重要了。你自己本身就是統整資訊的樞紐，而資訊來源就是你的社交網絡：你從朋友、家人、同事，或是各種你追蹤或參考的新聞媒體那裡獲得的訊息。

消化這些資訊其實相當棘手。如果朋友建議你不要給你的孩子打疫苗，因為他們聽說疫苗很危險，此時你該怎麼做出判斷呢？朋友的資訊是哪來的？如果很多朋友給了你同樣的忠告，這有帶給你任何新資訊嗎？會不會他們的消息其實都來自同一個資訊來源？接著另一個朋友跟你說，他看到的新聞報導說，最新的研究已經證實疫苗很安全，因此你應該為你的孩子接種疫苗。這則新聞與朋友口中的那個研究可靠嗎？你的朋友有正確解讀那則新聞嗎？

你是否發現了你的看法與價值觀其實會隨著時間變化呢？透過不斷地與親朋好友交流，你最終是否正確地統整了所有你搜集到的資訊了呢？有沒有可能你被這些資訊騙了？你的看法容易在短時間內被改變嗎？你和朋友最終能達到共識嗎？有沒有可能網絡內的人們最後各自得出了不同的結論？我和經濟學家本・古魯布（同時也是我以前的學生）仔細地探討了這些問題。

如果每個人都只能從各自搜集到的資訊中作推論，最後的結果是好是壞呢？讓我們回到為牛秤重的故事。假設你心中已經有

個猜測，但你知道自己這方面的知識不足，因此你決定諮詢一些朋友的意見。如果你聽到朋友的答案比你高，你就會將心中的數字往上調整；而如果朋友猜了一個比你低的數字，你則會向下調整。因此，當你諮詢完一輪朋友的意見後，你會統整朋友們的意見與自己的初始猜測，得出一個「加權平均」，作爲你心中最新的猜測值。這種加權平均的本質意味著，有些朋友的意見將更被你看重，因爲你認爲他們的意見更有參考價值。例如，你有個朋友在經營牧場，另一個則是經濟學家，那牧場主人的意見當然會更具分量，更能影響你對牛體重的看法。

這類的討論其實相當常見，而且在某些情況下，也是統整資訊的最佳方式；就像是蓋爾頓爵士發現的平均估計法，最後統整出的結果精確度極高。然而，在我們用「加權平均」形成自己觀點時，我們不只統整了一次資訊。你的朋友和其他人交談後，也會改變想法。也就是說，他們的新想法反映了網絡中其他人的看法，包含那些不直接與你爲友者的看法。因此，再一次與朋友交換意見是有價值的。因爲當你第二次與朋友交談時，那些來自二度連結朋友（朋友的朋友）的意見也會被你納入考慮。

像一頭牛多重這種無聊的話題，大家討論過幾輪後，話題熱度大概就會自然而然地退燒了。但如果是一些重大議題，像是疫苗是否會傷害孩子的健康，或是運動量要多大才能維持健康體態等這類話題，你可能就經常與朋友討論了。只要時間拉得夠長，即便是「朋友的朋友的朋友」的看法，也可能不知不覺地被納入你的看法之中。

圖 7-1 描繪了這個過程。

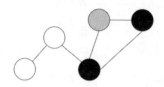

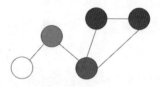

(a)一開始的估計值,此時尚未有任何交
　流。估計值越低,底色就越淺。中間灰
　色節點的估計值是正確答案。

(b)一旦人們開始跟朋友交談,他們會更新
　自己的估計值。將自己原本的估計值,
　與朋友估計值取平均後,人們得到了一
　個新的估計值。經過一輪更新,很多節
　點的底色轉灰。位於左下角的節點仍維
　持一樣的估計值,因為他的朋友也有一
　樣低的初始估計值。那個一開始就猜對
　的人底色轉深,反而高估了牛的重量,
　因為他的兩個朋友也給出了高估的數
　字。

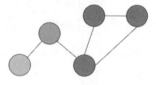

(c)人們再次交談,並且再次更新估計值。
　大部分的人現在都轉為中等程度的灰
　色,但左下角的人只是染上一點淺淺的
　灰。

(d)所有人的估計值變得非常接近。

圖 7-1　網絡學習。網絡中的 5 人分別估計一頭牛的體重,其真實重量為 1,200 磅。左
　　　　側兩人(白色節點)一開始低估了牛的體重,認為牠大概只有 1,000 磅。而另
　　　　外兩個黑點則是一開始就高估了,認為牠重達 1,400 磅。灰點則是從一開始就
　　　　猜中正確答案──1,200 磅。圖中顏色越淺的節點,代表其心中的估計值越低。
　　　　人們反覆地與周遭朋友交談,每次交談後,他們會將朋友的意見納入考慮,與
　　　　自己原本的預測值取平均,這個平均值就是他們下一輪的估計值。

　　圖 7-1 顯示的網絡學習過程，與資訊擴散與傳染的模式有相似之處。只是和一些朋友交流幾回，我們的資訊來源就迅速地向外擴展到自己的交友圈之外，我們得以間接地接觸所有在網絡內流傳的資訊。因為網絡具有小世界的特性，僅僅幾次交流就能讓一個消息（至少以某種稍微稀釋後的形式）散播到網絡中幾乎每一個角落。

　　這種類型的學習被稱為「德格魯特式學習」（DeGroot learning）：每個人反覆和朋友交談，將所有人的意見平均地納入考慮，形成自己的觀點。其命名源自於統計學家莫里斯・德格魯特（Morris DeGroot）之名。[12] 德格魯特式學習有個假設：人們不作複雜的計算，只會採用非常簡單的方法，像是計算平均數這種方法來幫助決策。也許這並不令人意外，當我們想預測人類的實際行為時，複雜的模型有時並不比簡單的模型來得優秀：至少在某些情境下，比起一些設計更為精密、考慮更為周全的模型（比方說在不同時間使用不同的資訊統整方式；或是一旦發現他人看法出現變化，自己立刻作出調整等等），簡潔的德格魯特式學習更接近人類的實際表現。我們很快會看到一些例子。

　　儘管德格魯特式學習相當簡潔，但它仍然比簡單擴散模式（simple diffusion）來得更複雜，因為它牽涉到人際交流的重複性與強度。

　　一個人的中心性基本上決定了他有多大的影響力，可以左右其他人的看法。第 2 章討論過的友誼悖論再次出場。一個人的朋友越多，他的看法就會被越多人納入考慮。就像在圖 7-1 的網絡

中，不管用任何一種中心性指標，都可以看到位居底部的黑色節點處於這個網絡的核心位置。正因為他的中心性高於那些低估體重的節點，黑色節點的意見主導了整個網絡最終的共識走向：雖然整個網絡的平均猜測值恰好就是正確答案 1,200 磅，但因為中心度最高的人高估了，所以整個網絡最終也高估了那頭牛的體重。

　　也就是說，越核心的意見，影響力越大。如果回想之前關於中心性的討論，你會發現這裡真正重要的，不是一個人的點度中心性，而是他的特徵向量中心性，因為人們會不斷地和朋友反覆交談。沒錯，如果我的朋友交友廣闊，這代表我的意見將會影響他，再透過他向外繼續影響其他人，因此有一群高人氣的朋友，就跟自己擁有高人氣一樣重要。事實上，如果所有人都用平均估計法來形成自己的觀點，那麼一個人的特徵向量中心性，就決定了他的意見最終會如何影響整個社會的共識。〔13〕

　　如果社會不斷地反覆調整，最終所有人將會達成共識。這個邏輯在圖 7-1 中顯露無遺，因為所有節點的底色最終將會趨於一致。一開始底色最深的節點將會轉淺，而一開始底色最淺的則終將轉為深色。只要有人發現比自己的朋友來得深一些或淺一些，他就會繼續調整，直到整個網絡都變成同一個顏色為止。〔14〕

　　最終的社會共識，將取決於每個人的初始估計與中心性。這能用一條非常簡單的公式描述：只要將所有人的初始估計值，乘上自己的特徵向量中心性，就能得出網絡最終的共識了。〔15〕

　　然而，這個學習的過程其實隱含了一些不容忽視的偏差。

　　首先是「回聲」的問題：你自身的看法擴散出去後，會再透

過網絡反射回來。由於你朋友的看法中，有一部分來自你過去的意見，因此你從朋友那得到的「新」資訊其實是你自身觀點的回聲。只要朋友開始贊同你的看法，你可能就會變得過度自信。這很自然：你自我感覺良好，因為其他人也贊同你的看法。就算你相當了解人際網絡的結構，要過濾掉自己的回聲還是一件相當困難的事。

　　第二個問題是「重複計算」——這種偏差的影響所及的範圍更大。如果你同時和麗莎與艾蜜莉聊天，而他們兩個又是亞歷克斯的朋友，此時亞歷克斯的看法，就會透過兩個不同的管道（即麗莎與艾蜜莉）影響著你。於是你重複計算了亞歷克斯的看法。比起從消息的源頭聽過一次，當多個朋友都不約而同地告訴你同一個消息時，它就聽起來更為可信，即使這些朋友也只是轉述來自同一個源頭的消息。[16]

　　圖 7-2 描繪了重複計算與回聲問題。

　　這種因為重複計算與回聲所造成的偏差，很難避免。比方說，你想知道最新上映的《星際大戰》電影是否值得一看。你讀到一則電影評論，盛讚這部電影的畫面極為壯觀。同時你的兩個朋友也這麼說。你覺得那真的是他們自己的意見嗎？或是他們也剛好讀了同一則電影評論？還是觀影後的討論改變了他們的看法？當你最後真的看了這部電影，有人問起你是否喜歡這部電影，你會不會因為你的朋友大力稱讚這部片，或是因為某個電影評論人給予極高的評價，於是也上調了你的喜愛程度？你能分辨有多少正面評價完全來自你個人的觀影體驗，又有多少是因為你曾在觀影

前後聽到別人的評價？如果你告訴朋友，你覺得電影對白極糟，
他們也同意你的看法，這是否助長了你的信心？但他們的附和是
不是源於回聲效應，還是他們真的也認為電影對白需要改進？

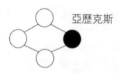

(a)初始猜測值。尚未出現任何交流。

(b)亞歷克斯給出了高估的猜測值，影響了
兩個朋友的看法。

(c)最後一人從這兩人得知同一資訊，因此
重複計算了這個間接訊息。

(d)亞歷克斯本身傳遞出的資訊，有部分以
回聲的形式再次回傳給自己。

圖 7-2　德格魯特式學習：重複計算與回聲效應。

　　有些情況下，你會轉述別人的觀點，但明確地聲明這並非你
原創的點子。比方說，如果有人問我未來的利率走勢如何，我可
能會引用我同事的觀點，因為這不是我的專業，而他對此相當熟
悉。但即使我這麼做了，通常我無法進一步解釋我的專家同事從
何得知這個資訊。

如果想觀察人們是否受到重複計算影響、是否難以分辨自己的回聲，我們能藉助一種好方法：直接做實驗。我們可以在實驗中控制所有在網絡中流動的資訊。如果我們能精確掌握人們的初始資訊，以及他們交流網絡的結構，就可以確認人們是否落入了重複計算與回聲效應的陷阱，也可以觀察德格魯特式學習是否符合人們的實際行為。

錢德拉塞卡、霍拉西奧‧拉雷吉（Horacio Larreguy）、胡安‧帕勃羅‧桑德里（Juan Pablo Xandri）就做了這樣的實驗。[17] 他們最後發現，德格魯特式學習極好地預測了人類行為如何隨著朋友的看法而變化。

研究人員設計了一個實驗網絡，將實驗參與者分別指派到對應的網絡位置。也就是說，你被規定只能跟誰講話（朋友）；如此一來，研究人員就能知道每個資訊是從誰那裡聽來的。這個網絡的設計，讓所有人都能在最多四步以內的距離聯絡到所有人，也就是說有三種朋友：朋友、朋友的朋友、朋友的朋友的朋友，最多就是四度連結。

這三位學者也控制了所有人的初始資訊，以及他們的猜測標的。這個實驗中有兩種外觀一模一樣的袋子，每個袋子都裝有 7 顆球。其中一袋有 5 顆藍球與 2 顆黃球──我們稱它為藍袋。另外一袋有 2 顆藍球與 5 顆黃球──同樣的道理我們稱之為黃袋。研究人員先從兩袋中挑出一袋，但不告訴參與者是藍袋或是黃袋。接著每個參與者可以從袋中抽出一顆球，這顆球的顏色就是他獨有的初始資訊。如果他剛好看到一顆藍球，那麼這個袋子較可能

是藍袋（更精確來說，有 5/7 的機率爲藍袋）。相對地，如果他剛好看到黃球，此時他心中的盤算就變成：有 2/7 的機率爲藍袋，5/7 的機率爲黃袋。在所有人都隨機得知其中一顆球的顏色後，每個人都要給出一個初始猜測。接著，他們會得知朋友們猜了哪個顏色。

看到朋友的猜測後，所有人會再猜一個顏色。接著他們會再次看到朋友的第二個猜測。所有人再猜一個顏色，如此不斷循環下去。你可能會在過程中改變你猜測的顏色。比方說，你一開始猜了藍色，但你看到周遭的四個朋友都猜了黃色，你推測他們都看到了黃球（假設你的朋友都沒看走眼）。這意味著有 4 顆黃球與 1 顆藍球，因此下一回合你會轉而猜黃色。不過在這個網絡中，每個人的交友圈不盡相同，因此這也代表每個人的影響範圍也不同。如果你有個朋友一開始猜黃色，但隨後改猜藍色，你會怎麼分析這個行爲？此外，他之所以改變心意，會不會是因爲你（回聲效應）或是其他共同朋友的關係（重複計算）？幾個回合過去後，想分析朋友的猜測與其變化，很快地將變得非常吃力。

實驗參與者知道整個友誼網絡的結構，也就是說，他們都知道自己和誰有共同朋友。因此，我們可觀察人們是否經過精密計算才採取行動，就像是一台精心設計的高速電腦，精準地過濾回聲，避免重複計算；或是更像是德格魯特式學習預測的那樣，人們並不會想太多，其實只是持續地追蹤周遭朋友的猜測，並據此更新自己的猜測值。

這個實驗總共有 665 個參與者，每 7 個人組成一個網絡，共

有 95 個獨立的網絡，每個人面對的是不同的網絡環境與初始猜測。因此，這個實驗有足夠的數據，能精確地分析人們深思熟慮的程度。

假設人們只是按照德格魯特式學習（每個朋友權重都一樣）來決定顏色，有 94％的機率最後會猜對；然而如果人們採用的是非常複雜且精密的預測模型，此時答對率只剩下 74％。某些事情的確是比較容易猜，因此不論是簡單或複雜的模型都能達到一定的正確率。比方說，在第一輪猜測時，我們抽出哪種球，就應該猜哪種顏色。在第二輪時，我們會觀察周遭大多數朋友第一輪猜了什麼顏色，來決定我們這一輪要猜哪種顏色。一開始，大部分的預測模型都能一步一步往正確的方向收斂，然而一旦發展到後面幾輪，回聲效應（朋友因為我的答案而改變他的答案）與重複計算（兩個朋友同時改變答案，因為他們一個共同朋友改變了答案）的問題開始浮現，此時德格魯特式學習模型就展現了它的優勢：人們的確會被回聲效應與重複計算所影響，但簡潔的德格魯特式學習模型還是能有效地預測人類行為，比那些複雜且強調人類理性的模型來得更加準確。

其他實驗同樣發現，重複計算與回聲效應的確會干擾人們的決策，導致某些奇怪的現象出現。[18] 更重要的是，這些問題不只出現在無關緊要的小實驗中，我們日常生活中的許多決策也經常受到它們的影響。

邁克爾‧貝利（Michael Bailey）四人的研究就發現，人們買房的決定會受到朋友的影響。[19] 他們透過臉書追蹤人們的交友

狀況，研究朋友的房地產經驗是否會影響一個人的購屋決定。舉例來說，住在洛杉磯的查理正在考慮是否要買房或是繼續租屋。查理有個朋友叫做露西，住在幾千哩之外的波士頓。當露西名下的房產升值，查理的購屋意願也會隨之提高，不只如此，此時他願意出更高的價碼、買坪數更大的房子（相對於露西房產貶值的情況而言）。儘管露西的房子位於幾千哩外，她的經驗還是影響了查理的購屋決定。這個研究非常小心地控制了許多其他干擾因素，像是個人條件與總體經濟趨勢。這種影響力在許多方面都相當顯著：當朋友的房產在過去兩年升值了 5％，你的購物意願會增加 3％，房子的坪數會增加 2％，成交的價格會高出 3％。同樣地，如果朋友的房地產投資賠錢，你的售屋意願也會提高，同時出價也會更低。此外，如果朋友們的經驗大相徑庭，此時你對房地產投資的態度也會變得比較保守。舉例來說，如果兩個朋友的房產平均升值了 5％，第一種情況是一人房產升值 15％ 而另一人貶值 5％，第二種情況則是兩人房產都升值了 5％ 的情況，後者更能鼓舞你買房。

　　這裡有些相當有意思的發現，值得我們關注。首先，一個人的決策顯然會受到朋友的經驗所影響，就算這些朋友其實相距甚遠。其次，這種影響甚至及於非常重要的人生決定：買房。最後，人們似乎不會細緻地分析從朋友那裡聽到的資訊。舉例來說，雖然露西房地產投資得利，但這也只是波士頓房市的狀況，而且這只反映了過去兩年房市利多。這樣的資訊真的有助於查理預測未來房市熱度，並決定現在應不應該買房嗎？研究顯示，人們似乎

不會根據朋友的所在地來調整資訊的攸關度——以洛杉磯房市來說，它與波士頓房市的關聯性較低，而與聖地牙哥房市的關聯性較高；然而，查理卻同等看待兩地朋友的資訊：與住在波士頓的露西相比，住在聖地牙哥的萊納斯所提供的資訊顯然與他更為攸關。

大多數人都被回聲效應與重複計算迷惑了，同時還太過關注那些其實與我們無關的資訊。在這些阻礙下，我們還能有效地統整網絡內的資訊嗎？如果所有人都只跟周遭朋友交換資訊，我們還能準確地估出一頭牛的重量嗎？

就像古魯布與我發現的那樣，就算是德格魯特式學習模型這種簡單到不行的方法，最後還是能得到非常精確的估計，只要某些重要的條件能夠被滿足。

其中某些條件，其實之前已經討論過了：我們需要多元觀點並排除系統性偏差，如此一來，當我們統整社會上所有的聲音時，最後的平均看法就會相當接近真實情況。然而如果一開始整個社會就沒有人知道正確的資訊，那再怎麼改變交流方式，也不會得出正確的結論。除了這兩個條件以外，整個交流網絡還必須足夠「平衡」。舉例來說，如果網絡中有一個人是所有人的朋友，那他的意見就會被放大，最終主導了整個網絡的結論。具體來說，所有人的特徵向量中心性都必須夠小（相對於所有其他人中心性的加總），整個過程才會越學越精確。要保證這一點，網絡需要滿足「平衡性」條件：所有人都不能特別關注某個特定的族群，對每個族群的關注都要差不多。

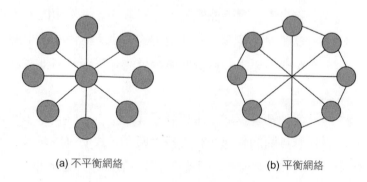

(a) 不平衡網絡   (b) 平衡網絡

圖 7-3   不平衡網絡和平衡網絡。圖 (a) 中的網絡有著更少的連結，且有一個人能獲得
所有網絡中的資訊，這樣的網絡雖然比較有效率，但也很容易對核心節點反應
過度。

從圖 7-3 中，我們可以看到不平衡網絡與平衡網絡的對比。
在不平衡網絡中，所有的資訊都會流經單一節點。如果這個核心
節點沒那麼重視朋友的看法、更看重自身觀點的話（這再自然不
過了[20]），那麼他的觀點一定也會過度地反映在最終的結論中。
相對地，在平衡網絡中觀察到的對稱性，意味著沒有人能主導最
終的結論。[21] 不平衡網絡的好處是，所有的資訊可以「一站購
足」，省下許多溝通成本：外圍的節點只需要跟核心節點交流，
就能得知所有人的看法——這也是為什麼這種星芒狀的網絡會出
現。[22] 然而，這種中央集權式的不平衡網絡，很容易讓整個網
絡的最終共識失去代表性。

關於人們究竟關注什麼對象，這個題目已經被廣泛地研究。

比方說，在 1940 到 1950 年間的一系列研究中，學者拉扎斯菲
爾德分析了人們如何形成自己的觀點。第一個研究是在 1940 年
總統大選前的數個月開始的，總共分析了 2,400 名俄亥俄州成
年人的政治傾向。他與兩位同事以及一群研究助理，針對這些
俄亥俄州人進行了一系列的訪談，了解他們和誰交流、看哪個
新聞媒體，以及他們對某件事改觀的關鍵是什麼。[23] 拉扎斯菲
爾德後來又做了一個研究，對象是伊利諾第開特市的 800 名女
性，他詢問這些女性對某些東西（例如消費性商品）的觀感從何
而來。[24] 他從這些研究中歸納出「兩步交流理論」（two-step
communication），在他與以利胡・凱茲（Elihu Katz）合著的書
中有更詳細地闡述。這個理論認為，有些人扮演的角色為「意見
領袖」（比方說專家學者），他們會將自己從媒體得知的資訊再
轉達給其他人，後者也就是所謂的「意見追隨者」。麥爾坎・
葛拉威爾（Malcolm Gladwell）「關鍵少數法則」（Law of the
Few）的核心與此理論有異曲同工之妙。[25]

　　不過，有沒有什麼情境是整個群體將單一個體的意見奉為圭
臬？這種例子還不少。比方說著名的葡萄酒評論家羅伯特・帕克
（Robert Parker），對整個葡萄酒產業就有著巨大的影響力。在
他名氣最旺的幾十年裡，只要有人提起最具代表性的葡萄酒評論
家，毫無疑問指的就是帕克。

　　在葡萄酒產業中，這些評論家的意見非常重要。全球每年消
耗超過 300 億瓶葡萄酒，這些葡萄酒來自世界各地的數萬家酒莊。
葡萄酒的品質取決於產地氣候與土壤條件，以及葡萄栽種、採收

與釀造的過程。即便是同一位釀酒師、同一片葡萄園，每年出產的葡萄酒都可能有極大的品質差異。再加上葡萄酒要價不菲，種種因素都讓他人的評價（例如一支酒的品質或是特色等）變得相當有價值，因為我們可以從這些評論中推測一支酒的風味。

帕克的經歷就是一個典型的白手起家故事。作為推銷員的兒子，他在 1970 年代末期草創了自己的葡萄酒評級刊物，當時他注意到市場上缺乏與葡萄酒評論有關的資訊——特別是那些不懂法語的人，根本沒有什麼資訊管道。多年來他一邊在銀行內擔任律師，一邊品嘗葡萄酒同時販賣他的刊物。他抓到了對的時機，也做了對的事。帕克不接受任何廣告，為他自己品嘗的葡萄酒買單——他希望自己的觀點能夠公允，不被任何餽贈或是與葡萄酒商的商業合作所影響。他開始用百分制來評鑑葡萄酒的品質，一般來說 90 分以上就意味著極高的評價。這種評分制度如今已經成為葡萄酒產業的標準規格。

品酒是需要天賦的，一個好的品酒師不僅要能分辨當下的風味，還要能預測一支酒趨於成熟時的風味——通常那都是封瓶後許多年了。品酒師不只要能分辨丹寧、酸度、殘糖量，以及許多風味，還要了解這支酒的風味會如何隨著時間發生變化。帕克作為一位品酒師的影響力，在他誇讚 1982 年波爾多產區的酒有著了不起的品質後，開始大放異采。直到現在，這個年代與產區的葡萄酒仍被公認為史上風味最佳的酒之一。就像是詹姆斯‧勞伯（James Laube）在《葡萄酒觀察家》（Wine Spectator）所言：「1982年波爾多出產的葡萄酒有著全世界有史以來最華麗的風味。」[26]

到了 1980 年代中期，帕克辭去正職工作，專心經營他的葡萄酒評級事業。帕克很快就成為葡萄酒產業中的焦點。為酒商貝里兄弟與路德公司（Berry Bros & Rudd）採購葡萄酒的馬克斯・拉隆德雷爾（Max Lalondrelle）這麼說：「沒有人像羅伯特・帕克那樣賣酒。如果他說 2012 年是自己品嘗過風味最糟的年份，那絕對不會有人買；但如果他說那是最佳年份，所有人都會趨之若鶩。」[27]

　　許多人將這個現象稱之為葡萄酒的「帕克化」。許多酒商注意到帕克對「大酒」（big wine）的鍾愛，這種類型通常酒精濃度較高，風味成熟而飽滿，帶有濃郁的葡萄香，參雜著滋養葡萄樹的土壤氣味，連橡木桶的氣味也會逐漸融入日益熟成的酒液。因此，葡萄酒製造商投其所好，競相推出這類酒品。艾琳・麥考伊（Elin McCoy）在帕克的自傳中[28]引述了一位波爾多商人的話，他說一支酒最後被評為 85 還是 95 分，對葡萄酒製造商的影響可以高達「六、七百萬歐元」的銷售利潤。

　　有這麼一位優秀的葡萄酒評論家，憑藉驚人的風味辨識能力與記憶力（與一隻投保百萬美元的鼻子）為全世界推薦高品質的葡萄酒，實屬幸事。然而，如果你愛好的風味與帕克不同，這可能就變成一個壞消息了。單一評論家居然對葡萄酒銷售的影響力如此之大，這是不是一件我們該有所警覺的事？整個葡萄酒產業一年的產值高達數千億美元，如果某個評論家一句話就定調一款酒的成敗，豈不是給這些酒莊的生計帶來了巨大的不確定性與風險嗎？

　　如同俗話說「三個臭皮匠勝過一個諸葛亮」，就算是毫無經

驗的群眾，只要有夠多的估計值，集體智慧也能勝過一個專家，就像先前估計牛體重的故事一樣，群眾最後得出了極為精準的估計值。這樣的道理也適用於各種評等，像是葡萄酒等級或是股票風險評等。[29]

如今葡萄酒（以及其他產品）的評比不像以前那麼困難了。即使我沒有任何朋友曾嘗過某款限量生產的勃根地葡萄酒，但這世界上一定有其他人喝過，因此不難在網路上找到別人的評論。這類資訊的流通網絡正在擴大，許多我們過去不曾見過、未來也不會再注意到的人們被納入這個網絡，讓我們能得到的資訊變得越來越多元。當然大前提是，這些評論反映了相互獨立的體驗與資訊來源。[30]

然而，在某些情況下，所有的消息可以往前追溯到同一源頭。如果這個源頭最後被發現並不可靠，偏偏消息流傳初期又被誤以為可信度極高，這種情況可能會造成極為災難性的後果。這就是我們特別需要專家意見的時刻了。

在 1998 年 2 月 28 日，英國頂尖醫學期刊《柳葉刀》（The Lancet）刊出一篇由安德魯・威克非（Andrew Wakefield）與其他 12 位研究人員聯名投稿的論文，他們發現兒童自閉症似乎與 MMR 疫苗（麻疹、腮腺炎、德國麻疹三合一疫苗）有關聯。他們在文中解釋了這個現象，乍看之下似乎合乎邏輯：三種疫苗的交互作用造成消化道問題，引起了免疫反應，最終影響到兒童大腦的發育。

這可是個大新聞──尤其在全球被診斷患有自閉症的兒童不

斷增加，而 MMR 疫苗的接種人口也在逐年增加中的情況下。況且這個研究成果還發表在頂尖的醫學期刊，引發眾多媒體大動作輪番報導。這則消息被大量曝光後，成為許多人經常談論的話題。當時沒有其他相關研究可用來對照參考，醫學界也還需要一些時間來驗證這篇論文的可信度。因此，這則消息基本上只有一個源頭——《柳葉刀》上的那篇論文。但人們已經從各種管道接收到這個訊息了。

　　後來結果證實，這個研究的設計存在許多重大缺陷。首先，整個研究只包含了 12 名被篩選出來的兒童。因為自閉症的好發年齡正好與兒童接種疫苗的時間重疊，很自然地會看到兩者似乎有關聯，但單憑 12 個樣本能得出的結論有限。再者，這樣的研究設計根本無法歸納出因果關係。雖然這份研究並沒有宣稱任何因果關係，但它提出的（尚待驗證的）理論強調了兩者之間的因果關係，讓許多讀者誤以為這是該研究得出的結論。威克非還建議在釐清兩者關係之前，必須先暫停 MMR 疫苗的接種。

　　然而，比起這到底是相關性還是因果關係，更大的問題還在後頭。威克非私下接受了一家法律機構的資金，這家法律機構正在與疫苗製造商打官司，這顯然違反了利益迴避的原則；基於學術倫理，這樣的資訊必須明確地告知《柳葉刀》。更嚴重的是資料造假的問題，記者布萊恩‧迪爾（Brian Deer）於 2009 年 2 月 8 日在《週日泰晤士報》（*The Sunday Times*）中揭露，該研究的數據不實，與醫院的實際紀錄不相符，報導也指控威克非篡改了數據。[31] 英國醫學總會（General Medical Council）於是在 2010

年認定威克非行為不端，將他從學會內除籍（相當於撤銷他的醫生執照），因為他不但沒有迴避利益衝突，還罔顧弱勢病童的權益，沒有將病童的最佳利益放在第一位。[32]

　　《柳葉刀》最終在 2010 年撤下了這篇文章。當時全球各地出現了許多數據更齊全的研究，結果顯示自閉症與疫苗接種沒有任何關係。[33]然而，嚴重的傷害已經造成了。在威克非的研究刊登在《柳葉刀》後，1998 年英國提報了 74 名麻疹患者。[34]英國的 MMR 疫苗接種率很快地從超過 90％下降到 80％。根據世界衛生組織的估計，在 2000 到 2010 年間，大約有 500 萬名介於 2 到 12 歲的歐洲兒童沒有接種該疫苗。[35]就像是我們在第 3 章學到的那樣，些微下降的接種率就能導致一種傳染病死灰復燃。不出所料，在短短的幾年內，麻疹病例上升了 20 倍以上。接著每隔一段時間，就會爆發一次麻疹疫情，到了 2007 年累計病例已有數千人規模，通報數居高不下，直到 2014 年才有所改善。

　　整個社會的接種率只要有一點點下降，就能造成極慘痛的後果，而且每個人都可能深受其害。我的摯友同時也是我的研究夥伴卡爾沃（他為本書貢獻良多）就在 2007 年死於麻疹。同樣在這一年，因為兒童接種率下滑，西班牙通報了超過一萬個腮腺炎病例。這種大規模的疫情與後果其實是一齣悲劇，原本只要全民接種有效又低廉的 MMR 疫苗就能阻止這一切發生。

　　經過許多年的努力，大量研究終於證實疫苗與自閉症之間沒有關聯，這樣的觀念慢慢進到人們的日常對話中，逐漸扭轉人們的看法，疫苗接種率才終於回升。不過，有些人重新接種疫苗的

原因，是因爲傳染病本身的威脅。一旦麻疹與腮腺炎又開始流行，人們就會更認眞思考是否要讓孩子接種疫苗。因爲和一個證據不足的疫苗缺點比起來，孩子馬上就要面對麻疹、腮腺炎、德國麻疹的感染威脅，相較之下前者似乎沒那麼令人擔心了。一旦事關重大，人們就不會滿足於被動接收資訊，主動蒐集資訊、釐清消息眞僞的動機就會越強。

變動中的新聞版圖

謊言飛馳，眞相跛足其後。
—— 強納森・斯威夫特（Jonathan Swift），愛爾蘭作家[36]

民主死於黑暗。　　　　　　　　　　　—— 《華盛頓郵報》

　　疫苗的例子已經明確地說明了，整個社會要充分地認識一件事，首先要有高品質的訊息，其次要能廣爲流傳。

　　網際網路扭轉了資訊生產與傳播的方式。說來有些諷刺，網際網路讓資訊越來越容易流通的同時，也在反噬資訊的生產方式。當資訊越來越容易被打包或重組時，伴隨而來的是兩種截然不同的影響。

　　其實只要我想這麼做，明天我就能設立一家看起來官方色彩濃厚的組織，像是「全球疫苗資訊中心」。我可以建一個帶有官方 logo 的網站，讓它看起來非常專業且科學，接著我可以開始上

傳任何我想散播的資訊。我甚至可以建立好幾個這種網站，讓它們彼此相互背書。我也可以尋找觀點類似的人，引述他們寫的文章，也許對方也會開始引用我的網站資訊。於是，當人們在網路上搜尋「MMR」「疫苗」「副作用」時，他們就會看到我一手建起的假網站。這麼做成本極低，但影響卻可以輻射到全世界。即便是再偏頗的觀點，我都能自由地大肆宣傳。

　　這裡的重點不是疫苗到底安不安全，而是資訊怎麼被生產以及怎麼被傳播出去。如果一件事的消息來源越多越雜，且有大量的不實資訊流傳在外，那麼人們就越難了解真相。也許最終所有不實資訊將相互抵銷，但即便如此，這還是拖累了整個社會學習的速度，因為網絡環境中充斥著大量的雜訊。製造假新聞可以被視為一種政治武器，煽動族群間的不信任與仇恨情緒，藉此來動員某個族群。

　　巴基斯坦的國防部長卡瓦賈・穆罕默德・阿西夫（Khawaja Muhammad Asif）曾對外撂下狠話：「以色列國防部長揚言要對巴基斯坦進行核子報復，因為他假定巴基斯坦支持敘利亞對抗達伊沙組織（Daesh）。但以色列忘了，巴基斯坦也是一個擁核國家。」[37]

　　這是發生什麼事了？巴基斯坦國防部長試圖提醒以色列，他的國家也有核子武器，而且他之所以這麼說，似乎是因為以色列先威脅巴基斯坦，說要用核子武器攻擊巴基斯坦。這個消息來自一個名為「news」的網站，上頭發布了一則報導，標題為「以色列國防部長：如果巴基斯坦膽敢用任何藉口出動地面部隊支援敘

利亞，我們將用核子攻擊摧毀這個國家。」顯然巴基斯坦的國防
部長相信了這則報導，認為以色列將會出動核子攻擊，只要巴基
斯坦決定介入敘利亞的戰事。這則回應讓事態往「以牙還牙」的
嚴重後果發展，然而一開始根本就沒有人秀出他的利「牙」。以
色列國防部長從來沒說過報導中的那句話，事實上那篇報導甚至
寫錯了以色列國防部長的名字。

　　巴基斯坦的國防部長並不是第一個被假新聞欺騙的人。1938
年 10 月 30 日，有數十萬人被虛構的新聞嚇壞了，這個著名的事
件肇因於奧森‧威爾斯（Orson Welles）在電台播放的廣播節目《世
界大戰》（*The War of the Worlds*）。電台在將近半小時的時間裡，
連續播放了一系列虛構的新聞快報，中間沒有穿插任何警告，告
訴聽眾這一切都是虛構的。在節目簡介播出後才打開收音機的人，
聽到了一連串火星人入侵地球的即時新聞報導，陷入了驚慌。廣
播從火星上發生爆炸開始，接著報導有個不明圓柱體降落在紐澤
西，軍方與政府高層受訪，再到最新的疏散消息，中間穿插各種
的新聞快報──這一切聽起來就像是真實的新聞報導。隔天紐約
時報甚至為此刊登了一條新聞「廣播聽眾驚慌失措，錯把戰爭劇
認作現實」。[38] 這個廣播節目癱瘓了電話線，因為太多人打給
朋友、警察、報社、電台，試圖搞清楚發生什麼事了。最早有人
估計約有超過 100 萬人陷入恐慌，這數字也許有些誇大，但當時
很可能有數十萬人受到驚嚇。[39]

　　如果假新聞不像火星入侵那樣荒誕，那就更難辨別虛實了。

　　即使是主流媒體有時也不免在此栽跟斗。如果 BBC 網站出

現一則新聞「金髮將在 200 年內絕跡」，你會相信嗎？這則報導奠基於一群「德國科學家」的研究[40]，他們宣稱金髮來自一個退化基因，因此在 200 年內將會消失在這個世界上。報導還說世界上最後一個天生金髮的人會出生在芬蘭。很抱歉，這真的不是一個愚人節笑話。報導沒有列出這項「研究」的詳細參考資料，因此讀者很難追蹤出處。這個研究也被其他主流媒體轉載，像是 CBS、ABC 與 CNN 等媒體，且宣稱有世界衛生組織為其背書（當然世界衛生組織否認此事）。最後發現，這項虛構的研究出自於一本德國女性雜誌《阿萊格拉》（*Allegra*），雜誌引述了一位世界衛生組織科學家之言，然而這位科學家也是一個虛構的人物。[41]《阿萊格拉》的故事後來被德國的新聞通訊社轉載，這可能是其他新聞機構也跟著轉發的原因。史蒂芬・荷伯（Stephen Colbert）後來對這個烏龍事件挪揄了一番，提議用選擇性生育來拯救瀕危的金髮人口。

　　至此，我們不禁好奇，一個普通人在網路上辨識假新聞的能力多好呢？讓我們先將主流新聞媒體可能犯的錯放一邊，就只看要如何區分事實與虛構事件。山姆・溫伯格（Sam Wineburg）與幾個史丹佛歷史教育小組[42]的同事探討了這個問題，究竟學生（從國中到大學）能否分析網路上各種資訊的可信程度。研究人員的出題五花八門，像是：一張枯萎的雛菊照片能否證明這是核災後的輻射微塵造成的結果；分辨某個網站上張貼的故事，哪些是新聞報導，哪些是廣告；當各個專業醫療組織有其相異的成立宗旨，他們網站上的文章是否因此可信程度有別？研究報告是這

麼總結其發現的：「我們讓數千名學生回答了幾十個問題，結果
發現學生的媒體識讀能力有著非常大的差異……然而，我們在各
個階段的學生群體（國中、高中、大學）中都發現了一件事：與
令人驚訝又沮喪的普遍趨勢相比，學生間的媒體識讀能力差異根
本不值一提。總體來說，年輕人對網路資訊的辨識能力可以用四
個字來描述：毫無希望。」

　　如果不實消息開始在網絡內流傳，這不只會拖累群體的學習
速度，甚至會妨礙學習，因為這些偏頗的資訊會讓整個群體遠離
眞相。然而，除了氾濫的假新聞與某些似是而非的網站外，詳實
的優質新聞正面臨另一種危機。

　　技術進步不只降低了媒體的進入門檻，也加快了消息傳播與
更新的速度。總體而言，技術帶來了極大的好處。只要指頭敲敲
鍵盤，甚至是一個語音命令，種種資訊唾手可得。想知道某些醫
療資訊？想找食譜？手機 App 遇到問題？北京目前天氣？想知道
更多柯西莫的生平事蹟？技術讓我們輕鬆取得豐富的資訊，解答
我們的問題。大多數的資訊來源不但免費，還很可靠。我們掌握
的資訊不管在種類、深度、品質各方面都令人驚艷。除此之外，
新聞報導更新的速度越來越快。一位名人的死訊，即便發生在大
半個地球之外，幾個小時後，甚至幾分鐘後，就可能出現在你眼
前的新聞媒體上。

　　網路彷彿是一只聚寶盆，各種資訊取之不盡用之不竭，然而
與此同時，成本低廉的假新聞日益猖狂，許多人也抱怨市場並不
鼓勵那些願意花時間製作調查報導的新聞工作者，這一切看似矛

盾的說法到底是怎麼出現的？某些資訊不具爭議，通常也不影響人們決策，像是食譜、手機 App 的安裝程序、天氣，或是柯西莫的生平等等。如果你在網路上搜尋膝蓋手術後如何復健，大多數資訊應該都大同小異；然而如果你搜尋有關節育的知識，你會注意到不同的消息管道提供的意見，開始出現了分歧。如果你再進一步搜尋某個知名政治人物、政府機構或私人企業的消息，這種感覺應該會變得更強。想客觀而全面地理解某個議題，我們需要專業的記者，從深不可測的資訊海中，挖掘出相關資訊並梳理事件脈絡，公正地還原事實眞相。

在相當長的一段時間裡，報紙擔負著報導重大新聞的重任，有時你不得不驚嘆這些報導爲何能如此即時。克萊爾・霍林沃思（Clare Hollingworth）的記者生涯，以一種你所能想像到最輝煌的方式開篇。在 1938 至 1939 年間《慕尼黑協定》（Munich Agreement）生效後，在波蘭擔任志工的霍林沃思，協助了許多捷克難民逃離被納粹德國併吞的家園。1939 年 8 月，在一趟英國的旅程中，她的寫作熱情以及對德波邊界地區的了解，獲得了當時《每日電訊報》編輯亞瑟・威爾遜（Arthur Wilson）的賞識，威爾遜直接錄用她爲報社記者。她上工的第一週先飛回了華沙，接著立刻被派往波蘭南部的卡托維茲（大約位於今天的捷克邊境），這個城市在 1938 年時被德國併吞。當時德國已經封閉邊境，霍林沃思發現只有外交人員的禮車能夠通過。剛好從前曾和霍林沃思一起協助難民的朋友，當時正巧擔任英國領事，這個朋友借了她一輛插了英國國旗的車。她因此順利跨越邊境，開始進行調查

工作。霍林沃思回程途中經過一個山谷，那裡集結了大批德軍與坦克。一陣風恰好吹落了一張大型帆布，原本該隱藏於帆布之下的東西全都映入了霍林沃思的眼簾。她一回到波蘭，立刻用電報發出她記者生涯中的第一條獨家新聞，這是當時最重大的新聞之一。1939 年 8 月 29 日《每日電訊報》以頭版刊登「波蘭邊境集結千台德軍坦克，十個師蓄勢待發即將發動進攻」。不過幾天光景，霍林沃思迎來了她記者生涯中的第二個大新聞。兩天後，她回到卡托維茲，戰爭爆發了，她在一片爆炸聲與槍擊聲中驚醒。霍林沃思的記者生涯太精彩了，充滿了獨家報導與冒險故事。她在 1941 年成為第一個採訪伊朗沙阿（Shah，意即國王）的記者，她在 1963 年揭發英國情報人員金・費爾比（Kim Philby）真實身分為蘇聯間諜，她很早就預測越戰將陷入僵局，接著她在 1973 年開設了《每日電訊報》北京辦公室。據說，在她 105 歲高齡去世前，她依然隨身帶著護照，確保一有重大消息就能進行實地報導。[43]

　　現今社群媒體以及新聞聚合平台（news aggregators）成為越來越多人吸收新知的管道，在益發競爭的新聞環境下，所有製作新聞報導的媒體能回收的利潤越來越少。你或許認為，那些以審慎報導聞名的媒體，還是獲利頗豐。然而，像霍林沃思那樣冒險在第一線跑新聞的記者，已經不再是營收保證了。原因在於，那些口碑極好的新聞媒體，只要一發布新報導，瞬間會被其他人引用、加工，再轉載到其他平台。過去的新聞媒體之所以能從精良報導中獲利，是因為他們具有時間優勢：如果你的報導搶得先機，你在整個新聞界中就是唯一的獨家報導。如果其他人想報導同樣

質調查報導的擔憂，並不是空穴來風。舉例來說，這份報告提到在某些情境下，新聞媒體的關注原本可以阻止一些悲劇發生。其中有個案例是一場礦災。在我讀了更多相關細節後，我對這個故事深感不安：

由於煤礦本身蘊含甲烷，因此在開採的過程中，經常會釋放出甲烷；事實上，地球上的甲烷氣體主要就是來自採煤活動。甲烷再加上開採過程中瀰漫於空氣中的煤炭粉塵，讓採礦現場非常容易發生爆炸事故。為了確保採礦安全，必須嚴格執行一系列的預防措施：保持良好通風，避免甲烷濃度過高；安裝灑水系統以控制飛揚在空氣中的煤炭粉塵；採用石塵法（rock dusting，一種避免煤炭粉塵爆炸的方法）；安裝示警系統，隨時監控礦坑內的氣體濃度。2010 年 4 月 5 日下午 3 點 27 分，西維吉尼亞州的「上大支礦場」（Upper Big Branch Mine）發生了嚴重事故，在一千英尺深的地底下，一台長臂採煤機（一種有著巨大輪齒的大型挖掘機）挖到了砂岩，激起一片火花。

一旦得知監管當局派員前來安全檢查，這家礦業公司會用內部暗號系統，預先通知員工，在安檢人員到來前，趕快把違規行為掩蓋掉；同時公司準備了兩套紀錄：一套用來應付安檢人員的抽查，另一套才是公司內部員工看得到的實際紀錄。礦工被告知，如果他們向當局檢舉工地安全，他們的工作也將不保。於是，爆炸當天礦坑內一如往常出現了許多違規行為。一些重要的灑水裝置沒有運轉，也沒有確實執行石塵法，因此現場的煤炭粉塵濃度高得危險。礦坑中的某些區域從來沒有安裝過支撐設備，一旦坍

場就會影響通風，讓甲烷濃度開始上升。至少有一台設備的甲烷濃度偵測計被蓄意重設，以便讓設備在違規的情況下仍能持續運轉。[46] 不斷聚積的甲烷終於燒了起來，引發了現場大量煤炭粉塵瞬燃，大規模爆炸貫穿了長達數哩的地下礦道。當時值班的 31 位礦工中，有 29 位不幸罹難。

　　美國礦業安全衛生檢查署（MSHA，Mine Safety and Health Administration）的調查發現，這場爆炸肇因於礦業公司蓄意違規，MSHA 為此發出了 369 張傳票，總計超過 1,000 萬美元的罰款。採礦環境中常見的煤炭粉塵與甲烷，其實並不難控制，但需要花錢維護。對礦業公司來說，因為違反安全規定而收到法院傳票，只是這在業內早已司空見慣。例如，《華盛頓郵報》曾報導，該礦坑在過去五年的蓄意違規次數高達 1,342 次，單是前一個月就有 15 次違規紀錄。然而，這樣的新聞報導慢了一步：在爆炸發生後才引起了媒體關注。當局不斷地發出傳票，然而礦業公司始終置之不理或是繼續上訴，這種情況持續了數年之久，直到一場災難終於無可避免地發生。

　　這個故事蘊含了三個層次的失敗。首先，礦業公司顯然是知法犯法，漠視自己有確保礦場安全的責任。其次，相關政府監管體系本應避免事故發生，但卻嚴重失能。事實上，早在 1997 同一個礦場就發生過爆炸事故，當時也是肇因於甲烷過量聚積與通風不良；2004 年 MSHA 得知同一區域再次出現甲烷過度聚積的問題，然而 MSHA 卻沒有積極追查礦業公司是否落實了相關的安全措施。此外，儘管收到了大量的法院傳票，有安全疑慮的礦場還是

能繼續營運數年之久。[47] 這就跟我即將提到的第三層失敗有關了：缺乏媒體關注。我們需要調查報導的監督，在災難發生前揭露弊端。維護新聞自由，公私營企業才會有所警惕，不敢輕忽社會的最大集體利益。然而當監管當局失能，也沒有媒體持續關注問題時，我們變得後知後覺，總要等到悲劇發生，才驚覺整頓的必要性。

　　2000 年時，全美約有 56,400 人受僱於各大報的新聞編輯室。到了 2015 年，這個數字降到了 32,900 人。[48] 也許這並不令人意外，因為報業在這段時間裡承受了不小的競爭壓力，與電視與其他新媒體爭食著新聞版圖。此外，許多工作開始自動化，比方說，如今報社不再需要專人洽談廣告業務，一切都可以在網路上解決。然而，像廣告業務這一類非關新聞報導職位的縮減，無法完全解釋新聞業的員工規模為何大幅萎縮。舉例來說，自 1980 年代起電視台員工減少了一半，同樣的情況也發生在 1985 年以後的新聞雜誌社。1980 年美國還有 50 家地方性的新聞電台，但到了 2010 年只剩下 30 家，僅覆蓋全美 1/3 國土。[49] 對許多人來說，地方電視台就是他們吸收資訊的主要來源。然而，就算是地方電視台的新聞報導也在逐漸萎縮，更別說他們播出的調查報導相當有限。FCC 指出：「關於地方教育、健保與政府的議題，並沒有太多新聞報導。根據安能堡傳播學院（Annenberg School of Communications）於 2010 年發布的洛杉磯電視新聞研究中指出，在 30 分鐘的節目裡，這類議題的報導只占了一分鐘多一點的時間。」[50]

　　有一種方法可以直接評估調查報導的數量，那就是觀察記者主動向政府機關調閱了多少資訊。根據《資訊自由法》（Freedom of Information Act），所有美國記者（與公民）都有權索取某些政府資訊。在 2005 到 2010 年期間，據《資訊自由法》提出資料調閱要求的次數減少了將近 50%。[51]

　　放眼全世界，歐美地區的報紙發行量正在萎縮，但亞洲地區卻逆勢成長。經濟成長、識字率提升，加上物價低廉等因素，帶動了中國與印度報紙銷量的成長；因此，雖然報紙在其他地區正在經歷衰退，全球銷量仍有所成長。然而，整體報業的利潤卻持續下滑，不只是實體報紙，數位版面也有此情況。廣告收入大幅下降（紙本或數位都是），來自數位內容訂閱的營收成長也不如預期。總體而言，儘管目前已有超過 1/3 的讀者習慣在網路上看新聞，但線上營收只占了整個新聞產業的 8% 不到。[52]

　　當新聞逐漸數位化也越來越容易被轉載時，製作優質調查報導的經費該從哪來呢？未來有誰願意培養像霍林沃思這樣的記者呢？儘管科技大幅提升了資訊的多樣性、數量與速度，但科技也讓獲利變得更困難了，那些認真做新聞的人越來越不容易找到財源，來支持那些難以製作但卻極易被轉載的原創新聞專題。於是，新聞報導逐漸走向更短、更好做、更吸引流量的方向，遠離了監督民主制度的初衷，因為後者這類的新聞製作成本高昂且相當費時。

　　FCC 在報告中引述了大衛・西蒙（David Simon）2009 年在參議院聽證會發表的一段話。西蒙曾在《巴爾的摩太陽報》

（*Baltimore Sun*）當了十幾年的記者，後來參與了 HBO 影集《火線重案組》（*The Wire*）的編劇工作。他是這麼說的：「這個時代將是成爲貪腐政客的最佳時機。」[53]

　　以上的討論點出了，許多阻撓人際網絡有效學習的障礙。但還有個顯而易見的阻礙，在先前的討論中缺席了，那就是：同質性。要完整地理解社會學習的過程，一定不能不考慮同質性的影響。

極端化：當同質性發威

　　與你住處相距不到幾公尺的鄰居，可能擁有和你完全相異的社交網絡，分屬不同年齡層、社會階級、種族、宗教，以及在某些文化中分屬不同性別的交友圈。

　　儘管如今資訊傳播得更廣更快了，但社會大眾的價值觀衝突與意見分歧卻沒有變得比較緩和。事實上，有證據指出許多國家的政治觀點正在走向極端。

　　研究這個問題的其中一種方法是分析文字語料，從中觀察人們表達觀點的方式是否隨時間而變化。我在史丹佛大學的同事馬特・根茨科夫（Matt Gentzkow）與芝加哥大學的傑西・夏皮羅（Jesse Shapiro）是採用文字探勘法的先驅，他們藉此研究了各家媒體的偏見與預設立場。他們與馬特・塔迪（Matt Taddy）合作一起研究黨派傾向，分析人們說話的習慣，並且量化這些人的黨派傾向如何隨時間而改變。[54]他們從一個政治人物選用的詞彙

來判斷他所屬的黨派，越容易被猜中黨籍的人，政黨傾向就越強。比方說，在討論移民政策時，這個政治人物用的是「非法移民」還是「無身分勞工」？在討論減稅時，用的是「稅務改革」還是「富人減稅」？其實不難猜出，哪個黨派的人會更常用哪些詞彙。

　　不需要太明顯的表態，光是一些語彙上的微妙差異就足以揭露一個人的政治傾向。但這種連結有時強有時弱。在 1870 到 1990 年代間，美國政壇的黨派傾向一直維持在一個穩定的水準。然而 1990 年代後，黨派傾向突然開始大幅上升。舉例來說，如果讓一個聽眾，聽一段 1870 年或 1990 年長約 1 分鐘的典型國會發言，讓他計算這個政治人物各種詞彙的使用頻率，據此猜中黨籍的機率大概有 55%。也就是說，1 分鐘內出現的語彙提供了一些線索，讓聽眾能預測一個人的政治傾向，不過也只是比丟銅板決定高出了 5%。然而到了 2008 年，不同黨派使用的語彙已經差異極大了。就算不理解內容，光是計算某些語彙出現的頻率，就有 82% 的機會猜中這個政治人物的黨籍。這還只是聽了 1 分鐘的發言而已。如果我們聽 4 分鐘某政治人物在 2008 年的發言，我們猜中黨籍的機率將高達 95% 以上；然而當我們聽的是 1990 年以前的國會發言，我們大概只有 65% 的機率會猜對。[55] 雖然政治語彙的差異只是意見極端化其中一個面向，但這印證了我們對政壇日益分裂的印象。

　　言談中顯露出強烈黨派傾向，不只代表口水戰變得更激烈而已，我們也看到更多立法僵局。[56] 雖然不同政黨自然會有不同立場，但議場曾是各方協商妥協之處。過去許多法案能順利通過，

就是因為最終獲得了兩黨的支持。然而如今的投票傾向大多依據黨派意志而定。為了衡量這件現象，我調閱了國會各議員的法案表決紀錄。[57]

　　在 2015 年參議院一共進行了 339 次法案表決。在所有參議員中，投票傾向差異最大的是加州的民主黨議員芭芭拉・柏克瑟（Barbara Boxer）與佛州的共和黨議員馬可・盧比歐（Marco Rubio）。他們只有 11％ 的法案有相同的投票選擇。也就是說，如果你知道柏克瑟贊成某法案，那你幾乎就可以肯定盧比歐會持反對意見。投票傾向最接近的是夏威夷州的民主黨議員廣野慶子（Mazie Hirono）與羅德島州的傑克・里德（Jack Reed），他們在 98％ 以上的法案都有一致的立場。事實上，投票傾向最接近的前 30 組議員都是民主黨員。共和黨員的投票傾向相對更分歧——自 19 世紀中輝格黨（Whigs）瓦解以來，黨內還未見過如此明顯的分裂情況。衡量黨派傾向時，其中一個觀察重點就是參議員是否很少妥協於另一派的意見；具體來說，我們可以觀察這種不妥協的情況與 1990 年相比嚴重了多少。

　　在圖 7-4 中，若兩參議員相連，則代表他們至少在一半法案上持相同看法。[58]在 1990 年，有 82％ 的參議員彼此相連，但到了 2015 年，只剩下 53％ 的參議員仍相連，而且跨黨派的連線極為罕見。這個網絡有趣之處在於，某些參議員的立場似乎遠離了所屬政黨的主流觀點。圖中各節點的位置並不是我安排的，而是由一個演算法決定的。這個演算法會拉近彼此相連的節點，推遠相連程度較低的節點。[59]

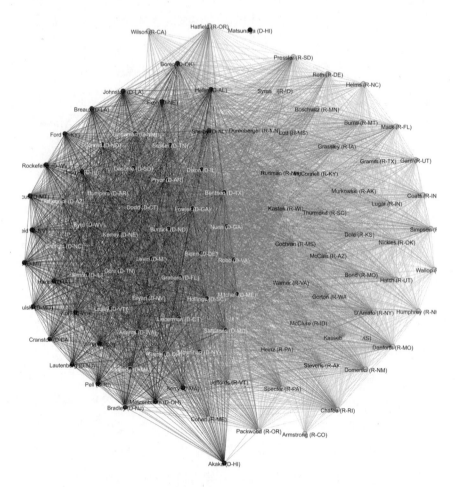

(a)1990 年投票情況。

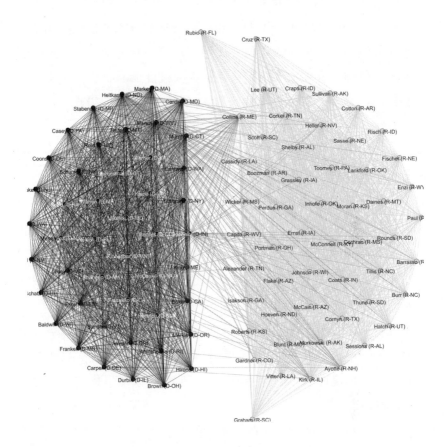

(b)2015 年投票情況。

圖 7-4　美國參議院投票情況。如果兩個參議員半數以上的決議案都投給同一個選項，
　　　　那這兩人就會彼此相連。在 1990 年，82%的參議員彼此相連；到了 2015 年，
　　　　只剩下 53%。參議員的投票資料蒐集自 GovTrack 網站，原始的 Python 網路
　　　　爬蟲程式碼來自倫佐・盧西奧尼（Renzo Lucioni），並經由彼得・阿爾多斯
　　　　（Peter Aldhous）改寫。[60]

　　這個現象並不只發生在美國政壇。民族主義政黨也在許多國家站穩了腳跟，像是法國與奧地利。英國的脫歐公投也讓國內的意見分歧浮出檯面。幾年前，比利時經歷了長達 589 天的無政府狀態，凸顯了境內法蘭德斯人與瓦隆人彼此鴻溝之大。幾乎整個 2016 年，西班牙都處於殭屍政府的狀態，因為各地議會所代表的地方利益難以達成共識，導致聯合內閣難產。

　　不過，同質性如何影響資訊傳播，其實取決於涉及的資訊類型。為了說明這一點，讓我們看看生活中常見的兩種資訊類型。

　　我們經常轉達一些對別人可能有幫助的訊息，這類訊息通常帶有以下特徵：單純且無需解讀。例如：「某家銀行即將在我們村裡推行微型貸款了」「我們的教練被解僱了」「我們公司正陷於財務危機之中，明天將會關掉一個廠」「新一集《星際大戰》開拍中」等等。這些資訊你只有「知道」或「不知道」兩種狀態，像是事實或迷因，只是人與人之間某種認知的轉移。社會學習這類資訊的過程，很像我們之前討論過的疾病傳染模式。只要有一個人告訴你這件事，你就得知了這個消息，因此這類資訊通常很容易散播。

　　另一類資訊則牽涉了截然不同的學習過程，像是估計牛體重的例子，每個人心中都有不同的估計值。這款疫苗有多危險？明年政府的財政預算多高？氣候變遷可能造成災難性事件嗎？這個候選人能勝任領導者的角色嗎？這些都是適用德格魯特式學習的問題。這是一種更複雜的學習模式，演變出的學習過程各不相同。我們必須統整資訊：將不同來源的資訊加以評估並匯總。

　　同質性對這兩種學習模式的影響可說是大相逕庭。這是古魯布與我發現的現象，我們比較了兩種學習模式：德格魯特式學習與簡單傳播模式。

　　如果只是涉及簡單認知的事實性資訊，同質性影響不大。只要網絡連結足夠稠密，能讓消息四處擴散，那麼只要進行少數幾次跨族群的交流，這些認知就能自由地流傳到網絡的每個角落。背後的原理很簡單，影響傳染、擴散或學習模式的是網絡結構本身。[61] 假設我們身處的社會有著嚴重的網絡隔閡，像是貴族與農民組成的封建社會、四處都有廠房的公司，或是種族分界明顯的社區等等。想讓某個事實成為網絡中的普遍認知並不難，只要在所有族群中都找到一條跨族群連結，將資訊輸入到該族群內就可以了。如果你任職於一家大型企業，而且 CEO 即將被解僱的流言已經在某個大型部門（例如生產部門）內傳得沸沸揚揚了，此時要封鎖消息非常困難，因為風聲很容易走漏到另一個大型部門（例如行銷部門）。如果只有一小群知情人士，消息有可能不會外洩；然而，只要風聲開始在公司某個部門內廣為流傳，消息就會以差不多的速度開始向外擴散到公司其他部門。[62] 這跟我們在第 6 章看到的情況很類似：簡單傳染模式可以輕易突破網絡隔閡，就像貴族與統治階級也和他們的子民一樣受到傳染病的死亡威脅。圖 7-5 說明了這個現象。

　　相對之下，同質性對第二類資訊的影響極大，因為這些資訊的解讀極具爭議性，牽涉到價值觀與個人看法——像是人類活動對氣候的影響有多大之類的問題。[63] 當我想從朋友的看法中梳

理出自己的觀點，但多數朋友的看法相當類似，此時少數派意見可能永遠都無法改變我的觀點。我們就像是懷疑論者，不信任每一則新資訊，因為這和我們現在接收到（或過去接收過）的資訊相衝突。重複性與慣性對這種學習過程的影響更大：如果只有少數朋友擁戴某種觀點，我們就幾乎不可能被這種觀點改變。

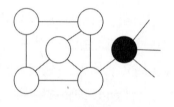

(a)初始條件：同質性讓網絡中的 5 人自成一群，他們都不曾聽過某個迷因，其中只有一個人，他有一個朋友聽過這個迷因。

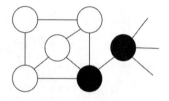

(b)迷因做了一次跳躍性傳播，現在 5 人中有 1 人聽過這個迷因了。

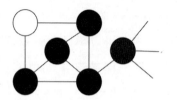

(c)迷因繼續擴散到其他 3 個朋友。

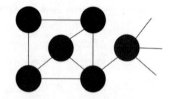

(d)現在 5 人群中的最後一個人也聽過這個迷因了。

圖7-5　同質性作用下的迷因擴散模式：只有「知道」或「不知道」兩種狀態。

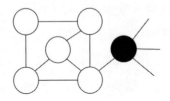

(a)初始條件：同質性將 5 個白點與右側
　　的黑點隔開。

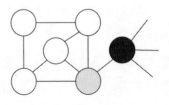

(b)和右側的黑點交流後，第一個人的價
　　值觀只受到一點點的影響，因為其他
　　三個朋友還是持有原本的看法。

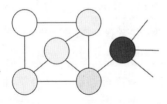

(c)影響繼續擴散，但因為初始條件與同
　　質性的關係，價值觀還是只有輕微改
　　變。

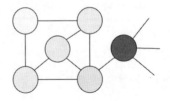

(d)影響終於擴散到最後一個節點，但價
　　值觀改變不大。還需要更多次交流，
　　才可能讓網絡達成共識。

圖 7-6　同質性作用下的德格魯特式學習：要改變複雜的價值觀是個漫長的過程，因為
　　　　新資訊被賦予的權重相對較低。

　　對比圖 7-5 與圖 7-6，我們可以看出這兩種學習模式的差異。

　　疫苗接種率就充分說明了這個現象。就像先前提到的那篇誤導性論文，雖然後來該期刊撤銷了該文章，但已經造成接種率大幅下降了。有趣的是，接種率下降的幅度因地而異。例如，明尼蘇達的索馬利亞移民社區內部連結緊密，從整個明尼蘇達州來看，MMR 疫苗可能導致自閉症的新聞並沒有引起太大的反應，疫苗接種率始終維持在接近 90％的水準；然而如果只看索馬利亞社區，2014 年的接種率從 90％以上掉到了 42％左右。事實上，那篇論文的主要作者威克非曾在 2010 到 2011 年間造訪該社區數次，警告當地人 MMR 疫苗的危險性。他的造訪，再加上其他懷疑 MMR 疫苗人士的積極宣傳，有效地影響了當地社區的接種意願。但這種對疫苗的恐懼僅限於當地社區，社群間明確的網絡隔閡阻止了這種恐懼向外蔓延，因此儘管在 2017 年索馬利亞社區爆發了幾十起麻疹病例，但疫情並沒有擴散到其他社區。[64]

　　在延繩釣漁產業中，也看得到同質性對價值觀與行為的影響，夏威夷大學馬諾阿分校的蜜雪兒・巴恩斯（Michele Barnes）與她的同事對此進行了研究。[65] 延繩釣漁產業為全球許多市場提供新鮮的鮪魚與旗魚漁獲。夏威夷是這個產業的重要集散地，每年有超過一千艘漁船出航，年營收落在 5,000 萬到 1 億美元之間。所謂「延繩釣漁」是一種捕魚的技術：漁船會牽引一條主要的長釣線，上面每隔一段距離就會掛上帶餌的釣鉤，通常這些釣鉤會綁在從主線額外延伸出的短釣線上。一條主釣線上通常會有數百個甚至數千個釣鉤。如果目標是鮪魚或旗魚群的話，垂釣的位置

會非常靠近水面。這種捕魚技術最大的問題在於，延繩釣到的不只是鮪魚與旗魚，還可能釣到其他物種，像是鯊魚、海龜，甚至是海鳥。這些非預期的漁獲被稱爲「混獲」。

對漁民來說，混獲並不是一件好事，原因有幾個。首先，有些誤捕物種瀕臨絕種，不能隨意捕撈。第二，混獲也可能帶來危險。你可以想像一下，光是從延繩上取下大型鮪魚或旗魚就已經夠危險了，更何況是鯊魚。第三，延繩上每多一個誤捕，就意味著少一個捕獲目標魚種的機會，而且還需額外花時間將混獲從延繩上移除，或是修理那些混獲帶來的裝備損害。

要避免混獲有許多方法，比方說：改變釣餌、調整垂釣深度、避開鯊魚經常出沒的地區、弄清楚不同月相與季節如何影響潮汐與最容易發生混獲的海域、和其他漁民分享避開鯊魚與混獲的資訊等等。[66] 因此，漁民間其實有很多資訊交流。

在夏威夷的延繩釣漁產業中，漁民的資訊分享網絡具有高度同質性。巴恩斯與她的研究夥伴訪問了幾乎所有的當地漁民，調查他們平日都與誰共享重要的捕魚資訊。結果發現，漁民的網絡可以按族裔分成三大社群：越南裔、歐洲裔、韓裔美籍漁民（以社群規模排序）。其中越南裔與韓裔美籍漁民通常是第一代移民，英文溝通能力有限；歐洲裔美籍漁民則大多來自美國本土。這裡同質相吸效應非常顯著，漁民社群間以族裔作爲分界：漁民 88％的往來對象都有同樣的族裔背景。

巴恩斯與她的同事研究了鯊魚爲主的混獲，他們發現越南裔與韓裔美籍漁民的混獲率差不多高，但歐洲裔漁民的混獲率卻低

得多。根據他們的估計，如果所有漁民的混獲率都一樣低，每年大概可以減少一萬隻誤捕的鯊魚，整個夏威夷延繩釣漁產業的鯊魚混獲率將下降 12%。

你可能會認為，不同族裔間的混獲率差異也許和文化背景有關。為了理解族裔背景有多大影響，巴恩斯與她的同事進一步研究個體漁民的行為差異。比方說，有少數幾個漁民和其他族裔往來更密切，像是某些歐洲裔漁民更常與韓裔漁民往來。巴恩斯等人發現，真正影響漁民混獲率的不是族裔背景，而是他們平日往來的對象與社交網絡。關鍵在於資訊。透過訪談漁民，巴恩斯等人提出進一步的證據，他們發現同一個網絡內的漁民會互相分享資訊，像是如何避開鯊魚混獲率高的漁場，或是討論哪些新捕撈技術可以提升效率。

由於這個研究沒有觀察到實際的資訊流向，我們無法確定混獲率的差異，真的是因為同質性造成的資訊差異。但不管怎麼說，這個研究都說明了，即便是同一個產業（甚至在這個案例中，同一片海域上），不同族群的網絡基本上維持著互不相連的狀態，彼此的行為模式也相當不同。

人類面臨的種種挑戰

世界上只有兩件事沒有極限：一是宇宙，二是人類的愚蠢。前者也許還有點爭議，後者倒是毋庸置疑。

—— 愛因斯坦

　　不管愛因斯坦是否曾說過此話，重點在於：我們的集體智慧
令人驚艷，但有時也會出錯。

　　作為一個物種，人類理解與轉述抽象概念的能力，讓我們成
為地球的主宰。我們集眾人之力，得到了無窮的知識，那是世界
上任何單一個體都無法掌握的知識量。然而同樣的能力也讓我們
相信了謊言。沒有人能從全知全能的上帝視角，謹慎地統整所有
知識；我們每個人都只能看到一部分資訊，並以此更新自己的認
知。每個人接受到的資訊來自各種不同的管道。簡單的迷因與想
法很容易散播，但要消化與統整更為複雜的資訊輸入時，就沒那
麼容易了。網絡中充滿了許多小圈子，而身處其中某個小圈子的
我們，可能會從不同朋友口中聽到同一消息，此時重複計算會讓
我們高估這個消息的重要性與真實性——特別是當這個消息其實
來自同一個源頭時，轉傳次數越多其實不代表真實性越高。因為
同質性以及人們選擇性地注意某些消息來源，人們可以安穩地待
在自己厚實的同溫層內，不見得注意得到同溫層外有著截然不同
的價值觀。

　　不管怎麼說，儘管人類有種種缺陷，但集體智慧還是能讓我
們達成共識，帶我們走向正確的方向，只要：我們的網絡足夠平
衡、網絡中流傳的看法沒有偏離事實太遠、彼此交流的頻率越高，
且沒有人想誤導或操控別人的看法。但如果議題泛政治化或討論
過於激烈，且越多人希望某種立場成為社會主流意見時，人們就
會越想區分異己，對來往對象與轉傳的消息更加挑剔，強化了同

質相吸效應，最終導致了觀點極端化。

　　確實，怎麼統整人際網絡中的資訊是個複雜的問題，但除此之外，我們還面對著技術帶來的衝擊：技術不但影響了新聞傳播，也影響了新聞製作與議題挖掘。儘管技術大大造福了人類，如今的新聞變得更容易留存、曝光、搜尋、複製與傳播，但技術也扭曲了人們製作優質新聞與假新聞的誘因。假新聞的製作成本與散播成本越來越低，而挖掘真相的優質新聞卻難以創造營收，這樣的情況下，我們需要培養更好的媒體識讀能力，來辨別資訊真偽。

第 8 章

交友圈與局部網絡結構帶來的影響

與智慧人同行的，必得智慧；和愚昧人作伴的，必受虧損。
——《聖經：箴言》，十三章二十節

　　有很多原因可以解釋為什麼我們會做出與朋友相似的選擇。互補性（complementarity）可能是其中一個原因，比方說：他人慣用的軟體與技術，更容易被我們採納。能夠引起他人共鳴與討論的電影或書籍，總是看起來更有趣。除此之外，我們模仿他人的決定，還可能是出於某種揣測，認為別人的消息比自己靈通，例如：大排長龍的餐廳必定味道不錯。我們追隨自己心目中偶像的行為，因為我們相信他們深思熟慮的決定一定不會錯。人類作為一種社會生物，我們在乎別人對自己的觀感，因此我們會為了回應同儕壓力，而調整自己的行為。

　　周遭朋友對我們的影響，提供了一個新的面向來解釋人類行為：因為人們會有意識地配合周遭朋友的行為，使得資訊傳播與行為模式也會受到局部網絡結構的影響。這種局部交友圈相互配合的機制，與先前單純的傳染與觀點形成的機制不同。本章我們將會探討羊群效應（herding）與連鎖行為，深入了解為何有些產品能迅速走紅，有些則乏人問津。

　　接著我們會進一步剖析為何局部網絡結構如此重要，以及它帶來的影響。舉例來說，如果你觀察身邊的朋友，你會發現他們是否也互為朋友其實關係著許多事的結果。這些局部結構（例如，兩人之間是否有共同朋友）不只決定了某種行為會不會在網絡內流行，也決定了人們之間是否存在互信基礎。

蟻群與旅鼠效應

人與模仿是一體兩面：人之所以成為一個人，完全是透過模仿他人而成。

—— 狄奧多‧阿多諾（Theodor Adorno），

《最低限度的道德》（*Minima Moralia*）

地球上的螞蟻是人類數量的 100 萬倍[1]，因此你住的地方很可能也是螞蟻出沒之處。事實上，除非你住在格陵蘭、冰島或南極洲，不然你生活的地方一定看得到蟻群。你肯定曾經注意到，螞蟻對食物的反應極其迅速。不小心掉落路邊的一小口冰淇淋，很快就會被蟻群包圍。

螞蟻為何消息如此靈通？蟻群並沒有中央控制系統或是共用的大腦，所有的溝通都是透過一隻又一隻的螞蟻個別進行。螞蟻藉由個體間的接觸來交換訊息：牠們會碰觸對方的觸角，以感知彼此體內的化學狀態；還會釋放出微量的費洛蒙，其他同伴一旦靠近就能獲得訊息。我在史丹佛大學的同事黛博拉‧戈登（Deborah Gordon）研究螞蟻行為已經數十年了，她的合作對象是史丹佛大學的計算機科學家巴拉吉‧普拉巴卡（Balaji Prabhakar），他的專長是網路通訊協定。他們想知道蟻群內的個體交流最後是怎麼演變成集體行動。在學生凱瑟琳‧德克塔（Katherine Dektar）的協力下，他們發現了「蟻際網路」。[2] 這個暱稱相當貼切，因為蟻群的覓食系統與網際網路傳輸封包

（packet，意指一小段的資訊）的方式有其相似之處。大自然的奧妙令人折服：早在人類發明網際網路通訊協定以前，自然界就已經存在這種穩健、簡單、去中心化且具可擴展性的演算法了。

他們的研究對象是一種名為Pogonomyrmex barbatus的螞蟻，俗稱沙漠食種紅收穫蟻，棲息地位於新墨西哥州的沙漠地區。蟻巢中的螞蟻有著不同的職責，例如「覓食蟻」就負責外出覓食並將食物帶回巢穴。控制蟻群活動的是一個簡單的反饋系統。一旦覓食蟻離巢，牠們會不停地四處搜索，直至找到食物為止。接著，覓食蟻會將食物拖回蟻巢，通常這些戰利品的重量是牠們體重的數倍以上。如果覓食蟻的返巢率提高，那麼在入口待命的覓食蟻就會遇到更多返巢者。待命者會對此做出反應：當牠們遇到返巢者的次數越多，就越可能加入外出覓食的行列。基本上，待命者每遇到一隻返巢的螞蟻，就會受到一次刺激；而當一段時間內累積的刺激高過某個門檻時，牠們就會出動，執行覓食的任務。當周圍的食物供應較少時，螞蟻的返巢率會下降，因此待命者離巢覓食的比率也會跟著下降。

戈登、普拉巴卡、德克塔等人發現[3]，蟻群的交流系統類似於網路世界裡的TCP傳輸控制協定（Transmission Control Protocol），這個協定規範了一種在網路上傳遞數據封包的方式。當伺服器A與B之間打算傳遞一段資訊時，會先由伺服器A送出一個封包（僅包含一小部分資訊），等到接收方伺服器B確認收到之後，伺服器A才會繼續送出下一個封包。伺服器B確認的速度越快，伺服器A也會以越快的速度繼續送出下一個封包；基本

上如果伺服器 B 能夠越快發出確認訊號，就代表還有足夠的頻寬可以傳輸封包。如果確認訊號開始放緩，則 TCP 通訊協定也會放慢整個傳輸過程。

這個簡潔的系統充分說明了，爲什麼人類或是其他物種可以從同伴的經歷中推敲出重大訊息。如果執勤中的覓食蟻很快地帶著戰利品返巢，這暗示著目前正是覓食的大好時機；爲什麼人類天生喜歡模仿身邊的成功人士，也是同樣的道理。蟻群的模仿行爲很單純，基本上是完全複製同伴的覓食時機與地點，但人類的模仿行爲可以因時因地制宜，根據群體行爲與合作方式作出調整。這種模仿能力，加上對周遭環境的即時回應，是人類社會與文化能快速演化的原因之一，因爲我們不用等待緩慢的天擇機制帶來改變。[4]

但我們眞的會跟隨他人行事嗎？答案是當然會，而且我們隨時都在這麼做。事實上，即使是極其重大的決定，我們也經常追隨別人的選擇。盧卡斯・科夫曼（Lucas Coffman）、克萊頓・費瑟斯通（Clayton Featherstone）與賈德・凱斯勒（Judd Kessler）三人以「爲美國而教」（Teach for America）的錄取者爲研究對象，觀察這些人的選擇是否受到他人影響。[5]「爲美國而教」這個組織每年會選拔優秀的大學畢業生，到教育資源稀缺的地區教兩年書，期間組織會支付薪酬，雖稱不上不豐厚但也還過得去。例如，一位史丹佛大學的畢業生可能被分配到貧困地區的小學教數學，像是明尼蘇達州較窮的鄉下地區或是洛杉磯的低收入區。這個計畫讓剛從學校畢業的新鮮人有機會嘗試不同的道路，更了解他們

生活的世界；同時這些年輕又有活力的老師，也能幫助學校解決師資不足的問題。「為美國而教」透過一系列的面試來判斷合適的人選，同時充分告知申請者，他們需要為這個計畫投注多大的心力。通過面試後，錄取者必須決定是否成為其中一員，開始為這個計畫付出。科夫曼等人分析了兩種情境下的到職率。第一種情境，錄取者收到標準化的錄取通知，內容主要是恭喜他們通過面試，並且邀請他們加入這個計畫；第二種情境，錄取者一樣收到標準化通知，但信末加上了一段話：「去年有超過84%的錄取者決定加入我們的行列，我誠摯地希望你也成為其中一員。」這段話讓8%的錄取者改變了心意，這些人原本在第一種情境下是不打算加入的。

雖然已經有大量的證據顯示人們的決定會受到他人影響，但這個案例還是相當特殊，因為這可是個重大的職涯決定──不是買哪種牙膏這種日常瑣事，而是往後兩年要怎麼度過的人生大事。然而，要證明「人們會模仿彼此且互相配合」卻不是那麼容易，即使大部分人都同意這個說法。研究人員試圖衡量朋友的行為會多大程度地影響我們的選擇，然而要怎麼過濾掉同質相吸效應，讓他們傷透了腦筋。我們的舉止為什麼與朋友如此相似？是因為我們互相影響，還是因為我們高度同質，因此很自然地會做出同樣的行為？[6]人們之所以都看了同一場電影，是因為他們想要和朋友談論這部口碑極好的電影嗎？還是因為這部電影剛好引起了某類人的共鳴？抑或是某特定族群剛好看到了同樣的廣告或是電影好評？

　　為了證明一個人的決定，會促使其他人做出同樣的選擇，我們需要一個像「為美國而教」那樣的實驗：排除其他因素的干擾，控制人們被影響的方式。隨機地在某些錄取者的通知上加入一句話，可以讓我們知道有多少人選擇到職，是因為得知其他人已經加入計畫了。但就算在無法做實驗的情況下，我們還是有機會在某些因緣巧合下，看到類似於實驗設計的隨機性自然而然地發生。這些隨機性可以用來區分人們做某件事的原因。這就是所謂的「自然實驗」。

　　天氣的隨機性就是一例。透過它，我們可以衡量到底有多少人是因為別人也看了這部電影，而選擇踏入電影院。假設某部電影上映的週末正逢盛夏，芝加哥氣溫飆升，但紐約天氣宜人。在炎熱的天氣下，比平常更多的芝加哥人會走進涼爽的電影院；而紐約的好天氣，則可能讓電影院的人潮比平常少。這種天氣的隨機性意味著，相對於紐約，芝加哥有更多的觀眾看了這部電影的首映。在下週末氣溫就回歸正常的情況下，觀影人數會有什麼變化嗎？如果人們是因為他人熱烈談論首映的內容而走進電影院，那我們應該要看到芝加哥的觀眾在第二週仍多於紐約。事實上，的確如此。研究顯示，每當一部電影首映週末的觀影人數增加100 人，第二個週末的人數就會增加 50 人，到了第三個週末還可以增加 30 人。[7]

　　利用各種不同類型的隨機性（可能是機緣巧合下出現或是研究人員刻意安排），研究人員發現了許多類似的案例，明確指出了人們的確會受到周遭朋友的決定與經驗所影響，像是：哈佛商

學院的畢業生是否創業，取決於他們同學的經歷[8]，或是人們要使用哪一款 App[9]、是否要參與某個退休金計畫[10]、是否要健身[11]、要買賣哪支股票等等。[12]

羊群效應、擠兌、集體迷航

　　生而知之者，上也；學而知之者，次也；困而學之，又其次也；困而不學，民斯為下矣！

——孔子[13]

　　「為美國而教」與其他案例背後的邏輯很清楚。這麼多聰明人都已經加入了，這肯定是件值得做的事。因為人們相信集體智慧。然而，集體也可能迷航。

　　在「為美國而教」的案例中，學生只是看到他人的決定就做出了推論，而不是和朋友商量或是多方諮詢。這很危險，因為這種參考方式可能會導致羊群效應。為什麼羊群效應會出現？相對於一對一諮詢，根據集體行動做出決斷會導致什麼問題嗎？[14]

　　我們先不討論太嚴肅的抉擇（像是「為美國而教」錄取者面對的職涯選擇），我們就談談去哪吃飯：要去愛麗絲的餐廳，還是蒙克的咖啡廳。每個人對這兩家餐廳的品質都有既定的印象，有可能是因為看過菜單，或是曾經耳聞主廚的經歷。假設任何造訪過兩家餐廳的人，都同意愛麗絲的餐廳是更好的選擇。然而，在沒有人真的造訪過兩家餐廳的情況下，每個人掌握的初始資訊

不盡正確，這點大家都了然於心；大家也都明白沒有人的資訊品質比自己好（但也沒有人比自己差）。除此之外，所有人也都知道，這些初始資訊實際上能反應真實價值：如果所有人都依照自己手上的資訊表決哪家餐廳更好，只要投票的人數夠多，多數決的結果通常（有很高的機率）會是正確的。

不過，人們在做出選擇前，並不會先來一輪全體投票。真實的情況會是，在某人決定前往哪家餐廳時，另一個人也在煩惱該怎麼選擇。在決策的當下，他們會觀察先前其他人做了什麼選擇（比方說，從窗外觀察餐廳是否高朋滿座）。

首先，最早出門的人選了一家餐廳。一旦觀察到他的選擇，你可以據此推敲他手中掌握什麼資訊。如果這位先行者決定前往蒙克的咖啡廳，這代表他手中的資訊對蒙克有利。接著輪到第二個人做選擇。由於第二人知道，先行者的資訊品質不優於自己手上的資訊，因此即使觀察到先行者的選擇，第二人還是可能會依自己的資訊行事。假設第二人也選了蒙克的咖啡廳。那麼目前檯面上就有了兩條對蒙克有利的線索。但頭兩人所掌握的資訊可能有誤，事實上愛麗絲的餐廳更好，這時會發生什麼事？此時出現的第三人看到的情景是，已經有兩個人坐在蒙克的店，而愛麗絲的餐廳則沒有客人。你大概也有過這樣的經驗：當一家餐廳空無一人，而隔壁的店卻坐著幾個客人時，你可能會猶豫是否要踏入這間餐廳。因此第三人的心中出現了這樣的盤算：如果前兩個人都選了蒙克的店，那很可能這兩人都認為蒙克的咖啡廳是較佳的用餐地點。蒙克獲得的這兩票非常關鍵，因為不管第三人的資訊

對誰有利，他都會認為檯面上的多數資訊已經表明了蒙克更好。
於是第三人也走進了蒙克的咖啡廳。這產生了一種連鎖行為：這
樣的決策過程將會持續下去。就算此時出現的第四人剛好讀過這
本書，他知道前兩個人的選擇，是根據自己手上的資訊而做的決
定；他也知道第三人的決定沒有參考價值，因為他只是追隨多數
（而非自己手上的資訊）。然而基於與第三人同樣的決策過程，
第四人最後還是會走進蒙克的店，無論他手上的資訊對誰有利。
此時就出現了羊群效應：所有人都湧入了蒙克的咖啡廳，即便事
實上愛麗絲的餐廳品質更好。

　　這個案例帶來一個重要的啟示。如果你開始像個經濟學家一
樣思考（如果這嚇到你了，我很抱歉），可能已經發現問題出在
哪了。從中作梗的正是外部性：任何人做的決定都是一種訊號，
向其他人傳遞著某種訊息。一開始，人們只是依照自身喜好來決
定用餐地點，但這些決定最後卻變成其他人評估餐廳品質的主要
依據。僅僅只是兩個人做了錯誤決策，整個群體就像是迷途羔羊
一般遠離了正確的方向。

　　如果不讓前 20 或 30 人看到彼此的選擇，而是讓這些人完全
依據自有資訊來做決定，那麼整個群體對真實情況的認識會正確
得多，因為接下來做選擇的人，可以將前 20 人的決定列入考慮，
而不是只參考前兩個人的選擇。如果（更精確來說，應該是第三
人以後的）所有人都像前面案例所述，忽略自有資訊而選擇跟隨
群眾，這對個人來說可能是最佳策略，但對整個群體來說，卻損
失了絕大多數的資訊。

　　生活中這種「資訊外部性」無所不在。回想一下我們面對新產品或是新的機會時，通常是什麼反應。如果知道海豹可能潛伏在這片水域，哪隻企鵝願意冒險第一個跳入水中呢？如果所有人都打算作壁上觀，等別人先行動，那麼沒有人會願意踏出第一步，整個群體只能落得一無所獲，或不斷地拖延下去。你是不是也有類似的經驗？想先看看別人的評價再決定要不要下訂？或是根本就對沒有評價的商品退避三舍？有時候就是這種懼於嘗試新事物的心態，使得某些東西永遠紅不起來，或是得經過很長一段時間才終於普及。

　　這種心態也讓新的耕種技術推廣不易，讓農業蒙受極大的損失。採用新技術本身帶有風險，沒有農民想把今年的收成，押在不確定的技術上。根據安德魯‧福斯特（Andrew Foster）與馬克‧羅森茨威格（Mark Rosenzweig）[15] 在印度農村的研究，這種等著瞧的心態，讓高產量的新物種難以在當地推廣。那些最貧困的農民本該是最大的受益族群，然而因為周遭的農友也同樣不願意先嘗試新技術，因此所有人都蒙受損失。

　　當然，也有許多新產品簡直是災難，讓購買者事後相當後悔，像是福特（Ford）的埃茲爾汽車（Edsel），到 IBM 的 PCjr（IBM的首部家用電腦）等等。無論這件事是好是壞，但一個產品要被認識，得先要有人願意嘗試。這也是為什麼廠商願意免費發放試用品，有時甚至願意花錢請別人採用他們的新產品，這種情況在某些小眾市場特別常見。精明的行銷專家也會借助人際網絡的力量，創造使用者轉薦的誘因。[16] 特斯拉汽車（Tesla Motors）一

度這樣獎勵那些轉薦者：Model S 車主只要成功推薦一位朋友購
入同款轎車，特斯拉將給予 1,000 美元的獎勵。Dropbox 公司也
有類似的轉薦獎勵，這個計畫讓其用戶從 2008 年底的 10 萬人暴
增到 2010 年春季的 400 萬人以上。在電影或是汽車等特定產業，
還有專業評論人這種職業，他們的工作就是告訴別人該買什麼。
不過也有人搶著當早期使用者：他們可能是一群不在意評論、單
純喜歡嘗鮮的人，或是得知了一些內幕消息，因此想比其他人更
早擁有新產品。[17]

　　外部性不總是件壞事，但它是把雙面刃。

　　如果你看到某家銀行的提款機前大排長龍，你可能也會開始
擔心自己在這家（甚至其他家）銀行的存款。這可能只是個誤會：
少數人出於某些誤解，陷入恐慌因此急著排隊提款。結果卻導致
人們群起效尤，發生了毫無根據的銀行擠兌。擠兌的發生可能真
的是因為銀行自身出了問題，但導火線通常是某些新聞報導。就
像是電影《風雲人物》（*It's a Wonderful Life*）中，比利叔叔弄丟
了貝利營建與貸款公司 8,000 美元的消息，導致大批擔心貝利公
司倒閉的人們，紛紛要求領出存款，不過故事最後出現了令人印
象深刻的轉折。

　　如同本書第 4 章所述，一則能引發擠兌的新聞，不見得是什
麼足以使銀行倒閉的大消息，它甚至可能是假的，或是跟這家銀
行無關的消息。這則新聞只要在儲戶與債權人心中種下一顆懷疑
的種子，這種不確定性就能引發銀行擠兌。害怕擠兌會發生，這
種恐慌本身就足以造成擠兌。即使你知道這家銀行投資體質健全，

出問題的風險不大，但如果你預期其他人將陷入恐慌，那麼保險起見你也會跟著把錢領出來，因此擠兌就自我實現了。事實上，就算是一家財務體質健全的銀行，一旦被迫提早將投資變現，通常無法在短時間內籌到足以償還儲戶全部存款的資金。因此，當有人打算將存款全數提出，這個決定將讓其他儲戶也加入擠兌的行列，因為沒有人想當最後那個提不出款的人。這裡的外部性在於，當少數銀行發生擠兌，人們的預期會改變，開始懷疑其他運作良好的銀行也可能發生擠兌。這種不斷蔓延的金融恐慌在近代已經相當罕見了，部分是因為人民信任政府的存款保險，也相信必要時刻政府會出手干預。但有時候這樣的信任也可能崩壞，陷入恐慌的民眾紛紛擠兌，導致體質健全的金融機構與那些肇事的同行都受到重創——就像是 2015 年的夏天，希臘政府被迫暫停了所有銀行的業務。

賽局理論與互補性

我們決定做什麼，很多時候會參考親朋鄰友的行為，上述的擠兌案例只是其中一例：因為別人爭先恐後地提款，於是你也成為提款機前排隊的一員。

很多人都說，東京的壽司大是全世界最棒的壽司店之一。而且相對於它的品質，壽司大的價格可說是相當親民。但假如你想造訪這家店，你要付出的代價不是金錢，而是時間。一般來說，排隊用餐的隊伍可以長到可以繞過一個街區，就算當天颱風下雨

也無法倖免長時間的等候。我進到店裡用餐時，已經排了三個小時的隊（中間還看了日出）；這家店座落在東京最有名的魚市旁，凌晨開始就已經相當熱鬧了。如果你曾經搜尋過如何花費最少時間進到壽司大，你會發現我的經驗完全不是特例。有位導遊這麼說：「我們在凌晨 3 點半左右開始排隊，當時我們大概是第 50 組客人。壽司大會在凌晨 5 點左右開始營業，每 45 分鐘可以服務 12 ～ 13 人，這代表 4.5 個小時後的 8 點，我們就可以進到店裡享用壽司了！」[18] 壽司大的排隊現象，並不只是單純的羊群效應，這遠比蒙克咖啡廳的案例更為複雜。這中間還牽涉了其他因素。

　　我印象中壽司大的食物很棒，但老實說，我對壽司品質實在沒有什麼辨別能力，「很好吃」的壽司與「世界最好吃」的壽司在我口中沒什麼差別。難吃的壽司吃一口就能鑑定，但一定品質以上的壽司，我就分不出高下了。[19] 既然如此，為什麼我要在又黑又冷的凌晨等上幾個小時才能吃上一頓壽司早餐？明明其他地方不用排隊，也可以吃到對我來說幾乎一樣好吃的壽司，不是嗎？原因就在於，如果你到東京參觀了魚市場，大家就會認為你應該要造訪壽司大。這背後隱含了一層意思：這是一種共同體驗。就像是旅遊網站上的說法：「我們做到了！在築地魚市通宵排隊了一晚，我們終於吃到了壽司大的早餐。我們細細品味著這裡的食物，我們敢說這種美味完全值得數個小時的等待。完美的東京之旅，一定要有壽司早餐，而其中最棒的一個選擇就是壽司大。」因為壽司大是遊客必訪之店，如果你跟任何談起東京魚市場，一定會有人問你：「那你去了壽司大嗎？」現在我終於可以回答：「去

了，眞是一個特別的體驗。」

在某些條件下，藏身在壽司大排隊人龍後的乘數效應，威力可以大到不可思議。

2012 年 7 月，南韓音樂人「江南大叔」Psy 推出了一支名爲「江南 Style」的 MV。Psy 是南韓知名的流行歌手。他有段時間曾在波士頓大學攻讀商業，後來轉到波士頓的伯克利音樂學院，但最後沒有完成學位就返回了家鄉。他眞正想做的是音樂創作。他的創作之路一開始並不順遂，但後來一連串的發燒歌曲和影片在南韓打出了知名度。他的作品充滿了幽默感，成功引起了日本市場的關注，特別是 2012 上半年日本電視台轉播了他的演唱會後，Psy 在日本一炮而紅。然而除了日韓地區以外，他幾乎不爲人知。因此當「江南 Style」的 MV 在那年夏天推出時，沒有人可以預見這支影片即將紅遍大江南北，不僅成爲年度最流行的 MV，而且還是史上第一支觀看數突破 10 億人次的影片，兩年後更突破 20 億人次。這支影片當然有它吸睛之處，有著原創性的舞蹈與充滿創意的剪輯，但和它一樣優秀的創作影片並不罕見。「江南 Style」的確獲得了許多正面迴響，但這完全不足以解釋其如野火燎原般的巨大成功。

人們的時間和注意力有限，這代表著不是所有事情都能引發流行，成爲人們口中的熱門話題。流行之所以成爲流行，取決於集體的反應；外部性在此再度發威：我們看某部影片或是電影，是因爲我們的朋友也在看。這種效應的問題在於，有待商榷的東西可能傳遍大街小巷，但如寶石般珍貴的資訊，卻可能堆在角落

蒙灰無人知曉。即便是最好的內容，也可能因爲沒有夠多人關注，而永遠無法讓雪球開始滾動，讓消息開始流傳。如果有人要你預測某個東西會不會風靡全球，你永遠都該回答「不會」。因爲99％的機率你會答對。大多數的人事物永遠沒有走紅的機會。這關係到群體怎麼反應，東西本身的品質反而不見得與最後的成功有關。品質很重要，但遠非走紅的保證。「江南 Style」相當幸運，先是偶然地成爲大家喜歡播放的派對音樂之一，接著開始有人討論與轉載；一旦這些討論造成了一定程度的流行，其他人也會爲了不顯得落伍，而加入觀看的行列。

你希望自己與周遭朋友行爲一致的傾向，導致局部網絡出現不同的結果，而且每一種結果都是穩定的均衡，難以改變。用賽局理論的術語來說，出現了「多重均衡」。在許多情境下，周遭朋友互相牽制的力量可以強過個人偏好。大量的案例顯示，爲了配合周遭的人，人們被迫接受了不理想的狀態：我們現在用的鍵盤，並沒有採用最符合我們打字習慣的字母排列，因爲我們需要一個各地都通用的鍵盤，而且製造標準化（而非客製化）的鍵盤也比較便宜；我們現在說的語言，根本沒必要這麼複雜又充滿各種例外用法，然而如果我們想和周圍的人打交道，就只能接受現狀；世界各國駕駛規定不同，有的靠右，有的靠左行駛，遊客只要稍不注意（或是時差讓遊客腦袋不清楚）就可能在過馬路的時候遭遇危險。明明就有更好的選擇，卻從來都沒有實現。因爲每個人都想和周遭的人行爲一致，這種互相牽制的反饋效果太強，導致已達成均衡的現況幾乎難以撼動，就算我們都知道其實有更

好的選擇。[20]

　　不同於社會學習的機制，我們之所以模仿朋友的行為，不只是因為他們的行為傳達了什麼訊息，有時候只是因為大家都這麼做，於是變成一種圈子內的社交行為。成為世界上唯一一個懂得下西洋棋的人，完全沒有意義。畢竟大部分的休閒娛樂都帶有某種社交的性質，像是參加單車俱樂部、讀書會，或是討論某部影集的最新劇情。由於人們的行為可以反映出他們的社交圈（或平常往來的人），一個人的舉止也就因此透露了許多線索，像是他的個性、志向或職業身分等等。

　　為什麼我們會跟隨朋友的決定作出類似的選擇，背後的原因有很多。比方說，想和朋友談論共同的經歷，必須服從眾人的決定，努力跟上其他人的腳步，或者只是為了配合他人而做某些事等等，這些都是促使我們不斷地調整自己行為的原因。網絡的運作機制也因此變得更加有意思。

　　這種交友圈內互相配合的現象，也可以視為同質相吸效應又一次生效。當我們為了配合周遭朋友而調整自己行為時，這種影響可能只及於周遭的局部網絡，不會擴散到網絡的其他地區，就像是本書第 6 章討論過的「輟學賽局」那樣。

　　「貪腐」其實也是一種非常社會化的行為：當周遭的人經常無視法律時，我們也會更容易做出違法的行為。當我們談到不同族群有著不同的社會風氣時，「貪腐」經常被拿來當作例子。[21]由於地理上的同質性，世界各地的貪腐傾向大不相同。有趣的是，即使人們換了個地方生活，家鄉的社會風氣（例如貪腐傾向）仍

然影響著他們，導致兩地的價值觀產生摩擦。

　　雷·菲斯曼（Ray Fisman）與泰德·米格爾（Ted Miguel）就發現了一個非常有意思的案例。[22] 你也許聽過「外交豁免權」：外交官如果違反當地法律，不會被起訴。一方面，這是因為駐外人員可能不完全了解當地法律，外交豁免權能給他們一點彈性；另一方面，這種特權也能避免各國使用司法手段，威脅來訪的外交官。

　　世界上絕大多數的國家，都會派人到紐約駐點，畢竟那裡也是聯合國總部所在。因為有外交豁免權，所以理論上這些駐外人員就算胡亂停車、不繳納罰款，當地執法單位也不能拿他們怎麼樣。在 1997 到 2002 年間，紐約的各國駐外人員總計收到了 15 萬張違規停車的罰單，滯繳金額超過 1,800 萬美元。這可不是一個小數目。大多數是因為在禁區停車而被開單（像是在禁止停車區、裝卸貨保留區，或是消防栓附近的區域等）。

　　從各國外交官的行為中，可以看出非常明顯的國情差異，因為他們的行事作風通常與母國的社會風氣有關，我們可以藉此觀察國家間涇渭分明的社會風氣。如果貪腐在他們母國是件見怪不怪的事，那他們就更有可能無視紐約的法規，而收到大量的違規停車罰單。有些國家基本上從未違規停車（你大概能猜到是哪些國家），它們是：加拿大、丹麥、日本、挪威和瑞典，這些都是貪腐程度極低的國家。如果我們列出外交官平均違規次數超過 100 次的國家，你會發現它們剛好是貪腐程度較高的國家：埃及、查德、蘇丹、保加利亞和莫桑比克。

圖 8-1 描繪了這兩者之間的關聯性。

被分類為「腐敗」的國家（貪腐指數為正的國家），每名外交官平均收到 23 張滯繳罰單；而被列為「廉潔」的國家，平均則略高於 12 張。[23]

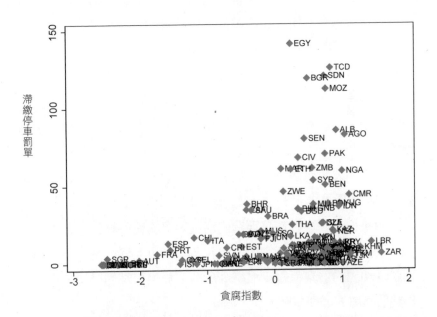

圖 8-1　1997 到 2002 年各國駐紐約外交官收到的滯繳停車罰單。縱軸數字顯示了平均每名外交官收到多少罰單。橫軸的「貪腐指數」已經做了標準化處理，因此平均數為 0；若貪腐指數為 1，代表該國的腐敗程度比平均值高了 1 個標準差；若貪腐指數為 -2，則代表該國的腐敗程度比平均值低了 2 個標準差（因此較廉潔）。資料來自 Fisman and Miguel（2007）。

群聚現象：複雜傳染與複雜擴散

　　這種朋友間交互影響的複雜行為，有著特殊的擴散模式，不同於單純的傳染病或資訊傳播，也不同於社會學習的機制。你可能會先等幾個朋友學會橋牌或是麻將後，才覺得自己也該花時間學一下。如果你看到好多人都在行賄，你可能會覺得保險起見自己也該這麼做。你可能也會等到一定數量的朋友都開始使用新社交平台後，才開始研究怎麼註冊一個帳號。

　　一旦考慮了社會性影響與配合群體的傾向，擴散模式就不只取決於本書第 3 章介紹的基本再生數了，還會受到我們身處的局部網絡結構所影響。「群聚」現象就是一種刻畫局部結構的網絡特徵。

　　你的朋友中有多少比例的人也互為朋友？這個比例就是所謂的「群聚係數」。[24]

　　如果約翰與亨利都是瑪麗的朋友，那約翰與亨利也互為朋友嗎？我們統計瑪麗所有的朋友中有多少人也互為好友，算出的比例就是瑪麗的群聚係數。網絡中所有人群聚係數的平均，可以視為整個網絡的群聚係數。

　　圖 8-2 描繪網絡的群聚程度。

　　不同類型的人際網絡，有著不同的群聚係數。例如，在前幾章介紹過的印度村莊中，諮詢意見的網絡群聚係數為 0.22，提供互助（商借煤油和米）的群聚係數則為 0.29。顯然，第二種類型的人際網絡，群聚程度更高。[25] 這種群聚程度有別的現象很正

常。當你想諮詢多方意見，你可能會找鄰居、家人、同事、求學時期的朋友聊聊，他們不見得認識彼此。然而如果你想借錢，你可能只會找最親近的家人或朋友商量，這些人很可能認識彼此。

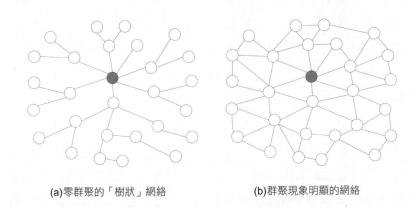

(a)零群聚的「樹狀」網絡　　　　　　(b)群聚現象明顯的網絡

圖 8-2　兩個群聚程度相異的網絡。這兩個網絡中，黑色實心節點都有 7 個朋友。圖 (a) 呈現的樹狀網絡中，黑色節點的所有朋友彼此互不相識，因此群聚係數為 0。而在圖 (b) 中，黑色節點有 1/3 的朋友，彼此也互為好友（在 21 種可能的朋友配對組合中，有 7 對互為好友），因此群聚係數為 1/3。

群聚係數 0.22 和 0.29 不是罕見的數字。許多社交網絡都看得到高度群聚的現象，像是佛羅倫斯名門望族間的商業和聯姻網絡，或是我們先前探討過的青少年友誼網絡。[26]

這些數字有何特殊之處呢？以下將更深入地探討這種典型的群聚現象。

我們將「朋友」定義為曾經幫過你忙的人，像是借過東西給你、幫你完成某個任務、給過你重要建議等等。按照這個標準，

你大概會有一百位朋友左右。如果是一個地處偏遠且帶有濃厚宗教傾向與性別隔閡的小村莊，這裡的村民大概可能只會有十來位朋友。而像葛楚‧史坦（Gertrude Stein）那樣全世界到處旅行，舉辦人氣沙龍講座的人，她的朋友可能會有幾百位。因為存在個體差異，我們姑且假設每個人平均有一百位朋友。很快你會發現，就算你將這個數字放寬到數千，得到的結論基本上不會有所改變。

若以全球人口（目前將近 80 億人）為群體，平均來說每 8,000 萬人中，就會有一人與你為友。假設這個機率適用於全世界尺度的友誼網絡，且任兩人互相連結的機率獨立且相等。那麼任兩人成為朋友的機率為八千萬分之一。在這樣的網絡中，你的任何朋友，彼此互為好友的機率只有八千萬分之一。因此整個網絡的平均群聚係數就會是 1/80,000,000。這個數字顯然遠低於人際網絡內常見的群聚係數，例如印度村莊就有著 0.2 左右的水準。

地理因素可能扮演了相當重要的角色。也許你在某個小鎮度過了人生中一段不短的日子，你大部分的朋友也都住在這個小鎮附近。既然如此，讓我們簡化一下先前的例子。不需要全球尺度的網絡，我們現在只需要在社區的尺度下建構友誼網絡就可以了。假設你生活的社區約有兩萬個居民，你在當地有一百位朋友，這代表這個社區中，每兩百人就有一個人是你的朋友。如果我們依照以上描述（總數兩萬人，朋友率為 1/200），完全隨機地形成這個社區的友誼網絡，那麼你的朋友中任兩人互為好友的機率，也會是 1/200。然而，這個網絡的平均群聚係數只有 1/200，還是相當接近零，離 0.2 有一段距離。

同質相吸效應也可能提高（至少一點點）網絡的群聚程度。如果你只跟背景相似者當朋友（比方說年紀、性別、教育程度、宗教背景等），那麼群聚係數可以提高至 1/20 左右，但這仍然是個偏低的數字。錢德拉塞卡和我就在印度村莊內做過類似的調查。結果發現，不管我們用多麼詳細的同質維度或人口特徵，來模擬友誼網絡，我們頂多能把群聚係數推高到 0.05 的水準，還是遠低於真實的網絡群聚程度（0.22~0.29）。[27]

也就是說，就算我們排除了同質性造成的所有網絡隔閡，友誼網絡還是存在著群聚現象。不難理解為什麼群聚現象如此常見，就像我們與自己的社交小圈子更常交流；學生分班上課、從事團體運動、和一小群死黨出門閒逛；人們輪班工作，或是以數人規模的小單位進行工作。除此之外，你認識的新朋友也多半是透過現有的朋友引薦——正是因為這些人早已是你的二度連結朋友，因此你們成為朋友的機率也比較高。[28]

現在我們都了解什麼是群聚現象了，那接著我們就來談談它的重要性。事實上，在社會學習的過程中，群聚現象會造成重複計算的問題。一個高度群聚的網絡會形成許多社交小圈子——這代表身處某一個圈子的我們，可能會反覆地從各種不同的路徑，接受到同樣的資訊，很可能因為重複計算而高估其重要性，也更容易聽到帶有自己觀點的回聲。人們社交群聚的現象除了會扭曲社會性學習，也會影響人類行為的擴散模式——特別是那些需要周遭朋友多次提及後，你才有意願跟進的行為。

為了理解這種特殊的擴散模式，我們以一款三人遊戲來說明。

假設這個遊戲由網絡中的兩個朋友所發明。對於其他人來說，至少要有兩個朋友開始玩的情況下，他才會想花時間學習遊戲規則。現在，讓我們來觀察這款遊戲的擴散模式，在兩種不同的網絡內有何區別：一種是零群聚樹狀網絡，另一種則是具有群聚特質的網絡（如圖 8-2 所示）。圖 8-3 與圖 8-4 以黑色節點標註了兩位遊戲發明人。

在圖 8-3 的樹狀網絡中，兩位發明人沒有任何共同朋友，因此這款遊戲始終無法流行起來。相反地，在圖 8-4 具有群聚特質的網絡中，這款遊戲順利地推廣了出去。雖然其速度低於疾病的簡單傳染模式（後者只需要周圍一個朋友被影響，就能繼續往外擴散），但還是成功擴散出去了。

雖然這個三人遊戲只是個簡單的例子，但很多案例都顯示了局部群聚與網絡結構的重要性[29]，像是語言的普及[30]或是新技術的採納等等。[31]

不過，群聚現象並不是局部網絡結構唯一重要的特徵。

(a)兩位遊戲發明人　　　　(b)一回合後　　　　　(c)兩回合後

圖 8-3　零群聚網絡的擴散模式。如果人們要先得到數名朋友的鼓勵才有意願跟進的話，
　　　　那麼在零群聚網絡中，不會看到任何擴散。這個遊戲永遠不會流傳出去。

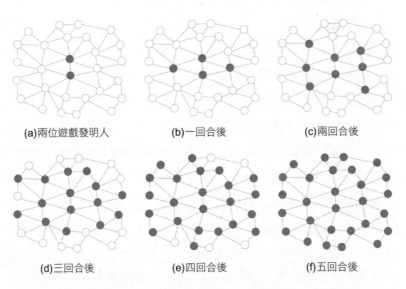

(a)兩位遊戲發明人　　　　(b)一回合後　　　　　(c)兩回合後

(d)三回合後　　　　　　(e)四回合後　　　　　(f)五回合後

圖 8-4　當網絡具有群聚特質時的擴散模式。如果人們要先得到數名（這裡假設為 2 名）
　　　　朋友的鼓勵才會採取行動的話，此時網絡的群聚特質有助於引發擴散。

信任與支持

　　約翰‧納許（John Nash Jr.）是位了不起的數學家。他在 23 歲時，就發表了兩篇雖然短但卻改變了賽局理論的研究[32]；後來賽局理論能大量地應用在社會科學研究中，都得要歸功於納許為其奠定了基礎。到了 24 歲時，他提出了納許嵌入定理，這是代數幾何領域中一項重要的證明。除此之外，在偏微分方程、隱函數與奇點研究中，他也不斷地提出許多原創性的貢獻。

　　他的心靈構造似乎與眾不同。在三十多歲時，他輝煌的學術生涯突然軋然中止，因為他不幸罹患了思覺失調症。他人生大多數的時光都在普林斯頓度過。沒有人知道思覺失調症患者能否康復，更何況像納許那樣的症狀，發作時間越長就越不可能痊癒。但的確有人能戰勝這種疾病。普林斯頓大學寬容的環境，再加上朋友的支持網絡，讓彷彿流浪在另一個精神世界的納許，在往後的數十年間還是能繼續生活。我第一次看到他時，他看起來就像是流浪漢，在普林斯頓數學系館（Fine Hall）的圖書館與走廊間遊蕩，隨身還帶著一大疊論文。一位朋友告訴我，他就是那個傳說中的「Fine Hall 魅影」，那個我們在數學課與經濟學課堂上聽說過的人物。納許在六十多歲時終於從思覺失調症中康復，而後獲得了阿貝爾數學獎（Abel Prize）與諾貝爾經濟學獎。西爾維亞‧娜薩（Sylvia Nasar）將他不同凡響的人生寫成了《美麗境界》一書，由羅素‧克洛參演的同名電影也獲得了當年的奧斯卡獎。

　　納許人生中有一個關鍵的小插曲，和我們進行中的討論有相

關之處。普林斯頓大學的數學系在某些研究領域表現出色，甚至扛得起世界第一的名號，也是後來納許做出重大貢獻的研究領域。然而，普林斯頓數學系每年都會收到大批優秀的申請者，在名額有限的情況下，要錄取誰就變成一個非常困難的決定。普林斯頓決定錄取納許的關鍵是一封只有三句話的推薦信。信裡推薦人理查德・達芬（Richard Duffin）這麼說：

「我在此推薦約翰・納許先生，成為普林斯頓大學的研究生。19歲的納許先生在今年六月即將從卡內基理工學院畢業。他是個數學天才。」

這封推薦信之所以如此有分量，原因在於達芬本人崇高的學術聲望，普林斯頓的學者當然也知道這個名號響亮的人物。受過物理訓練的達芬畢生致力於數學研究，舉凡傅立葉級數和數論、網絡理論、幾何規畫等領域都因為他而有了大幅躍進。我們也許都認識一些被封為「數學天才」的人，他們對數字非常敏銳，在某些領域有著驚人的知識量。但以學術圈的標準來看，這些人不見得能為數學界帶來革命式的貢獻。因此當學術圈大老達芬說納許是天才時，他非常清楚自己在說什麼。這封推薦信篇幅雖短，但完全無須贅言。「達芬認為納許是個數學天才」就是整個招生委員會需要知道的唯一資訊了。

納許與普林斯頓能建立關係，（至少有一部分）是由達芬的學術聲望與他在普林斯頓的人脈所支持的。「支持」是一種很常

見的人脈連結方式。

　　如果網絡中的兩人互為朋友（或是相互連結的兩節點）且擁有一個共同朋友，那他們的關係可以說是由這個共同朋友所「支持」。[33] 因此，我們可以說納許與普林斯頓的關係，得到了達芬的支持。在人與人交往的過程中，這種支持非常重要，這點在先前職場人脈的討論中已窺一二；然而，它的重要性遠不僅僅與求職有關。

　　從許多方面來看，人類都需要彼此依賴才能存活。孩童無法獨立生活，他們必須依賴父母與其他人的照顧，才能平安長大。我們的人生也總有一些困難的時刻，需要他人接濟。[34] 在遠古時代，以狩獵為生的人類也必須互相合作與分享。雖然只要一次打獵大豐收，整個群體就能獲得大量的蛋白質，但這不會天天發生。人類不像獅子可以數週都不進食，因此當有人外出打獵時，部落中的其他人就必須用不同方式確保熱量來源充足，像是採集水果、堅果或其他食物。[35]

　　這種非正規的人際互助，背後有一整套誘因機制支持著。[36] 當朋友請你幫忙買個東西，你不會要他先付錢，或是要他簽下合約保證一定還錢。當朋友幫你搬家、照顧小孩、提供建議、紓解財務困難，或是在你遭逢意外時幫忙濟困解危時，如果你提出要為此付款，對方甚至會感到不舒服，彷彿你們之間的交情並沒有深厚到願意無償互助的程度。人與人的相處不是靠契約維繫，互信才是基礎。這種互信基礎來自一次又一次的互助、擁有共同的朋友，或是同屬某一個社群。

　　八卦或謠言通常帶有貶義：人們在背後說別人的閒話。但其實我們從小就開始這樣做了，比方說告兄弟姊妹的狀；到了青春期，我們八卦的技術也越來越純熟，整天打探誰和誰在一起又做了什麼。雖然人們有時候談論八卦，純粹只是找樂子打發時間，但這些閒言閒語也有它更深層次的作用。如果一個人做了壞事，消息很快會傳遍整個網絡，讓這個人聲名掃地。流言蜚語流傳的速度之快，讓我們心生警惕：如果我們對朋友做出惡劣行為，這件事很快會被網絡中的其他人得知，尤其當雙方有重疊的支持網絡時，我們的共同朋友很可能就是第一批得知消息的人。[37]

　　這形成一個強而有力的誘因機制：我們在乎別人的觀感。因此，如果我們知道自己的行為將被人檢視，我們很可能會做出不一樣的選擇，這是再自然不過的事了。這種機制給了我們更多理由，去相信一個得到共同朋友支持的網絡，將運作得更好。

　　托馬斯・巴拉克（Tomas Rodriguez Barraquer）、譚旭（Xu Tan）與我三人一起研究了這種支持網絡，到底會對人們的互助行為產生什麼影響。[38]非正規的風險分攤網絡是個好例子，一方面是因為它可以大幅地改善人們的生活（如同本書前幾章所述），另一方面，這種行為也有賴社會壓力或互惠風氣來維繫。如果朋友想跟你借一大筆錢，此時你們之間有多少共同朋友，將會影響你出借的意願，也會影響他信守承諾還款的意願。你們的共同朋友，就像是這段借貸關係的見證人：當其中一方拒絕提供幫助，或一方欠債不還時，這個不講義氣的人將被所有共同朋友唾棄。也就是說，共同朋友的存在，強化了雙方借錢與還款的意願，因

為只要有人不守信用，代價就是失去朋友。如果雙方沒有共同朋友，就沒有這種誘因機制可以互相制約。

這個機制也說明了，為什麼許多重要的非正規人際關係，背後通常都需要共同朋友的支持。我們在印度村莊測試了這件事，結果發現在所有的借貸關係中，雙方有一個共同朋友支持的情況占了 93％；相對之下，在沒有借貸往來的家庭間，擁有共同朋友的情況只占 30％（低了 63％）。在沒有共同朋友的情況下，還願意借錢給別人，是很罕見的行為。[39]

學者艾蜜莉‧布雷薩（Emily Breza）與錢德拉塞卡於是有個想法：那我們為什麼不利用這點來改善人們的生活呢？一直以來，想讓人們擺脫貧困面對的一大挑戰，就是如何鼓勵窮人存錢。[40] 對大多數人來說，規律地存錢並不是一件容易的事，對窮人來說更是困難。除了因為他們的收入本身就低且不穩定，各種消費誘惑與現金急需也是原因之一。再加上，在每次只存一點點小錢，短期看不出什麼效果的情況下，窮人可能意識不到長期存錢能帶來什麼好處。因此，布雷薩與錢德拉塞卡提出一個構想：除了安排專員為他們開設存款帳戶、宣導儲蓄的好處以外，如果再為他們安排一位見證人，情況會有所改善嗎？這位見證人會是來自同一社區的鄰居，他的工作就是了解你的儲蓄狀況，其餘什麼事都不用做。也就是說，你的見證人將會知道你是否達成了儲蓄目標。

結果顯示，僅僅只是安排了一位見證人，情況就大幅地改善：儲蓄水準增加了 35％。人們為了多存一點錢，提高了工作量，同時降低了支出。有趣的是，見證人的身分也會影響結果。比方說，

如果見證人是人際網絡中的核心人士，或是往來較密切的朋友，那麼最後的儲蓄水準將會增加最多。除了 35％ 的平均儲蓄增幅外，見證人的網絡中心性每增加一個標準差，儲蓄金額就會額外增加 14％；見證人與存款者的網絡距離每縮短一步，儲蓄金額就會額外增加 16％。[41] 意識到有人在關注你的行為，就可能大幅地改變你的行為模式。尤其當這個關注者是你的朋友或重要人士時，這個現象將更為明顯。

　　商業上的合作關係也相當依賴這種支持網絡。布萊恩・烏齊（Brian Uzzi）對紐約的服裝業知之甚詳，他提供了一個典型的服裝業案例。[42] 這個案例是關於某家服裝剪裁公司的 CEO，為何決定與製造商黛安娜合作。這位 CEO 有個往來密切的商業夥伴諾曼，此人與黛安娜也有商業合作。諾曼請他「幫黛安娜一個忙」，希望他可以幫黛安娜趕一批貨，同時盡可能在價格上給予優惠。這位 CEO 是這樣描述這個情況的：「黛安娜跟我有什麼商業交情嗎？完全沒有。我不知道她手上有多少錢，可能是 1,000 萬美元，但也可能只有 10 美元。既然如此，我為什麼要幫她？原因就只是諾曼說了『請我幫她一個忙』。衝著這句話，我就幫了一把。原本要價 80 美分的剪裁，我只跟她收了 40 美分。」

　　就像是烏齊描述的那樣：「諾曼的推薦，就是這位 CEO 信任黛安娜的原因，即便沒有簽任何契約，沒有抵押品，也沒有任何將來會繼續合作的承諾。」黛安娜公司的一位經理則說：「沒有人說過『這次你幫我，下次我幫你』，但大家都心知肚明。」

　　只要兩家公司有一個共同的重要商業夥伴，他們合作的意願

就會提高，即使這個合作帶有風險，且唯一的擔保就是這位共同朋友。

有「關係」就沒關係

在中國，社會資本被稱為「關係」，是商業合作中相當重要的一環。有沒有私人交情、過去的合作關係，及生意人之間種種直接或間接的連結，可能都比有一份成文契約來得重要。這種關係的累積並非一朝一夕之功，需要耐心與長遠眼光。爭端與誤解往往透過人際網絡排解，而不是尋求法律途徑。[43]

雖然「關係」有助於建立互信與合作，但它也帶來了我們熟知的黑暗面：偏袒。好的工作機會更容易被內定給親友，而不是用人唯才。

Fisman、Shi、Wang and Xu（2018）這篇論文以中國的科學研究界為研究對象，衡量了這種「關係」導致的偏袒傾向。[44]隨著中國提高科學研究的預算，許多經費流向了中國科學院和工程院的院士。由現任院士組成的委員會，可以決定一個候選人是否有資格被授予院士頭銜。這篇論文以此為基礎，用候選人是否與現任院士來自同一故鄉，來衡量所謂的「關係」。來自同樣的故鄉，是一種重要的「老鄉關係」。研究學者發現，如果一位候選人與遴選委員會的關鍵成員之間存在老鄉關係，則他通過院士資格審查的機率將會上升39％（在控制各種其他可能的影響後）。這些因為老鄉關係而獲選的院士，在重要科學期刊上發表過研究

的比例，只有其他當選院士的一半。

　　這導致了研究經費分配的不效率：擁有院士資格者，其所屬機構每年可以多拿 950 萬美元的研究經費。[45]

　　「關係」不只扭曲了經費的分配結果，還使得研究人員耗費大量時間拉關係，而不是專注在自己的研究工作上。人雖然沒辦法改變自己的出生地，但還有其他類型的「關係」可以經營。施一公與饒毅在談及科學家時這麼說：「中國有許多研究人員花太多時間在建立人脈，花太少時間參加研討會、討論科學問題、做研究或是帶學生。其中有些人本身就是問題的一部分：他們審核經費不以學術表現為依歸，而是看你有沒有『關係』。」[46]

　　當然，不是只有中國存在「關係」扭曲了生產力的現象，許多研究都指出，這個現象在各種不同的情境下都可能發生。中國老鄉關係的盛行，只是讓這種現象浮出了檯面，畢竟這種關係屬於公開資訊。

　　不管是朋友支持的人際連結、「關係」，或是其他形式的社會資本，都可能帶來偏袒現象，然而很難說它到底是好是壞，因為一方面它促進了互信，進而提升了生產力；但另一方面，它也扭曲了生產力，那些有「關係」但不合適的人攀上了枝頭，於是人們花更多時間應酬拉「關係」。[47]

嵌入性

　　我們已經知道，朋友的支持與局部網絡結構深深地影響著一

個人，這意味著，也許光是一張網絡圖譜，就隱藏了足夠多的線索，能成功預測一個人的身分。例如以下這個挑戰：如果不給你任何身分資訊，你能透過網絡結構本身，辨識出哪些人處於男女朋友或是配偶關係之中嗎？

　　拉爾斯‧巴斯特倫（Lars Backstrom）與喬恩‧克萊因伯格（Jon Kleinberg）就接受了這個挑戰，他們從臉書的資料中尋找線索。[48] 具體的挑戰如下：首先，從臉書網絡中挑出一個人，我們先假設這個人叫山姆好了。山姆目前正處於一段關係中，這裡的關係指的是有婚配伴侶或是經常約會的對象；接著，他們可以觀察山姆周圍的局部網絡結構，包括他的朋友以及哪些朋友也互為好友，除此之外沒有任何其他資訊。這是一張由節點與連線組成的人際地圖。根據這張地圖，他們可以猜測誰是山姆的對象。在山姆有一百位朋友的情況下，亂猜的答對機率理論上只有1/100。

　　要提高答對的機率，可以加入一些線索。首先，共同朋友能強化一段關係（透過提供支持與增進互信），因此「擁有許多共同朋友」應該有助於預測誰是山姆的對象。兩人之間共同朋友的數量，有時會被稱為這段關係的「嵌入性」（embeddedness）。[49]

　　那麼就讓我們看看山姆的朋友中，誰和他有最多共同朋友。如果用臉書的資料來計算，答對率將提高到 24.7%，大約有 1/4 的情況下會猜對。改善的幅度驚人，比隨機亂猜高多了。

　　如果我們再加入其他線索，答對率還會繼續提高。假設山姆的對象是瑪莉亞。他們有一長串的共同朋友清單：內森、凱莉、

盧克等等。在這些人之中，有多少人也互為好友呢？比方說，內森和凱莉是朋友嗎？那內森和盧克呢？以此類推。

　　所以，這個資訊能告訴我們什麼嗎？如果山姆與瑪莉亞最近才在一家滑雪俱樂部認識彼此，那這個俱樂部就是他們人際網絡交會之處，除此之外應該沒什麼交集。在這種情境下，他們所有的共同朋友，可能都是同一家滑雪俱樂部的會員，彼此之間很可能互相認識。接著，我們考慮另一種情況：如果山姆與瑪莉亞早已認識多年。那麼他們的共同朋友就不會只有滑雪俱樂部的成員了，還可能包括各自的家人、工作夥伴、鄰居、兒時玩伴等等。雖然兩人有各自的朋友圈，但隨著多年的相處，他們很可能會認識越來越多對方的朋友。因此山姆與瑪莉亞的共同朋友，可能有著不同的背景，彼此之間也可能不認識。比方說，山姆的同事是他們兩人的共同朋友，但他很可能不認識瑪莉亞的兒時玩伴。

　　我們將山姆與瑪莉亞關係中的「離散性」（dispersion）定義為他們共同朋友的網絡距離加總（此處不計入山姆與瑪莉亞本人）。當兩人的共同朋友越多時，他們關係的離散性也會越高，因為也會有越多共同朋友彼此不相識。

　　如果你想找出誰是山姆的對象，你可以猜與山姆離散性最高的朋友，此時你答對的機率將高達 60％！比起用嵌入性猜對象，這個方法的答對率翻了一倍以上。光是利用網絡圖譜本身隱含的資訊，就能從數百人中有效預測出交往對象，準確率超過 1/2。

　　有趣的是，那些無法透過網絡辨識出兩人「正在交往中」的婚戀關係，通常會走向分手一途。如果交往對象不是彼此離散性

最高的朋友時，那些無法被這一套方法偵測出的婚戀關係，在兩個月內破裂的可能性將會高出 50%。[50]

　　為什麼這個預測方法行得通，背後有其邏輯。如果某人和你的離散性很高，這代表你們在許多不同的環境下，相處了一段很長的時間。我們的伴侶通常就是那個人：與我們相處的時間最長，陪著我們經歷了各種不同的情境。不過高離散度伴隨著一個副作用：長期關係要分手很難；畢竟時間已經讓兩人的網絡緊密交織，難以劃清界線。

了解朋友就是了解自己

　　你選擇親近誰，就決定了你受到什麼影響。所以，選個有好習慣的朋友吧。

　　　　——丹・比特納（Dan Buettner），自行車手與探險家

　　希望自己能和身邊的朋友行為一致，這種傾向帶來了許多後果。一方面，羊群效應（或者說跟隨群眾）能有效率地篩選出有益的選擇，讓我們不用真的花費時間與力氣親身嘗試每一個選項；擁有共同的經驗，通常也會使談話與交流變得親切而愉快。然而另一方面，羊群效應與從眾傾向也可能引發連鎖行為，使我們偏離了正確的道路。低端農耕技術無法升級還只是讓人稍微有點頭痛，但如果從眾傾向助長了大屠殺，那就釀成一場大災難了。

　　我們想再度強調的是，網絡結構必須被納入考慮，才能更深

刻地理解人類行為及其擴散的模式。有些行為只有在夠多朋友的鼓吹下，人們才會考慮跟進。這種複雜行為究竟會不會在網絡中形成一股流行，取決於局部的網絡結構是否能互相增強誘因（如圖 8-4 的擴散起始點具有關鍵的三角結構；相較之下，此結構在圖 8-3 中缺席，因此遊戲始終無法擴散）。你對待一個人的方式，不只取決於你們兩人之間的關係，還取決於你們周遭的交友圈。當同質性劃出了分界，你和我屬於同一國嗎？既然朋友的支持能帶來互信的基礎與互助的誘因，那我們的關係有足夠多的共同朋友支持嗎？

第 9 章

全球化：變化中的人際網絡

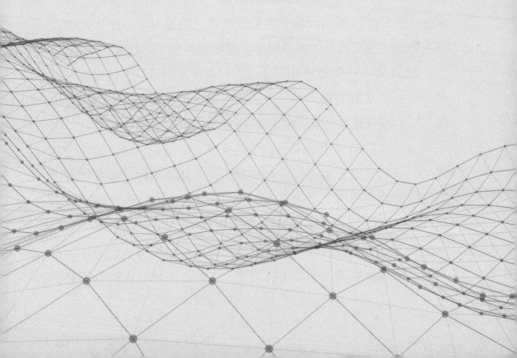

　　戴夫・鮑恩（Dave Baun）住在美國賓夕法尼亞州拿撒勒市，他熱愛單車運動，享受在鄰近山野間馳騁的快感。遠在地球另一端的澳洲阿得雷德市，這個以紅酒與袋鼠出沒聞名的城市裡，住著一位同樣熱愛單車運動的女孩莉莎・格雷斯（Liisa Grace），風景優美的鄰山群壑中總少不了她騎車的身影。他們相距如此之遠，幾乎不可能出現交集。然而，莉莎與戴夫最終還是相遇了。

　　「Strava」是一款健身 App，自行車友可以透過這個 App 記錄每次的行程，儲存各種詳細的數據，包括平均速度、距離、海拔、功率和消耗的卡路里等等。如果你熱愛單車運動，這樣的 App 幾乎是人手一款。透過這個 App，你可以看到其他同好在哪騎車，也可以隨時隨地輕鬆規畫出最佳路線。你也可以看到過去其他人在同一條（或是類似）路線上的騎車表現。除此之外，Strava 還會媒合有類似騎車習慣的同好，讓雙方可以比對彼此的健身數據，追蹤彼此的進步幅度，或是發訊息互相打氣。

　　2014 年，莉莎透過 Strava 送出訊息，希望可以追蹤戴夫。而戴夫同意了這個追蹤請求。他們一開始只是在 Strava 平台上互相按讚、問候彼此，後來他們開始透過其他社群媒體聯絡彼此；在一次又一次的越洋電話中，他們的友誼不斷深化。接著戴夫規畫了一趟澳洲之旅。2016 年，他們結婚了。為了求婚，戴夫精心規畫了一條單車路線，當這條路線顯示在 Strava 的地圖上時，會出現 Marry Me Liisa（嫁給我吧，莉莎！）的字樣。[1]

　　像 Strava 這樣的平台，可說是偉大的發明，讓我們的生活充滿更多知識與歡樂。即使是獨居老人，如今的社群媒體也能幫助

他們與親朋好友保持聯繫。[2]

連通性的提高也帶給經濟前所未有的廣泛影響。

如果你是一位生活在中國、印度或非洲鄉下的漁民，你會怎麼決定去哪賣魚？在過去，你只能憑空臆測哪個市場有好價格，接著驅車前往該市場，然而抵達後你只能被動地接受那個市場喊出的價格。因為不同的市場距離甚遠，且幾乎是同時開市，漁民不太可能為了更好的價格，一個市場一個市場的詢價。但如今，漁民可以先打電話給當地的朋友熟人，了解可能的價格落點。有了這個資訊，漁民就能判斷去向，知道哪個市場供過於求、哪個市場供不應求，接著前往漁獲需求最高的那個市場。不過聽起來只是漁民消息變得靈通，實際上市場有什麼改變嗎？當然有。漁民間的連通性，就像是一個巨大的平衡儀，穩定了各地漁獲的價格。羅伯‧詹森（Rob Jensen）研究了南印度的市場在手機變得普及之前與之後的變化。[3]他發現在手機普及前，沙丁魚價格的波動很大。舉例來說，同一天捕獲、相同品質、相同類型的沙丁魚，在某市場出價為每公斤 4 盧比，然而在同一地區的另一市場卻可以喊到每公斤 10 盧比以上。這意味著漁獲在第一個市場慢慢腐敗的同時（因為需求太少），在第二個市場卻仍有極大的缺口。一般來說，市場間的價差可以高達每公斤 8 盧比左右。然而，在手機服務出現後，價差就縮小到每公斤 2 盧比不到了。

技術進步是人類之福，然而我們生活的世界也因此經歷了許多轉變，帶來了一些隱憂。[4]舉例來說，技術進步讓全世界的極端貧困人口以史上最快的速度減少中；然而，技術進步也讓許多

低階勞工失去了工作機會，而受過高等教育的勞動力則收到了更豐厚的報酬，進一步推升了社會不平等的現象。一方面，新技術讓我們能夠跨越地理限制與人建立關係或保持聯繫；但另一方面，新技術也讓我們能夠篩選來往的對象，變得更加挑剔。技術進步到底帶給人際網絡什麼樣的影響？想看清楚這個問題的全貌，必須先理解我們人際網絡成形的過程與原因。

人際網絡的形成

人際網絡究竟是如何逐漸發展成形？這是當年我心中浮現的第一個疑惑，也是讓我一頭栽進網絡研究的起點。為什麼你我最終的網絡位置如此不同？我們發展人際網絡的方式，對你我、對社群、對整個社會都「最有益」嗎？[5]

關於網絡如何逐漸發展成形，我們曾有過一些討論，像是中心性能自我滋養帶來新連結的特性，或是堆出網絡同溫層的同質相吸效應等等。但這些都無法預測技術進步將會如何影響網絡的發展，我們必須從別的方向尋找答案。

在目前為止的所有討論中，外部性都扮演了重要的角色，舉凡：疫苗接種、到金融傳染、乃至於社會學習等等。正因為外部性會帶來許多微妙的交互作用，全面地理解外部性如何影響網絡運作，也變得相當重要。因此，如果我告訴你人際網絡發展的關鍵就在於外部性，你不應該為此感到驚訝。

在人際網絡發展的過程中，外部性帶來了許多正面效益。就

拿我自己的經歷來說吧。我從高中開始，就陸續打過好幾份工，為的就是籌措自己讀大學的費用。老實說，大部分的工作不需要什麼技能——我能被雇用，就是因為這些工作不需培訓，只要時間配合得來就行了。就這樣，我當過附近商店的店員，處理卡車卸貨的倉儲人員，社區醫療診所的守夜人，銀行的文件歸檔人員等等。這些工作只給了我法定最低工資，通常也沒教會我什麼專業技能。然而，在我大學最後一個暑假，事情有了轉機。當時，我的大學導師得知前同事在芝加哥商品交易所（期貨市場）帶領著一個研究團隊。他的人脈讓我獲得了一個面試機會，最後順利地拿到這份工作。這份工作不只薪水好得多，也讓我在短時間內累積了大量的知識。後來我之所以下定決心成為一名經濟學家，這段親身觀察市場運作、成長、變化與其不足之處的經歷，可說是相當關鍵。對我來說，這是一個非常正面的外部性：我的導師與前同事的交情影響了我，讓我不但得到一份工作，還得到許多收穫。

　　如果我們回到多年前，我的導師與前同事相識的那一刻，當時的他們難道已經預知到這段友誼將在多年後改變一個年輕人的人生，而決定成為朋友嗎？當然不是這樣。

　　我想強調的重點是，我們人脈中所隱含的資訊或消息管道，對我們周遭的人來說可能極具價值；然而當我們打理自己的人際網絡時（是否成為朋友、是否保持聯絡），這些利他的外部效益並不在我們的考慮之中。就像是我們在社會學習過程中看到的那樣，一個組成越多元、越豐富的社會，學習新知的速度越快，消

息也會越靈通。然而，社會的多元性或豐富度從來都不是我們決定和誰當朋友的原因。我參加研討會或讀一本書，通常只是出於興趣，只是因為自己想深入了解某個議題而已，不見得是為了集體利益而如此行動，比方說希望自己將來可以將知識傳承給其他人之類的。如果我們真是為了帶給群體更多知識而結交朋友，那我們應該要盡可能和更多不同類型的人交流才是。

上述例子說明了，「我想和誰當朋友」與「和誰當朋友對社會最好」兩者之間普遍存在著矛盾。這是我與經濟學家亞瑟·沃林斯基（Asher Wolinsky）一起探討的研究主題，也是我的第一篇網絡研究。我們基於自己的擇友標準發展出的人際網絡，可能會帶來巨大的外部成本，因此它通常不會是社會的理想狀態：人們不在意自己的人際選擇將帶給他人什麼影響，因此就算存在一個對社會整體來說更理想的選擇，通常也難以實現。[6]

這裡所謂「更理想的人際選擇」，不只是結交更多朋友或更熱絡地交流，還涉及了交友圈的多樣性。那些敢於對抗同質相吸效應的人，其實幫助了我們跨越同質性設下的一堵堵高牆，豐富了社群的資訊含量。然而，要讓想法南轅北轍的人開始交流或是建立溝通橋梁，不但耗時費力且極為困難，因此人們的交友圈很少能跨出同溫層。雖然我們都知道多多結交各路朋友能帶來正面的外部性，然而我們為此投注的心力太少，不管是在數量與多樣性上都有不足。如果我們所有人都更願意與更多不同的人交流，那麼整個社會的資訊含量將會變得更加豐富，消息更加流通；這樣的社會對每個人來說都更好，不是嗎？[7]

然而就像硬幣有正反兩面，當人際連結的數量高於社會最適水準時，負面的外部性也可能傷害到社會中每一個人。最直觀的例子就是無防護性行為：當人們發生無套性行為的頻率越高時，性病在整個社會中傳播的風險就越高。如同本書第 3 章所述，發生無套性行為的對象越多，不只讓這些人直接暴露在感染的危險下，還提高了整個網絡的傳導性，致使性病傳染的乘數效應出現。

對人們的交友傾向有了基本認識後，我們也漸漸釐清了技術帶來的衝擊。基本上，技術改變了人們結交朋友的誘因，我們可以從兩個層面來討論。[8] 首先，技術打破了地理的限制，讓相距甚遠的兩人也能輕易地建立或維繫連結。對於那些人際連結越多、外部效益越大的情境來說，這是個好消息：技術讓人們得以建立更多（從前難以擁有的）人際連結。如前所述，人們在社交連結方面投注的心力普遍不足，因此這些技術帶來的新連結，彷彿為輪子上了油，讓交流變得更順暢。然而，技術也帶來了負面影響。它讓觀點相似的人們與組織，能更輕易地串連，強化了同質相吸效應。雖然技術能促成良緣（如同戴夫與莉莎的故事那樣），但它也讓我們的人際關係變得更加碎片化。那些迎合特定利益或為特定觀點服務的小眾新聞媒體，因此獲得了生存空間，使得隱含偏見的資訊出現在我們視野中。人們甚至可以躲在同溫層內，只與臭味相投者為友，視角日漸狹隘而不自知。[9]

關於這些因素造成的影響，我們將帶你看看幾個不同的例子。讓我先以經濟全球化作為第一個例子：技術進步降低了國際貿易的門檻，讓全球網絡前所未有地緊密連結。這帶來了正面的外部

性：如今的世界比歷史上的任何時刻都來得更加和平。

貿易網絡：做生意，別打仗

政治的秘密？不外乎就是和俄國簽個好條約。

——俾斯麥，19 世紀德國宰相

在 1871 年與丹麥、奧地利和法國的戰爭結束後，俾斯麥成功統一了普魯士周圍的德意志各國。接著他開始嘗試推行全球化，希望能透過國家間的結盟來維持和平。他與奧匈帝國、義大利締結了三角聯盟，並和俄國簽訂了互不侵犯條約，為歐洲地區帶來一段相對和平的時期。然而，太平日子沒有持續太久，第一次世界大戰就爆發了。

大概要到腥風血雨的二戰結束後，歷史上公認的「和平時期」才終於到來。在過去 70 年中的任何一年，處於對戰狀態的國家，平均只有 19 世紀和 20 世紀上半葉的 1/10 不到！儘管在朝鮮、越南、阿富汗、剛果、科威特和伊拉克等地仍有戰爭，但不管以什麼標準來看，我們幾乎可以說國與國爆發戰爭的情況已經大幅減少。

在 1820 到 1949 年間，任兩國之間爆發戰爭的平均次數為每年 0.00059 次，然而在 1950 到 2000 年間，數字降為每年 0.00006 次。圖 9-1 描繪了這接近 1/10 的降幅。[10]

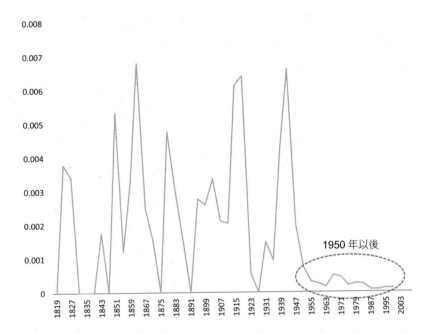

圖 9-1　1820 到 2000 年間國與國發生戰爭的次數，資料出自 Jackson and Nei (2015)。

　　為什麼這個時代的和平程度突然大幅上升？這是我與經濟學家（同時也是我以前的學生）斯蒂芬・奈（Stephen Nei）共同探討的問題。

　　俾斯麥締結的三角聯盟以及二戰期間的盟國（特別是那些存在潛在敵對關係的國家），都只是一時的結盟選擇，不穩固且難以持續。這些國家之間沒有深度的經濟連結來鞏固結盟。雖然國際貿易在這段期間的確有所增長，但大多數國家的經濟仍只繫於少數貿易夥伴。

　　相對之下，國際貿易在 20 世紀下半葉出現指數成長，不只絕

對貿易額增加，國際貿易在全球生產總值的占比也大幅提升。圖 9-2 描繪了國際貿易的歷史發展。[11]

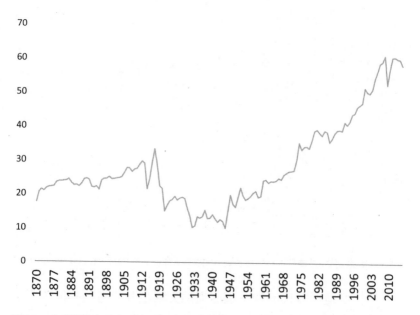

圖 9-2　全球貿易占世界 GDP 的比例。此處的全球貿易包含進口與出口，因此若將數字折半，大約就是進口（出口）占比的估計值。

年	1870	1913	1950	1973
貿易夥伴（定義為 0.5%以上）	2.8	10.1	10.3	17.0
貿易夥伴（定義為 0.1%以上）	3.6	14.2	20.3	34.0

表 9.1　一國的平均貿易夥伴。所謂貿易夥伴意指，兩國間的貿易額至少占各國 GDP 的 0.5%（或 0.1%）。資料來自 Jackson and Nei (2015)。

　　隨著各國國民所得提高，國際貿易跟著成長，新興中產階級買得起的商品越來越多樣。再加上海運技術進步、能停泊貨櫃商船的港口變多，逐漸降低的運輸成本，讓國際貿易日益興盛。

　　不只是貿易總額增加，許多大國如今有更多的主要貿易夥伴，而且他們之間的經濟連結大多能持續十年之久。表 9-1 顯示了俾斯麥時期到 1970 年代初期，各國平均擁有多少貿易夥伴，以及這個數字如何隨著時間而變化。從表中可以看到，自 1970 年代以來，貿易夥伴的數量成長極快。

　　此處的重點在於，貿易網絡與盟國網絡基本上具有同步連動的特性。

　　在 1816 年拿破崙戰爭結束後到 1950 年的期間，每個國家平均只有 2.5 個盟國，而且通常不會持續太久。大概只有 67％的盟國關係能維持五年以上。由於大多只是一時的結盟，背後沒有貿易往來作爲支撐，一旦遇到困難，結盟關係很容易解體。[12] 但到了 1951 年後，每個國家的盟國數已經高達 10.5 個，成長了 4 倍以上。更重要的是，如今結盟關係相當穩定：有高達 95％的盟國關係能維持五年以上。[13] 圖 9-3 描繪了幾個國家在不同時間點的結盟網絡。

　　在國際貿易與軍事結盟關係變得越來越緊密與穩定的同時，爆發戰爭的可能性也大幅下降。此外，過去 30 年的戰爭大多爆發在貿易水平較低的國家，或者至少有一方屬於貿易小國。主要的貿易夥伴國不會輕易兵戎相見。

　　一個國家每增加 10 個貿易夥伴，其陷入戰爭的機率就減少一

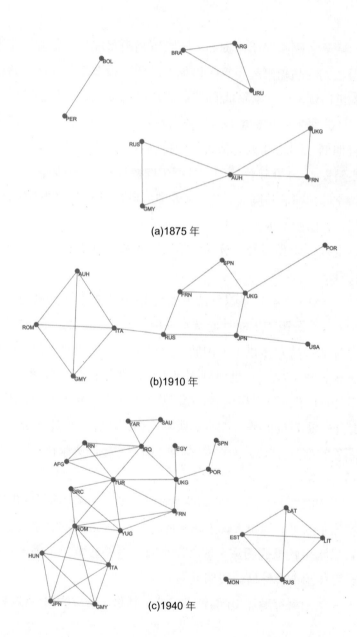

(a)1875 年

(b)1910 年

(c)1940 年

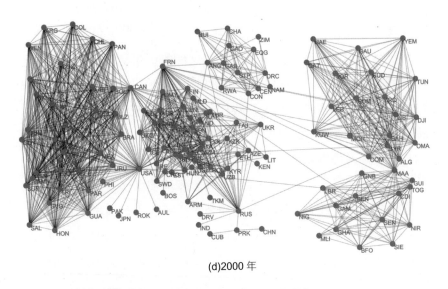

(d)2000 年

圖 9-3　軍事同盟的演進：明顯可見現代網絡比過去更加稠密。

半；而當兩國的貿易往來程度高出平均值一個標準差時，陷入戰爭的機率就只剩平均水準的 1/17。[14]

　　雖然貿易與和平之間存在高得驚人的相關性，但我們其實不確定兩者之間是否有因果關係。畢竟不存在平行世界（其一允許國際貿易，另一個世界禁止國際貿易）可以讓我們觀察貿易是否真能帶來和平。在貿易日益成長的同時，有太多其他因素也在不斷地變化著，例如：國際政治版圖的變化、民主國家的數量，以及核子武器的存在等等。這些因素都可能是促成世界和平的原因。然而，如果觀察國際衝突爆發的時機點與其他細節，你會發現上述因素很難完全解釋我們觀察到的現象；相對地，緊密連結的貿易網絡似乎才是推動和平的最主要力量——這正是我與斯蒂芬‧

奈所發現的現象。[15]

雖然我們還難以確定貿易與和平之間的因果關係，但基於這個議題的重要性，仍值得我們運用常識來詮釋兩者之間的相關性。彼此經濟連結緊密的兩國，兵戎相見的誘因比較小，更可能合作協防。例如，歐盟的出現，帶來了歐洲史上最和平的時期。

如果有人想為非洲和中東地區的軍事衝突找到解方，那麼我們的研究提供了一個明確的建議：發展經濟與區域貿易網絡，特別是加強與潛在敵人之間的貿易連結。這絕對不是簡單的事，但至少是一個明確的方向。就算有強大的第三方作為擔保，只要兩國間沒有緊密的貿易往來，反覆簽訂條約也只是帶來不堪一擊的和平。

幾個世紀以來，我們已經看到孤立主義如何一次又一次地帶來災難，這些歷史帶給我們最重要的啟示之一，大概就是貿易網絡與世界和平之間的關係吧。

連線：同質性加劇與政治極端化

全球化意味著，我們必須反覆檢驗自己的觀念，必須接觸其他國家、其他文化的觀念，並對它們保持開放的態度。對一個普通人來說，這絕對不是一件容易的事。

——賀比‧漢考克（Herbie Hancock），美國音樂家

當社會不流動與不平等惡化的現象在許多國家出現，全球各

地也出現了政治極端化的趨勢（如圖 7-4 所示），這並非偶然，背後推波助瀾的原因可能非常相似：人們的交流方式正在經歷巨變。網際網路的普及可能是其中一個原因。透過觀察各地網路普及後的政治變化，我們可以一窺資訊科技如何改變一地的政治生態。

安雅‧普拉默（Anja Prummer）的研究策略正是如此。她想知道美國各地網路服務的普及，是否加劇了當地民眾的政治極端化程度。簡單來說，普拉默用一地國會選舉的投票結果來衡量該地政治極端化的程度。她發現，如果當地的網路覆蓋率從 0％提升到 100％，該地的政治極端化程度將會提高 22％（當所有其他條件都相同時）。[16]

也許你會說，普拉默的發現只能算是一種相關性，還不足以證明網路的普及就是政治極端化加劇的原因。比方說，真正的原因可能是該地的經濟狀況改變了，導致網路普及度與政治極端化程度都隨之提高。

不過，另外有一群學者用「隨機性」化解了這個疑慮。在某些情境下（例如：因為路權規則改變，而導致某些地區能夠先鋪設光纖；或者由於監管規則改變，而導致工程延宕），網路服務彷彿是隨機地出現在某地，因此可以完全排除其他因素的影響（如前例經濟狀況）。基於這種網路普及的隨機性，許多研究提出了明確的證據，支持網路與政治極端化之間的確存在因果關係。例如，研究（Yphtach Lelkes, Gaurav Sood, and Shanto Iyengar，2015）發現，當網路普及度越高時，人們會越關注黨派色彩強烈

的訊息，進而加劇政治極端化。[17] 另一篇相似的研究（Samuele Poy and Simone Schüller，2016）觀察了義大利特倫托地區網路推行的狀況，結果發現網路的普及顯著地提升了選民投票率，改變了黨派的相對得票率。

政治信仰極端化的成因相當複雜，全然地歸咎於網際網路並不公允。其他技術的普及或許也曾扮演了重要角色。早在網際網路普及前幾十年，有線電視的問世就創造了新聞媒體百家爭鳴的盛況，也就是說，世界各地的人們在數十年前，早已體驗過各種不同意識形態的拉鋸戰了。[18] 隨著有線電視技術的進展，那些更具針對性與意識形態的新聞媒體，能以更低的成本觸及更大範圍的受眾，聚集一小群足以支持它們營運的觀眾。[19] 再加上同質相吸效應（社群內所有人的新聞來源全都相同，且基於相同的資訊進行交流），有限的消息來源與同溫層效應，讓社群內部的觀點變得高度統一，而不同社群間的觀點卻天差地遠。又一次我們感受到同質性的威力，它不只強而有力地形塑人際網絡的面貌，也是政治極端化的重要推手。

正如本書第 7 章所述，對比迷因、觀點和謠言流傳速度之快，要改變人們的價值觀或是對某個複雜議題的看法，進展可以極為緩慢。這意味著，連通性和同質性提高帶來的改變，可能並沒有扭轉人們的看法，而是進一步激勵了那些本身就帶有激進觀點的人。知道其他人也抱持著類似的觀點，會讓人對自己的主張更有信心，但也因此更容易高估支持者的比例。[20] 群體的同質性越高，對自己的主張就越有信心。

除了政治極端化，同質性加劇帶來的影響廣泛而深遠，像是我們先前討論過的社會不流動與不平等現象。

破壞性

除了連通性提高與同質性加劇之外，人際網絡的劇變也可能帶來破壞，撕裂了原本的文化與社會習俗。

過去 100 年世界人口從農村流向都市的速度之快，可以說是人類史上從未見過的現象。兩個世紀以前，世界上只有 3％ 的人住在都市。一個世紀以前，這個數字提高到 15％，到了 1950 年翻了倍達到 30％。2008 年繼續攀升到 50％，目前已超過 54％，且仍有上漲的趨勢。依照這個速度，到了本世紀中葉，都市人口將占總人口 2/3 以上。

儘管在歐美部分地區，都市人口的成長率已經有所放緩（部分原因是農村人口已經太少）；但在亞洲和非洲的大部分地區，這個數字仍在飆升。

不難理解這種現象為什麼發生：因為工作機會集中在都會區。隨著農業對世界經濟的貢獻逐漸萎縮，製造業與服務業成為經濟主力，與人群比鄰而居有利於生產與提供服務，導致人口往都市集中。

一國的生產力與都市化程度存在著驚人的關聯性。圖 9-4 描繪了這種相關性。這裡我們只列出部分國家的情況，以方便讀者辨識國家名稱。如果我們加入了全世界所有國家的資訊，這張圖

顯示的趨勢不會改變太多，差別只是畫面上看起來更擁擠而已。根據 179 個國家的資料，一國的生產力與都市人口率的相關係數高達 72%。[21]

當然，這不代表國家要變得富裕，可以只靠建設一個又一個的都市。一個快速發展的新興城市，通常也伴隨著貧民窟的出現與嚴重的貧窮問題。[22] 但兩者的相關性清楚地告訴我們，在全球經濟勢不可擋的轉變下，都市化程度很可能隨之提升。[23]

都市與農村人口有著截然不同的人際網絡結構。許多鄉村地

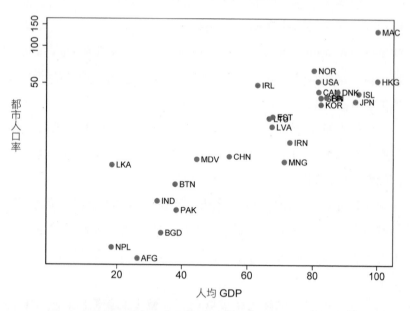

圖 9-4　都市化與生產力的關係。圖中僅包含部分亞洲、歐洲與北美國家。英國和法國的位置幾乎重疊，因此難以分辨。人均 GDP 的單位為千美元，以對數座標呈現。資料來自世界銀行 2014 年世界發展指數（World Development Index）。

區有著連結非常緊密的社群，人們大部分的需求（也許不是全部）可以透過自給自足，或是親朋好友的幫助來滿足。相對地，都市有著更多的交易管道，人們的需求可以透過市場交易來滿足，不再依賴人際互助網絡或是合作社生產模式。人們不再需要自己種植糧食，或是跟朋友借錢，因爲這些都有對應的市場。

數十年前的中國，有超過 3/4 的人口居住在農村。如今一半以上的人口集中在都市。經濟轉型的同時，人口結構也在改變。除了原本就住在都市的人以外，還有許多住在鄉下但通勤到大都市工作的人。[24] 這些劇烈變化衝擊了傳統的家庭價值觀。

對於遵從儒家傳統的數億中國人來說，孝順父母是最重要的品德之一。元朝郭居敬的著作《二十四孝》搜集了許多經典的民間故事，描述了子女應該如何孝敬父母，其中許多故事頗爲戲劇化──從扼虎救父、齧指痛心到棄官尋母等。以下節錄了其中一則故事：

　　晉朝王祥的生母早逝，他的繼母朱氏不喜歡王祥，經常在父親面前說他的壞話。他因此失去了父親的寵愛。王祥的繼母喜歡吃鮮魚，但那年冬天整個河面都凍成冰了。爲了抓魚，他解去上衣臥在冰上，試圖用體溫化開河面的冰。忽然之間，河冰自行融化，還跳出了兩條鯉魚。王祥將這兩條鯉魚帶回家孝敬繼母。

在老年人口不斷增長的情況下，許多沒有退休金的老人，比

以往更加依賴子女的經濟資助。然而傳統的家庭價值觀正在崩壞，政府甚至得訂定法律來處理這些家務事。要求子女贍養老人的法律已經存在多年，但直到最近這些條文才開始被嚴格執行。例如，新修訂的《中華人民共和國老年人權益保障法》[25]第十四條規定：「贍養人應當履行對老年人經濟上供養、生活上照料和精神上慰藉的義務，照顧老年人的特殊需要。」

增修條文通過後，出現了多起訴訟案件。其中一個案例發生在條文發佈後幾個月，一位 77 歲的老太太與女兒發生了肢體衝突，於是她一狀告上法院，控訴女兒未履行贍養義務。法院最後的判決站在母親那一邊，判定女兒及女婿必須要在財務上提供資助，而且每兩個月至少要探訪母親一次。這些探訪想必不會太愉快，但多少算是盡了點孝道。

我們在印度的村莊中也看到了類似的現象。[26] 在 2007 到 2010 年間，我們研究了 75 個村莊的社交網絡，其中 43 個村莊引入了微型信貸，剩下的 32 個則沒有。那些引進微型貸款的村莊，其網絡稠密度相對下降了 15 個百分點。人們開始去銀行借錢，而不是先和朋友商量。這個現象還帶來了外溢效應。原本村民互相尋求建議的網絡也出現了類似的萎縮。甚至連村裡那些沒有參與微型貸款的村民也受到了影響。研究發現，即便雙方都沒有申貸，他們之間的社交連結也正在消失。也就是說，市場不只如我們預期般取代了某些社交連結，它也連帶地讓整個村莊的社交活動減少了。

對一個長期依賴家族、鄰里關係維繫文化與互助合作的社會

來說，劇烈（而非漸進式）的人際網絡變化具有極大的破壞性。我們並不是要大家停止進步。我們想強調的是，一旦人們的生活方式或地點出現了重大改變，既有的網絡結構就可能崩解，仍仰賴這些非正式人際連結爲生的人們，可能會因此陷入困境。

越來越多的變化

科技將會繼續進步，並重新塑造我們的人際網絡。至今人類的網絡已經多次「重新連線」：因爲印刷、通信、火車、電報、越洋旅行、電話、網際網路，以及社群媒體等等新科技的問世。或許是出於傲慢，我們總是誤以爲自己正在經歷的變化，才是眞正獨一無二的革命式巨變。

不管怎麼說，網絡確實正在改變──就像前述貿易網絡與軍事結盟關係的變化。然而，人類的行爲依然能夠被預測。因爲人際網絡具有相當高的辨識度，其呈現出的規律性通常會持續上一段時間。在社會變遷的過程中，我們看到越來越「多」的變化：更稠密的網絡、更高的同質性、更激烈的政治極端化、更快的資訊流動與傳染。同時我們也知道，即便是一點點微小的網絡變化，也能產生巨大的影響。即使網絡型態不變，僅僅是連通程度的改變，也能造成各種深遠的影響，像是疾病傳播、社會不流動，或是意見極端化。

我們有充分的理由感到樂觀。我們的經濟生產力處於歷史高點，多數地區正在脫離極度貧窮的狀態，戰爭也變得罕見。人們

變得長壽，更能享受人生。然而前方仍有許多挑戰。儘管我們遠距建立連結的能力有所進展，但我們的交流網絡仍存在著明顯隔閡，其中有些還在不斷地惡化。社會不流動與不平等所帶來的相對剝奪感，再加上越來越多的極端言論，這些都可能造成社會動盪不安。

我們必須好好地理解，日益複雜的金融網絡所帶來的效益與風險；我們要面對這些風險，而不是忽視它們。我們必須認知到，對疾病傳播而言，人際網絡的高度連通性已經構成了威脅，特別是那些目前未知但可能傳播得更快更廣的疾病，一旦擴散後果將比我們所能設想到的最壞情況還要更糟。我們還必須認知到我們的生活中充斥著外部性，以及網絡如何影響社會風氣與人類行為，包括貪腐與犯罪行為。

我們必須對抗同質性帶來的破壞性副作用，也要加強人們收集與散布準確而深入資訊的誘因，並學習過濾雜訊。了解人際網絡如何運作，才能確保與日俱增的網絡連通性被用來改善生產力與增進集體知識，而不是讓社會的隔閡變得越來越大。

致謝

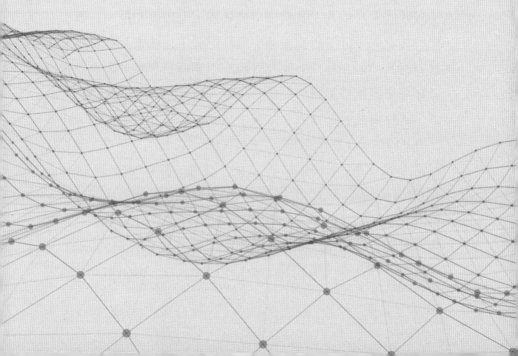

　　如同我們在本書所看到的，人類棲身於各種網絡，這些人際網絡形塑了我們的價值觀與行為。寫書也是如此。完稿的壓力讓真正的友誼顯露無遺，成書的過程讓珍貴的人際關係熠熠生輝。

　　本書的寫作靈感來自我的妻子莎拉，當時我正在寫《社會與經濟網絡》（*Social and Economic Networks*），她為我逐字校對的過程中曾提到，她很喜歡每章開頭的小故事與概念，有助於理解後面的技術細節。如果我刪減掉這些敘述性的內容，也許可以讓一本書變得輕薄短小又精煉，然而這可能會嚇跑廣大的一般讀者群眾——他們之中有許多人原先可能對網絡如何影響人類行為，充滿了好奇心（至少我敢說世界上有一人如此，那就是我的妻子）。

　　我很感謝亞瑟·沃林斯基，不只是因為 1992 那年我們共進午餐時的對話啟發了我對網絡的興趣，也因為和他一起進行研究，我走入了這個研究領域，最終促成了這本書。我還想感謝眾多的共同研究夥伴，他們對我的影響極為深刻，本書或多或少都看得到這些影響的痕跡。以下名單，以時間先後排序：亞瑟·沃林斯基、艾莉森·瓦茨（Alison Watts）、巴斯卡·杜塔（Bhaskar Dutta）、埃胡德·卡拉（Ehud Kalai）、安娜·波哥莫尼亞（Anna Bogomolnaia）、安妮·范登·努韋蘭德（Anne van den Nouweland）、托尼·卡爾沃、羅蘭·弗萊爾、弗朗西斯·布洛赫（Francis Bloch）、加里·查尼斯（Gary Charness）、艾倫·柯曼（Alan Kirman）、耶爾尼·喬皮奇（Jernej Čopič）、布萊恩·羅傑斯、馬西莫·莫雷利（Massimo Morelli）、杜妮

亞‧洛佩斯‧平達多（Dunia López Pintado）、里亞特‧亞里
夫（Leeat Yariv）、安德里亞‧加萊奧蒂（Andrea Galeotti）、
桑耶夫‧戈亞爾（Sanjeev Goyal）、費爾南多‧維加‧雷東多
（Fernando Vega-Redondo）、本‧古魯布、塞爾吉奧‧庫拉里
尼（Sergio Currarini）、保羅‧平（Paolo Pin）、達倫‧阿西莫
格魯（Daron Acemoglu）、托馬斯‧巴拉克、譚旭、阿巴希‧巴
納吉、阿倫‧錢德拉塞卡、埃絲特‧杜弗洛、邢亦青、伊夫‧澤
努（Yves Zenou）、馬特‧艾略特、斯蒂芬‧奈、馬特‧勒杜克
（Matt Leduc）、拉梅什‧喬哈里（Ramesh Johari）、西爾維亞‧
莫雷利（Sylvia Morelli）、戴斯蒙‧王（Desmond Ong）、魯查‧
馬卡蒂（Rucha Makati）、賈米爾‧扎基（Jamil Zaki）、彼得‧
特巴爾迪（Pietro Tebaldi）、穆罕默德‧阿克巴普爾（Mohammad
Akbarpour）、埃文‧史東斯（Evan Storms）、內森‧卡恩（Nathan
Canen）、弗朗切斯科‧特雷比（Francesco Trebbi）、扎弗‧卡
尼克（Zafer Kanik）與雪倫‧肖（Sharon Shiao）。

　　本書奠基於我過去的學術研究，而這些研究得以進行，得利
於以下眾多機構的大力支持：西北大學、加州理工大學、史丹佛
大學、美國國家科學基金會（National Science Foundation）、古
根漢基金會（Guggenheim Foundation）、行為科學高等研究中心
（Center for Advanced Studies in the Behavioral Sciences）、美國
陸軍研究辦公室（Army Research Office）、加拿大高等研究院
（Canadian Institute for Advanced Research），以及聖塔菲研究所
（Santa Fe Institute）。除此之外，我還想向維基百科致敬：它讓

我們對人類網絡充滿信心，因爲它本身就展現了人類網絡匯聚集體知識的能力。維基百科的高度中心性，讓所有人的知識都能迅速互相連結；在它出現以前，這樣的情況幾乎不可能發生。

　　本書撰寫的過程受益於許多的社會資本。我要感謝我的家人——我的妻子莎拉、我的女兒麗莎與艾蜜莉、我的父母莎莉與哈爾，以及我的手足馬克與金。他們爲手稿提供了許多建議，不時需要鼓舞我的士氣，偶爾還要忍受我古怪的脾氣。我非常感謝我的三位「學術父母」雨果‧桑嫩申（Hugo Sonnenschein）、薩爾瓦多‧巴貝拉（Salvador Barberà），以及達雷爾‧達菲，數十年來的指導與友誼，造就了今天的我。我的「學術父母」之一薩爾瓦多對本書手稿提供了許多建議，使我受益良多；我的「學術子女」也不遺餘力地幫助著我，他們是邢亦青、愛德華多‧拉古納‧姆根堡（Eduardo Laguna Műggenburg）、伊薩‧查韋斯（Isa Chaves）、雪倫‧肖，以及埃文‧史東斯。我的寫作夥伴提姆‧沙利文（Tim Sullivan）、馬克斯‧布羅克曼（Max Brockman）、埃羅爾‧麥克唐納（Erroll McDonald），以及尼古拉斯‧湯姆森（Nicholas Thomson），在漫長的成書過程中，給予我許多指導與鼓勵。最後，埃羅爾‧麥克唐納是一位出色的編輯，我非常感謝他爲本書所做的編輯與建議。

註　釋

1. 前言：網絡與人類行為

1　關於社群媒體與衍生的跨國串連在「阿拉伯之春」運動中所扮演的角色，請參考Brummitt, Barnett, and D'Souza (2015)。

2　這句話流傳甚廣，一般認為出自孔子。然而在孔子的著作中，找不到任何關於其出處的證據。邢亦青告訴我，中文裡最接近原意的可能是「天下本無事，庸人自擾之」，出自西元1040年《新唐書》。邢亦青英譯為Though peace reigns over the land, the stupid people create trouble for themselves。但無論這句話出自何處，這句話要強調的是，簡單的事可以輕易地變得很複雜。

3　數學上我們簡寫為 2^{435}，大約相當於 10^{131}。

4　根據估計，已觀測的宇宙範圍內（約距離地球900億光年之內）含有的原子數約為 2^{275} 數量級之多。

5　我們會在第5章更仔細地討論這個網絡。原始資料來自於愛德青少年健康研究中心，其發布的美國青少年健康長期追蹤資料庫，是由北卡羅來納大學教堂山分校學者凱瑟琳‧穆蘭‧哈里斯（Kathleen Mullan Harris）負責的計畫，執行內容由小理查德‧烏德里（J. Richard Udry）、彼得‧貝爾曼（Peter S. Bearman）以及凱瑟琳‧穆蘭‧哈里斯等學者共同設計。這個計畫的經費來自尤妮迪‧甘迺迪‧施萊佛國家兒童健康與人類發育研究所（Eunice Kennedy Shriver National Institute of Child Health and Human Development）的P01-HD31921項目以及其他23個聯邦研究機構的協力資助。特別感謝學者羅納德‧林德弗斯（Ronald R. Rindfuss）以及芭芭拉‧恩特威斯（Barbara Entwisle）在計畫早期設計原型的協助。關於如何取得愛德青少年健康研究中心的資料，請見官網說明（http://www.cpc.unc.edu/addhealth）。特別聲明，本書不受P01-HD31921項目的直接支持。

6　由於網絡所涵蓋的知識面極廣，我們可以從不同的學科角度、不同的資料來源，了解更多與網絡相關的背景知識。參考教科書有：Wasserman and Faust（1994/社會學/統計）、Watts（1999/複雜系統/社會學）、Diestel（2000/圖論）、Bollabás（2001/隨機圖論）、Goyal（2007/經濟學）、Vega Redondo（2007/複雜系統/經濟學）、Jackson（2008a/經濟學/社會學/圖論/複雜系統）、Easley and Kleinberg（2010/經濟學/電腦科學/複雜系統）、Barabási（2016/物理學/複雜系統）以及Borgatti, Everett, Johnson（2016/社會學/資料搜集與分析）。也有許多寫給一般大眾的出色著作，討論人際網絡在我們日常生活裡的重要性，像是Barabási (2003)、Watts (2004)、Christakis and Fowler (2009)以及Ferguson (2018)。本書將為讀者彙整以上知識，呈現其中精華的概念，介紹一些已經有研究成果但上述諸書未提及的議題與實際應用，並與我們已知的重要社會經濟趨勢相互對應。在這麼做的過程中，許多新的想法陸續被發展並受到重視。撰寫這樣的一本書，我不免必須從我自己的研究中大量取材，但所有的功勞都歸於大家對網絡知識所做出的集體貢獻。

7　另一個學者常用來描述人類互動網絡的詞彙是「社交網絡」。這個詞也被廣泛用來俗稱各種不同的社群媒體以及網頁平台。基於人類這種物種有互相交流與依賴群體的天性，社交網絡在史前時代就已經出現，其內涵也遠比現代網路平台上的互動來得更廣。因此，在此我不對「人際網絡」與「社交網絡」做出區分。

2. 權力與影響力：誰占據網絡核心？

1　請見 Adrija Roychowdhury, "How Mahatma Gandhi Drew Inspiration from the American Independence Struggle," *The Indian Express*, July 4, 2016.

2　當時光是耐吉（Nike）一家公司就付了4.8億美元 。

3　這裡我忽略了個人特質與其他因素，這些也會影響一個人可觸及的群眾數與動員能力。除了網絡位置以外，到底是什麼特質促使一個人成為意見領袖，這個問題自從Katz and Lazarsfeld (1955)提出以來，學術圈已經有了廣泛的研究，詳見：Rogers (1995)、Valente and Pumpuang (2007)；更多細節請參考Valente (2012)；更多討論詳見Gladwell (2000) 。

4　雖然我們不會在本章或是接下來的章節強調這件事，但我們都應該明白，本書提及的「連結」和「網絡」，會隨著不同的情境而改變其代表的含義。例如，政治人物推動一項法案的能力，取決於他與立法委員的關係；但同一位政治人物動員選民投票的能力，取決於與媒體、政黨與部屬的關係（當然還有這些人的人際關係）。因為網絡中互相連結的兩個人，不見得是真實意義上的「朋友」，網絡術語一般慣用「鄰居」稱呼，但本書我們將將交互使用這幾個詞，不另作區分。關於不同網絡的差異與交互作用，詳見Ferguson (2018) 。

5　請見Feld (1991) 。

6　請見Coleman (1961) 。

7　這裡我們描繪了完整網絡裡的其中兩個連通分支（即彼此相連的部分網絡）。在另外一部分我們沒畫出來的網絡中，也發現了一樣的現象。這個網絡涵蓋146個擁有朋友的女孩（必須彼此都互相認定為朋友）。其中80個女孩比她們的友人擁有更少朋友，25個女孩擁有相同數量的朋友數，只有41個女孩的朋友數更多。

8　關於人們對某些議題判斷失準的現象，請參考Lerman, Yan, and Wu (2015) 提供的案例。一些人氣部落格也可以看到例子，例如，凱文·邵爾（Kevin Schaul）在《華盛頓郵報》的專欄（"A Quick Puzzle to Tell Whether You Know What People Are Thinking"，2015.10.09）。如果你對相關的實驗設計有興趣，請參考Kearns, Judd, Tan, and Wortman (2009) 。

9　請見Perkins, Meilman, Leichliter, Cashin, and Presley (1999) 。

10　請見Perkins, Haines, and Rice (2005) 表格 2 。

11　請見Valente, Unger, and Johnson (2005) 。

12　請見Tucker et al. (2013) 。關於人氣度與其他行為/特徵（例如：收入或幸福感）的關聯性，請參考Eom and Jo (2014)提供的相關案例。

13　關於這兩個效果的廣泛討論，詳見Jackson (2016) 。

14　透過仔細觀察，我們可以估計反饋效果的大小：一個人所處的社會脈絡，多大程度地影響一個人的行為。對某些深受社會影響的活動來說，反饋效果可以大於2（例：Glaeser, Sacerdote, and Scheinkman [2003]）。第8章我們會再回頭探討這些效果以解釋犯罪、逃稅、決定輟學與求職等行為。

15　請見Hodas, Kooti, and Lerman (2013) 。

16　請見Frederick (2012) 。

17　這句話有許多的版本，分別出自不同人物。例如另一個版本「如果你對資料嚴刑拷打夠久，它會向你招供任何事」，這句話經常被認為出自達雷爾·霍夫（Darrell Huff）1954年出版的著作《如何用統計數據說謊》（*How to Lie with Statistics*）。雖然他本人可能說過這句話，但其實這句話沒有出現在書中。不過顯而易見地，整本書的目的就是為了闡明這個現象的存在以及其威力。從我們的角度來看，這句話重點是強調一件事的多重面向，從不同的角度觀察就會看到不同的面貌。

18　你可能沒聽過這個典故，它出自於喜劇秀《週六夜現場》的一系列短劇，劇中的芝加哥球迷，熱衷地討論出身於芝加哥的各個運動英雄，當然這群英雄共同的設定就是，絕對可以擊敗所有出身芝加哥以外的運動員。

19　有關這樣的比較所帶來的價值，可以在馬諦斯與畢卡索的故事中找到一些有趣的觀點。馬諦斯的作品《藍色裸體》（*Blue Nude*）（或稱《比斯克拉的記憶》〔*Memory of Biskra*〕）激發並影響了畢卡索創作《阿維尼翁女神》（*Les Demoiselles d'Avignon*）。塞巴斯提安‧史米（Sebastian Smee）的著作《競爭的藝術》（*The Art of the Rivalry*）生動地說明了他們的競爭關係以及藝術上的交流。

20　在重複計算的情況下，數字可能會有些許差異。比方說，南西是艾拉的7個朋友之一，所以艾拉也可以算是她自己的二度連結朋友。這樣的重複計算其實在數學上比較好處理，因為我們只需要追蹤每一步的連結狀態，而不用記得哪些節點已經造訪過了。關於重複計算可能產生的影響，請見Banerjee, Chandrasekhar, Duflo, and Jackson (2013, 2015)。

21　如果你對圖2-6的數字感到好奇，可以算一下所有數字的平方和，會發現總和是1。在一般的數學意義下（L2範數或是歐幾里德空間），這代表這個中心性向量已經正規化了。

22　他們的演算法還納入了隨機跳轉的機制，在某些情況下會跳到新節點，再重新開始啟動演算法，以避免用戶困在某些循環指向彼此的網頁之間。

23　隨著運算能力以及網路使用經驗的改善，包含Google在內的搜尋引擎技術一直在快速發展。現今的搜尋引擎納入了更豐富的使用者與網頁資訊，更特定的網絡資訊，像是人們瀏覽網頁的習慣以及他們真正想搜尋什麼內容。此外，今天的網際網路隨時都有新的內容生成，網絡的形態不斷地動態變化。儘管如此，當年「網頁排名」（PageRank）演算法引入網絡資訊，在概念上仍是一個相當重要的技術突破。

24　在搜尋引擎與資訊傳播以外的許多情境下，追蹤一度以上的連結是非常重要的。在Google出現前幾十年，這類使用特徵向量迭代計算中心性的方法，就在社群網絡相關研究中現蹤了。最早是里奧‧卡茲（Leo Katz）在1950年代開創了這類型的研究，後來在1970年代菲爾‧伯納西奇（Phil Bonacich）進一步為這類方法定制。在與犯罪行為相關的研究中，特徵向量中心性被用來尋找非法活動中的主導者，因為犯罪行為本身也帶有社交性質：人們透過交流得知犯罪機會、鼓勵彼此參與犯罪行動、這類網絡最核心的人物極大幅度地影響其他參與者（例如，Lindquist and Zenou [2014]）。特徵向量中心性也被用來研究投資人的交流行為，例如預測哪些投資人可以在股票市場中獲得最大報酬（詳見Ozsoylev, Walden, Yavuz, and Bildik [2014]）。

25　在這樣的情況下，簡單的培訓能發揮多大的作用，請見Karlan and Valdivia (2011)。

26　這裡我需要更小心詮釋這個現象，以防過度美化之嫌，因為在任何成功的大規模創新中，也不乏一些糟糕的案例。就像是深陷信用卡卡債而宣告破產的狀況時有所聞，在世界各地運行的微型貸款，也出現過因借款過多而導致個人深陷財務危機的報導。微型貸款的高價債率，吸引了不少公司進入這個市場，其中不乏有些道德不自律的公司，手段激進（就像我們在許多已開發國家看到的信用卡與小額信貸問題）。關於微型貸款到底多大程度改善借款者的生活，至今仍充滿爭議。首先，生產力的大幅突破，可能需要數年的時間才能看見，且無法排除是其他計畫或趨勢所造成，很難只歸功於貸款本身。因此，儘管微型貸款在世界各地盛行，對於它是否幫助微型貸款者增加財富或收入，至今仍沒有一致的結論。（相關討論請見Banerjee and Duflo [2014]; Crépon, Devoto, Duflo, and Parienté [2015]）。不管怎麼說，這樣的信貸管道還是可以幫助人們平穩地調節消費與支出，對極為貧窮的民眾來說，是非常寶貴的理財工具。

27　關於家庭獲得金錢的管道，如何影響這筆錢的消費去向，請參考Schaner (2015)的相關討論。

28　自助會是村里內的一種非正式組織，通常成員共同持有一個銀行帳戶，或是按時付款給這個組織，由組織輪流放貸給不同成員，或是直接給予一筆款項，執行的形式不一。

29　相較之下，在紐約、倫敦、雪梨、北京等大城市裡，人們互動的方式，可以是面對面交流、透過社群媒體、透過電話等等，來往對象可能遍布整個城市，甚至更大的範圍。要完整地描繪這樣一個龐大而多樣的網絡，幾乎是不可能，但對一個小村莊來說，這是可以做得到的事。我們透過一系列的調查問題來建構家戶間的網絡，像是：借錢或放貸、提供建議、商借煤油（為了煮飯或取暖）、緊急互助等家戶間主要的互動方式。將以上所有形式的互動納入考慮後，在這些平均只有兩百多戶的村莊裡，每個家庭平均與另外15個家庭往來；然而，這個數字在各戶之間存在顯著差異（差異不容忽視，有的家庭點度少於10，有的家庭高於20）。

30　事實上，如果我們畫出微型貸款參與度與初始種子點度中心性的關係時，我們會看到斜率略為負數（但不顯著）。即使控制了與村落相關的變數或特徵後，兩者仍然不顯著相關。關於這個研究的細節，詳見Banerjee, Chandrasekhar, Duflo, and Jackson (2013)附錄表S3。

31　如果今天推行的是一個全新的產品，在人們對其不熟悉的狀況下，可能會想先觀察其他人反應，再下決定。在這種情況下，初始種子的人氣度就變得重要很多。類似的討論，請參考Cai, de Janvry, and Sadoulet (2015) 與 Kim et al. (2015)等研究。

32　有很多其他因素都可能影響參與度，像是朋友是否決定申貸。在我們的統計分析中，我們謹慎地控制了這些因素（細節與方法詳見Banerjee, Chandrasekhar, Duflo, and Jackson [2013]）。

33　在此我省略了一些細節，如果你對這些計算的細節感興趣，請參考Banerjee, Chandrasekhar, Duflo, and Jackson (2015)中的討論。

34　由於傳播中心性指標，在互動頻率與迭代步數的估計方式上更為彈性，其表現理論上會優於其他指標。但就算我們將互動頻率與迭代步數設為定值，傳播中心性的效果依然優於其他指標。這裡我們移除了傳播中心性在彈性方面的優勢，以更公平地比較各個指標。更具體來說，我們根據一些基本的網絡特性，將家戶間的互動頻率設成一個定值（這個值剛好是能讓消息觸及網絡內每一個人，所需的最小互動頻率），同時根據我們研究中，人們獲得貸款消息所需的時間，將迭代步數也設為一個定值。即使我們做了以上限制，傳播中心性的表現仍然優於其他指標，細節請參考Banerjee, Chandrasekhar, Duflo, and Jackson [2013] 補充資料表S3中的欄10。透過比較各項的判定係數（R-squares）。這裡我們可以看出不同指標的解釋力優劣。這裡的判定係數衡量的是，在控制變數都一樣的情況下，不同的中心性指標，能夠解釋多少村里間微型貸款參與度的變異程度。從判定係數的角度來看，傳播中心性所貢獻的額外解釋力，比特徵向量中心性還要高出了三倍之多。（比方來說，表S3(c)的欄3代表了已控制其他變數後的點度中心性解釋力，若我們觀察判定係數，可以看出欄2比欄3高出了0.173，而欄4也比欄3高出了0.055，由此可見點度中心性基本上沒有任何貢獻。

35　「政治幫手」這個詞，借用自Dale Kent (1978)，這篇1970年代的研究仔細地整理了相關資料，我們所分析的網絡也是以此為本。後來Padgett and Ansell (1993)擴展了這份資料，進一步分析網絡的型態。圖中我們所使用的資料，來自Ronald Breiger and Pip Pattison (1986)。他們的研究也使用了前述帕吉特（Padgett）的資料，但涵蓋了不同的菁英世家。除此之外，我也對資料做了一些更新，增加了奧比奇與佩魯茲家族間的姻親與商業連結，並且在梅迪奇家族的陣營中，加入了瓜索尼家族。

36　這是Padgett and Ansell (1993)所提出的觀點：「梅迪奇家族的政治勢力，來自於菁英世家間交際網絡的斷層，只有梅迪奇家族跨越了這個斷層。」關於這個觀點的更多討論，請參考Burt (1992, 2000, 2005)。

37　璞琪家族（Pucci）是梅迪奇家族忠實的支持者，尤其在科西莫以及其家族成員流放期間，給予許多幫助。因此，雖然有關資料中看不出兩個家族間有正式的姻親或是商業關係，但他們之間的連結不但強韌且長遠。圖中我也納入薩爾維蒂與巴巴多利家族，因為這兩個家族在兩大陣營的對抗中，最終選擇加入梅迪奇家族的陣營。但如果我們排除此兩家族，並納入梅迪奇與璞琪家族的關係，梅迪奇家族的網絡位置更像是星芒結構的核心了。

38　在科西莫返回佛羅倫斯之前，兩大陣營在1434年9月有過最後一次的對決，這場對決鮮明地

描繪了梅迪奇家族與其他寡頭家族之間的落差。當里納爾多‧格德里‧奧比奇意識到，新政府的立場正逐漸轉為支持梅迪奇家族時，他試圖發動一場政變，奪回控制權。然而，當里納爾多登呼籲其他盟友（包含斯特羅濟家族）出動武力時，他的請求沒有得到回應，因為盟友間爭論不休，無法達成出兵的共識。相較之下，即使在流放期間，科西莫仍處於網絡核心位置，他輕易地組織了武力，成功保護了新組成的執政團。

39　Jac Anthonisse (1971)與Linton Freeman (1977)引進了中介中心性的概念。在Ferguson's (2018)對尼克森總統與福特總統間網絡的分析中，可以看到更多極具啟發性的討論。

40　請見Barabási and Albert (1999)。其他參考文獻如：Price (1976)、Krapivsky, Redner, and Leyvraz (2000)、Mitzenmacher (2004)、Jackson and Rogers (2007a)、Clauset, Shalizi, 以及 Newman (2009)。這是他們觀察聖母大學網域內的網站有多少連結後，所發現到的現象。更多資訊請參考Albert, Jeong, and Barabási (1999)。

41　例如，Akcigit, Caicedo, Miguelez, Stantcheva, and Sterzi (2016) 的專利數據分析顯示，當專利的共同發明者的人脈越廣（意即，過去和越多人共同發表過專利），申請成功的機率就越高。

42　請見Jackson and Rogers (2007a)。一種可能是人們參考了朋友的好友名單，另一種可能是人們混合了「隨機連結」與「優先連結」兩種結識新朋友的方式，後者也會產生類似的不均分配，但兩者呈現些許不同的網絡特徵。請見Kleinberg, Kumar, Raghavan, Rajagopalan, and Tomkins (1999)、Kumar, Raghavan, Rajagopalan, Sivakumar, Tomkins, and Upfal (2000)、Pennock, Flake, Lawrence, Glover, and Giles (2002)、Vázquez, (2003)。

43　更多例子請見Fafchamps, van der Leij, and Goyal (2010)、Chaney (2014)、Jackson and Rogers (2007a)。

44　請見Jackson and Rogers (2007a)。

45　除了這裡提及的幾種以外，還有很多種中心性衡量指標。有些在概念上相似，但牽涉的計算方式略有不同；有些則是運用了其他概念。對背後的數學有興趣的讀者，可以在以下延伸閱讀中，獲得更多背景知識與參考資訊：Borgatti (2005)、Jackson (2008a, 2017)、Bloch, Jackson, and Tebaldi (2016)、Jackson (2017)。

46　另一個與此相關的指標是「緊密中心性」（closeness centrality），衡量一個人與他人的親近程度。

3. 擴散與傳染

1　Katharine Dean et al. (2010)研究發現，中世紀黑死病的傳播，很可能主要是透過寄宿在人類身上的跳蚤與蝨子，而非老鼠或其他動物。當時的衛生條件不佳，不但讓跳蚤與蝨子大量繁衍，也讓他們很容易找到下一個宿主。這種狀況在現代社會已經很少見了，現代的疫情很少源於被跳蚤叮咬的動物、或是人與人之間的密切接觸，因為已經很少人生活在充斥跳蚤與蝨子的環境，因此對跳蚤來說，要直接從目前的宿主找到下一個宿主，變得困難得多。

2　請見Marvel, Martin, Doering, Lusseau, and Newman (2013)。

3　圖中的資料來自Peter Bearman, James Moody, and Katherine Stovel (2004)，包含了來自愛德青少年健康研究中心的資料（即本書第1章引用的美國青少年健康長期追蹤資料庫）。本圖與研究中的圖2略有不同。

4　更精確來說，分支指的是網絡內相連的部分，其上的每個節點，都能找到一條相連的路徑互相聯繫；當我們說這個分支已經發展到最完整的狀態時，代表其上的任兩個節點（當然也包含任何相鄰的節點）都已經建立直接連結了。

5　一般來說，一個網絡最多只會有一個最大連通分支。出現兩個最大連通分支，意味著這兩個分支都必須包含很多節點。然而，因為這兩個分支不能相連，這代表任一分支內的所有成員，都不能與其他分支的成員有任何聯繫，當分支內的成員越來越多時，這樣的條件會變得越來越難以成立。因為只要兩個分支之間出現一個連結，兩者就合而為一了。

6　這裡我沒有考慮時間差的問題。有些關係結束在另一段關係開始前，因此疾病在網絡中傳播的方向，必然受到一些限制。這樣的限制減緩了傳染的速度，但不足以消滅疫情，位於最大連通分支內的大部分人，仍很難避免被感染。更多相關討論，請參考Johansen (2004)、Wu et al. (2010)、Barabási (2011)、Pfitzner, Scholtes, Tessone, Garras, and Schweitzer (2013)、Akbarpour and Jackson (2018)。

7　關於HPV流行程度的估計，各家所採用的人口抽樣方式、衡量指標與定義都不同，因此估計出來的數字相當懸殊；再加上大部分人並不知道自己帶原，使得這個估計更加困難。在性關係活躍的族群中，至少被感染過一次的比例，遠遠超過50%（相關研究請參考 Revzina and DiClemente [2005]）。

8　相關背景請見background, see Stanley (1971)。

9　讓大50式步槍臭名昭彰的是1974年一場戰鬥，30多個野牛獵人與數百名科曼契族（Comanche）、夏安族（Cheyenne）與凱奧瓦族（Kiowa）戰士，對峙於堪薩斯州潘漢德爾鎮的阿多比牆（Adobe Walls）。對峙第三天，其中一個獵人比利·狄克森（Billy Dixon）在1,538碼外開槍射死了一名印地安首領，雖然他自稱這個結果純屬運氣，但已經足以迫使印地安人投降。

10　請見Althaus (2014)。

11　這種對一般人群的概括性估算，源自大量的異質性人口樣本；一般來說，學校內的基本再生數可能遠高於普通人群。透過觀察較大樣本內的病例數如何隨時間變化，可以得到這類一般性估計，至於防疫措施的設計，則需要更詳細地因地制宜的估計。然而，在我們的討論中，概括性的數字就足以提供重要的見解了。

12　疾病的基本再生數可能在某部分族群內、或是某些區域高於1，但是對其他族群或區域則小於1；這使得疾病仍可能擴散到其他族群或跨越邊界。更多關於這個現象的細節，請見Jackson and López Pintado（2013）。

13　西季威克注意到，在衡量一個社會的福祉水準時，不可能不考慮外部性。約翰·彌爾（John Stuart Mill）與傑瑞米·邊沁（Jeremy Bentham）等早期哲學家試圖將外部性納入考慮，以更好地衡量社會福祉，然而他們始終說不清楚外部性是什麼。許多經濟學家在他們的著作中提到市場的效率性，但他們基本上都忽略了外部性，例如：亞當·斯密在1776年出版的《國富論》與阿爾弗雷德·馬歇爾在1890年出版的《經濟學原理》——即便馬歇爾對西季威克以及其著作相當熟悉。馬歇爾似乎完全不信任政府能做好任何事，也許這正是他避談外部性的原因，畢竟對付外部性的方法大多與政府干預有關，像是監管與稅制等等。許多經濟學家一談起外部性就會想起亞瑟·賽斯爾·庇古（Arthur Cecil Pigou），因為他在1920年的論文中直接提及這個議題。有趣地是，庇古這篇論文似乎是為了回應阿林·楊格（Allyn Young）的批評，後者在1933年時指出庇古早年的研究（即1912年出版的《財富與福利》〔Wealth and Welfare〕）忽略了外部性的效果，並建議庇古應該更全面地考慮外部性，詳見Young (1933)第676頁（感謝肯·阿羅〔Ken Arrow〕提醒我可以參考楊格的這份研究）。但外部性真正納入了現代經濟學的範疇，大概要等到 1960 年代，經濟學家羅納德·寇斯、詹姆斯·布坎南（James Buchanan）與克雷格·斯特布巴寅（Craig Stubblebine）兩篇經典著作出現後了(Coase [1960]、Buchanan and Stubblebine [1962])。此前，也有些研究試圖馴服外部性，像是Frank Knight (1924) 與Tibor Scitovsky (1954)。相關討論詳見Kenneth Arrow (1969) 中的精采討論。

14　此一外部性定義是一種比較廣義且現代的版本。它不只限於某人的蓄意行為所造成的後果，它可以是任何類型的行為，包括個人的抽菸行為到工廠排放污染源等等。它包括正面的外

部性（例如資訊安全領域中的公鑰[public key]的概念）與負面的外部性（例如運動賽事舞弊）。外部性大多來自無心之舉，很少人會為了引發外部性而故意做什麼事，二手菸就是一個例子。但有時候，外部性的確來自蓄意行為，就像是開發所有人都能自由使用的開源軟體。這裡外部性的定義確實不夠嚴謹，比方說，「毆打他人」其實也符合這個版本的定義，但顯然並不是我們想捕捉的外部性概念。雖然這種定義有過度寬鬆的問題，但為了簡化敘述，本書還是會以這個定義為準，來解釋網絡中種種可能出現的外部性。

15 網絡中可能出現各種形式的外部性。請注意不要搞混「外部性」與所謂的「網絡外部效應」（network externality），後者指的是一種特殊情境。所謂的「網絡外部效應」指的是，如果某種新技術（或新產品等）的用戶越多，就越容易吸引到新用戶。當然網絡外部效應也是一個重要的現象，但本書更關心的是更多其他類型的外部性。

16 請參考皮尤研究中心的研究：Internet Project Survey, August 7–September 16, 2013, http://www.pewresearch.org/fact-tank/2014/02/03/what-people-like-dislike-about-facebook/。

17 請見Ugander, Karrer, Backstrom, and Marlow (2011)。

18 請見Backstrom, Boldi, Rosa, Ugander, and Vigna (2012)。

19 Solomonoff and Rapoport (1951)是第一篇用數學來解釋這個現象的研究。隨後數學家保羅·埃德斯（Paul Erdős）與阿爾弗雷德·雷尼（Alfréd Rényi）陸續在1950年代末到1960年代初發表了更多相關研究，為隨機圖論（random graph theory）奠定了堅實的基礎。其他比較少人注意到的獨立研究還有 Edgar Gilbert (1959)。

20 更多詳細數字，請見隨後Travers and Milgram (1969)的研究。

21 請見Dodds, Muhamad, and Watts (2003)。

22 這個問題的答案當然很重要，但因為它的應用太廣，這裡我只會先介紹最基本的概念。更多討論與案例見Watts (1999)，數學細節請見Jackson (2008)。

23 廣義來說，如果不限於臉書朋友，一般人大概會認識多少人（這裡的「認識」指的是在過去兩年有雙向聯絡）的估計值差異頗大，落在數百人到數千人之間，取決於估計方法與對象。請見McCarty, Killworth, Bernard, and Johnsen (2001)與McCormick, Salganik, and Zheng (2010)。

24 如果考慮到友誼悖論（網絡鄰居的一度連結朋友數將會上調）與黛安娜交友圈中有多少人互為好友（網絡鄰居的一度連結朋友數將會下調），兩種效果相互抵銷後，這算是個合理的估計值。也許有人會對數學細節感到好奇，以下我將用一些數字為這些人解說這兩個問題。首先，我們每向外走一步，所能觸及的獨立個體不會維持同樣的數量，我們很可能高估了，因為每次觸及的網絡鄰居不見得是「新」朋友：他們可能在前幾步就出現過了。舉例來說，有些用戶的二度連結朋友，就是該用戶的一度連結朋友。假設黛安娜是艾蜜莉與麗莎的朋友。此時我們從黛安娜的網絡位置向外走兩步來到鮑伯的位置，如果艾蜜莉與麗莎也是鮑伯的朋友，那麼鮑伯的200位朋友中就不能計入艾蜜莉與麗莎，因為我們已經在黛安娜的位置上計入這兩位了。因此，如果每向外走一步就計入200位新朋友的話，我們就會面臨重複計算的問題。然而，就算我們估計得更保守一點，將新朋友的數量減為一半，也就是100，那我們向外推演四步後，還是可以觸及200×100×100×100＝2億人。（如果想估計得更準確，可以讓新朋友的數量隨著步數遞減。但一般來說，大多數的新朋友還是會出現在最後幾步，因為我們也是在最後那幾步才觸及到整個群體。）到了第5步，我們已經觸及7.2億人了，這個結果基本上也解釋了為什麼Ugander, Karrer, Backstrom, and Marlow (2011)發現任兩個臉書活躍用戶間的網絡距離為4.7。第二個問題是，我們已經預設每向外走一步能帶來的新朋友數為一個定值。但個體之間是有顯著差異的，就算某個人有500個朋友，另一個人可能一個朋友都沒有。不過，在臉書這種大型且高平均點度的網絡中，個體差異基本上可以互相抵銷。這樣的現象最早可以在Erdős and Rényi (1959; 1960) 的網絡研究中看到，當時他們觀察的網絡是均勻地隨機生成連結，如今的隨機網絡模型有各種變形（例如，Jackson [2008b]）。即便像臉書這種複雜且全球尺度的網絡，大數法則（law of large numbers）仍然適用，近似的估算結果雖然忽略了個體差異，但已經足以得出非常精確的估計值。

25　"A Few Things You (Probably) Don't Know About Thanksgiving," Becky Little, *National Geographic*, November 21, 2016。

26　更多比較請見Marvel, Martin, Doering, Lusseau, and Newman (2013)。

27　如同Cesaretti, Lobo, Bettencourt, Ortman, and Smith (2016)所述，中世紀的城市不管在社會結構或地理結構方面，與現代城市都有相似之處。但中世紀的人口跟現代人口相比少得多，旅行的頻率也比較低。更多討論請見Ferguson (2018)。

28　請見Valentine (2006)。

29　更多細節與討論請見Altizer et al. (2006)。

30　請見Jared Diamond's (1997)的描述。

31　請見Shulman, Shulman, and Sims (2009)。

32　請見Schmitt and Nordyke (2001)。

33　例如，蘭迪・希爾茨（Randy Shilts）1987年出版的著作 *And the Band Played On*。

34　請見Lau et al. (2017)。

35　請見Godfrey, Moore, Nelson, and Bull (2010)。

36　圖片來自Barbulat/Shutterstock.com (Vectorstock)，已獲得授權。

37　這裡可能有其他因素與點度存在相關性，例如鱷蜥的領地大小，也可能影響牠感染壁蝨的可能性。我們沒辦法一一排除其他因素，但蟎蟲感染率可以支持我們的理論，因為蟎蟲感染與點度無關，但與領地大小或鱷蜥體型大小有關。

38　請見Godfrey (2013)。

39　請見Christakis and Fowler (2010)。

40　高點度不見得總是會增加疾病感染風險。例如，對日本獼猴來說，社交對象越多，身上的蝨子就越少。如同Duboscq, Romano, Sueur, and MacIntosh (2016)所發現的，這是一種季節性的現象。日本獼猴間的社交活動就是互相梳毛，幫助對方移除蝨子卵──這可說是真正的友誼了。因此，社交活動不見得只會散播蝨害，也會抑制蝨子的數量。高點度就代表同伴更常幫忙梳毛，身上的蝨子數量因此而下降。

41　請見Bajardi et al. (2011)。

42　請見Cowling et al. (2010)。

43　請見Donald G. McNeil Jr., "In Reaction to Zika Outbreak, Echoes of Polio Global Health," *New York Times*, August 29, 2016。

44　請見Ferguson et al. (2006)。

45　超級盃是每年美國觀賽人數最高的活動，在2016年時全美有超過1/3收看電視轉播。儘管超級盃也有些國際觀眾，但相對於世界盃足球賽冠亞賽或是奧運開幕（目前北京奧運保持著最高觀影人數紀錄）來說，觀影人數少了幾個數量級。因此，超級盃主要還是美國的國內賽事。

4. 連結緊密到不能倒：金融網絡

1　全球主要咖啡產國（年產量超過三千萬鎊）超過30個。政治動盪或天災都可能造成某一產地的供應鏈暫時斷裂，一旦遭遇這樣的狀況，像星巴克或咖世家（Costa Coffee）這樣的全球連鎖品牌，通常會改由其他產區供應咖啡豆。全球大宗商品的價格波動極大（咖啡也不例外），對穩定供應咖啡給消費者的公司而言，更好的策略是從多個國家採購咖啡豆，避免受

制於單一產區，承受過多當地市場震盪的風險。

2　我們只引述了保羅‧基爾（Paul Kiel）對希拉‧拉莫斯的部分報導。完整的精采報導請見 "The Great American Fore- closure Story: The Struggle for Justice and a Place to Call Home," ProPublica, 2012。

3　「房利美」是美國聯邦國家房屋貸款協會（FNMA，Federal National Mortgage Association）的俗稱；「房地美」的正式名稱則是美國聯邦住房抵押貸款公司（FHLMC，Federal Home Loan Mortgage Corporation）。房利美與房地美將全美各地的房貸，打包成房貸抵押證券或是廣義的可抵押債券。房貸市場中第三大企業是吉利美（Ginnie Mae，Government National Mortgage Association，簡稱 GNMA），這是一家國營企業，專門處理退休軍人、低收入戶或是其他政府計畫的貸款。這家公司規模相當大，也面對著一些問題，不過與我們這章關注的議題沒有太大的關係。

4　信用違約交換是許多金融機構主要的保險方式，確保可抵押債券（例如房貸抵押證券）違約時，還是可以拿到應得的款項。例如，如果有人跟雷曼兄弟買了房貸抵押債券，他可能也會跟 AIG 買這類保險，將雷曼兄弟（因為任何看似不太可能發生的原因而）違約的風險，轉嫁給保險公司。

5　請見Elliott, Golub, and Jackson (2014)對此更詳細的討論。

6　能改善此情況的交易方式包括：利用短期銀行間借貸以調節存款波動、利用外匯交易以規避特定貨幣的波動、甚至銀行間能長期共同投資，因為各家銀行可能在某些地區具有優勢，因此它們的投資組合過度地集中於該地市場。也許你會好奇，為什麼我們要在意銀行的投資組合是否失衡。就算銀行的投資風險不夠分散，我們不是還可以透過持有不同銀行股份來分散風險嗎？的確，如果沒有市場摩擦與破產成本，銀行不夠風險分散並不會構成什麼問題。然而，破產成本對整個經濟體的傷害極大：一旦宣告破產，那些有價值的資源將被閒置或是使用不足，過程中還會花費大量的時間與法律成本。這些成本正是我們想避免公司陷入無力償債狀態的原因，也解釋了為什麼具有傳染性的破產會帶來高昂的代價。

7　這並不表示圖4-1(c)就是「安全」的狀態：此時每家銀行仍只有4到6個交易對手，因此曝險狀況並不低，也可能出現數家銀行同時出問題的情況，這種大規模違約還是能將其他健康的金融機構拖下水。

8　這個現象也可能連累其他金融機構。當雷曼兄弟瀕臨破產時，不只是與它往來的公司面對著高度不確定性，財務體質類似於雷曼兄弟的公司也會出現問題。事實上，全球的銀行都縮緊了短期（隔夜）拆款業務——這是銀行用來滿足資本適足率（按監管規定需要維持的現金水準）以及短期調節的工具。當時沒有人知道哪家銀行安全，哪家銀行有問題。因此銀行業內隔夜拆款市場幾乎乾涸，需要各國中央銀行介入。

9　請見Bloom (2009)。

10　更多討論請見Shiller (2015)。

11　知名人士的表態也可能造成恐慌。如果有個極受公眾關注的人公開表態，自己對某家銀行或是金融機構失去了信心，此時就算你自己並不相信這番話，你可能還是會擔心其他人將受到此人的影響。關於知名人士對他人行為的影響力，更多細節請見Acemoglu and Jackson (2014)。

12　請見Branch (2002)。

13　蒸發的44％中，有16％是法律成本與其他宣告破產帶來的損失，剩下的28％則是資產損失（投資失利），像是導致破產的不良投資，或是因為急於拋售而出現的損失。至少有16％的損失是直接來自破產，剩下的28％也很可能與破產導致的資產拋售有關。

14　請見https://www5.fdic.gov/hsob/HSOBRpt.asp。

15　贊成或反對分離經營的論點，取決於利益衝突與規模多樣化經濟之間如何取捨。比方說，一

家公司能買或賣股票，同時又能管理其他人的資金，這意味著公司可能會鼓吹客戶購買某些股票（像是那些與公司存在利益關係的股票），或是公司可能從客戶買賣的意圖中，獲得比其他投資人更多的資訊優勢。規模經濟與多樣化經濟將在下文中有更多討論。

16　關於「核心－邊陲網絡」，更多背景知識與參考資料請見Wang (2017)、Farboodi (2017)、Hugonnier, Lester, and Weill (2014)、Fricke and Lux (2014)、van der Leij, in't Veld, Daan and Hommes (2016)、Gofman (2011)與 Babus and Hu (2017)。

17　關於少數銀行掌握大多數業務，還會帶來許多問題，我無法在此一一介紹。例如，當少數公司主導了整個產業，這些少數公司就能挾帶巨大的市場壓力，決定定價並從中攫取利益；或是它們試圖利用自己的能力跨越造市與交易的界限。

18　請見Uzzi (1997)。

19　箭頭其實也包含間接曝險，相關衡量方法請見Elliott, Golub, and Jackson (2014)。

20　例如Baig and Goldfajn (1999)關於亞洲金融風暴的討論。更多關於跨國金融危機與傳染的背景知識，請見Reinhart and Rogoff (2009)、Kindelberger (2000)、Neal and Weidenmier (2003)與Kaminsky, Reinhart, and Vegh (2003)。

21　Battiston et al. (2016)提到與此相關的金融監管難題：我們經常低估風險，忘了金融市場存在相變與連鎖效應；很多時候一個人曝險程度有一點點偏差，就可能引發潛在的連鎖效應。

22　請見Admati and Hellwig (2013)；更多有關金融市場中誘因問題的討論，請見Admati (2016)。

23　相關歷史請見Lucas (2013)。

24　除了監管對象會不斷改變的難題以外，限制金融機構的資金用途也會造別的問題。一旦投資標的受到限制，這將讓企業的風險分散更加不足。許多歐洲銀行的投資標的就受到這樣的限制，結果他們持有了大量的希臘主權債券，因為那是它們可投資範圍內利率相對高的標的。監管與投資限制可能也會造成金融機構的投資彼此高度相關，因為所有受監管的金融機構只能在有限制的中做選擇，一旦這些標的遭受負面衝擊，就可能同時出現違約的狀況。

25　風暴其實從2007年就開始了，並延續到2008年。一開始是房貸、次級貸款，以及營建公司的破產：American Freedom Mortgage、Mortgage Lenders Network USA、DR Horton、Countrywide Financial、New Century Financial、American Home Mortgage Investment Corp.、Ameriquest 等等。風暴繼續席捲了銀行業，投資銀行紛紛失去償債能力；BNP Paribas、Northern Rock、IndyMac、Bear Stearns 等等。接著房利美與房地美被接管；很快地更多商業銀行與投資銀行相繼破產或被出售：Meryl Lynch、雷曼兄弟、Washington Mutual；AIG接連獲得了政府的多筆高額援助。2008年秋天，國會最終通過了7,000億美元的《問題資產紓困計畫》（Troubled Assets Relief Program）援助案，溢價收購那些有問題的銀行資產；到了11月，美國聯準會承諾另外拿出8,000億美元購買更多資產，半數以上被用來購買房利美與房地美的不良抵押貸款。

26　還有其他相關因素使得許多金融機構的投資高度相關。有些是因為受到監管，因此只能持有某種類型的資產，因此它們的投資選擇有限（詳見註解24）。加上，金融機構間經常處於競爭關係——投資表現更好的機構，通常能吸引更多客戶與投資人。這可能讓它們開始模仿別人的投資選擇，像是持有與其他銀行相似的投資組合，可以鞏固自己的顧客基礎，因為客戶基本上無法分辨兩家銀行產品的差異。此外，人們的從眾心理也可能造成金融機構傾向投資相同的標的。（更多討論請見第本書7章與Scharfstein and Stein (1990) 與Froot, Scharfstein and Stein (1992)）。

27　請見2011年1月政府正式版本。

28　包括：Bank of America、Barclays、BNP Paribas、Citigroup、Deutsche Bank、Goldman Sachs、HSBC、Morgan Stanley、Royal Bank of Scotland、Société Générale等等。

29　委員會中有6名成員由民主黨任命，4名成員由共和任命；不意外地，他們對於政府監管（或

監管太少）在這場金融危機中的角色存在分歧，也對這場危機咎責的細節有著不同的意見。但不管怎麼說，他們都同意這場危機的核心是潛在的金融傳染現象，也同意政府的介入非常重要。比方說，在異議報告第432頁再次重述了政府接管房利美與房地美的重要性：「銀行持有的資產不能全都是 General Electric 或是AT&T發行的公司債，但銀行卻可以全押在房利美與房地美的債券。不只在美國，全世界有許多投資人認為GSE（即由美國政府支持的企業，例如房利美與房地美）絕對安全，因此將資產重押在這些公司的債券上。政策制定者確信，許多金融機構都面臨著這種單一交易對手風險，這代表任何GSE債券本金減記（write-down）都可能會引發金融體系中一連串的倒閉。此外，GSE債券還能在短期借貸市場內當作抵押品，因此倒閉潮還可能造成比之前更嚴重、更大規模的信用緊縮。」

5. 同質相吸：人以群分

1　某些迦提並不完全屬於一個種姓。例如，某個宗族一直以來就包含工匠與軍人兩種瓦爾納，但在19世紀時被強行劃為同一個種姓。

2　資料來自India Human Development Survey (IHDS)，由 National Council for Applied Economic Research (NCAER) 與馬里蘭大學共同執行：http://ihds.info/。

3　請見Maurizio Mazzocco and Shiv Saini (2012)。要得到精確的家戶總所得、村莊總所得、村莊總消費估計值往往相當困難（請見Ravallion and Chaudhuri [1997]），如果我們姑且先用帶有雜訊的資料來看，還是無法在地方層級觀察到風險全面分攤的現象（例如：Townsend [1994]、Fafchamps and Lund [2003]、Kinnan and Townsend [2012]、Samphantharak and Townsend [2018]）。Ambrus, Mobius, and Szeidl (2014)這篇研究深入地觀察了特定的網絡結構，以了解這種風險分攤機制，並且提供了相當直觀的解釋。種姓團體中的緊密連結能讓村民互相幫助，足以克服小型的非系統性衝擊。但如果出現了較大的衝擊，整個種姓團體都受到影響，那麼他們就需要依賴其他種姓團體的幫助。此時，種姓團體間互不聯繫的狀態就變成一個問題，因為他們之間幾乎沒有連結：沒有足夠的跨種姓社會資本，能幫助彼此面對收入受到巨大衝擊的情況。這並不只發生在印度的村莊，有許多研究都發現美國最窮困的人群也遇到類似的困難，他們很難面對收入上的衝擊（例如，Blundell, Pistaferri, and Preston [2008]）。Xing (2016)這篇研究則指出了，這種不效率的風險分攤方式相當難以改變。

4　在這個例子中，西班牙裔與其他種族同為學校裡的少數族群，他們之間的連結變得更為緊密。內部緊密程度受到團體規模所影響，有時候比較小的群體沒有其他選擇，只能和內部成員加強連接的緊密程度。請見Currarini, Jackson, and Pin (2009, 2010)。

5　同樣的現象也在荷蘭青少年的臉書交友網絡中看到。Hofstra, Corten, van Tubergen, and Ellisond (2016) 這篇研究發現在一群朋友中，核心成員有著更強的同質性，且種族比性別有更強的同質相吸效應。

6　請見Fryer (2007)。

7　這些數字之所以不對稱，是因為白人族群的規模遠大於黑人族群。同時，這種不對稱現象也與性別有關，因為黑人丈夫與白人妻子的組合比反過來的情況更常見。

8　請見McPherson, Smith-Lovin, and Cook (2001) 中關於這方面大量文獻的回顧。更多更新的參考文獻請見Jackson, Rogers, and Zenou (2017)。關於朋友間遺傳相似性的近期研究，請見Christakis and Fowler (2014)與Domingue, Belsky, Fletcher, Conley, Boardman, Harris (2018)。

9　請見Verbrugge (1977)。學者Verbrugge 測試了240組不同的特質（例如，每10歲劃為不同年齡層、不同宗教、不同職業等）。接著她計算跨特質摯友關係的發生比（odds ratio）。舉例來說，我們可以比較「一個天主教徒最好的朋友也是天主教徒」的機率與「一個天主教徒最好的朋友不是天主教徒」的機率。如果兩個機率相除後得到1，代表沒有同質相吸效應：無論

一個人是不是天主教徒，她最好的朋友是天主教徒的機率都一樣。天主教徒的發生比在底特津為6.3，在舊諾伊施塔特則為6.8——也就是說，發生「一個天主教徒最好的朋友是天主教徒」的可能性是「一個非天主教徒最好的朋友是天主教徒」的6倍以上。在240種特質中，她發現所有的發生比都大於1，且其中225種具有統計顯著性（另外15個統計不顯著的特質都是比較小的子樣本），發生比落在2.2到81之間。最極端的特質是年齡，發生比高達81：發生「25歲以下者最好的朋友小於25歲」的可能性是「25歲以上者最好的朋友小於25歲」的81倍。

10　這是在東非地區，整個大裂谷其實還延伸到黎巴嫩。也與部分馬拉威、蒲隆地（Burundi）、烏干達、盧安達、尚比亞接壤。

11　請見Apicella et·al. (2012)。

12　請見Chiappori, Salanié, and Weiss (2017)提及，婚姻中的同質相吸效應隨著教育程度增加而加強。

13　請見Pew Research, 2016。

14　這裡的討論是基於Skopek, Schulz, and Blossfeld (2010)的分析。

15　請見Skopek, Schulz, and Blossfeld (2010) 表4。對女性來說，如果男性對象有著類似的教育程度，回覆率將比正常狀況高出33％；若男性教育程度較低，回覆率則比正常狀況低了36％。對男性來說，如果女性對象有著類似的教育程度，回覆率將比正常狀況高出21％；若男性教育程度較低，回覆率則比正常狀況低了9％。

16　請見Ken-Hou Lin and Jennifer Lundquist (2013)。

17　資料來自2013年的PRRI American Values Survey。見Robert P. Jones, "Self-Segregation: Why It's So Hard for Whites to Understand Ferguson," *The Atlantic*, August 21, 2014以及Christopher Ingraham, "Three Quarters of Whites Don't Have Any Non-White Friends," *Washington Post*, August 25, 2014。

18　請見Bailey, Cao, Kuchler, Stroebel, and Wong (2017)圖13與表7。

19　請見Kenney (2000)、Hwang and Horowitt (2012)。

20　如果你對這個例子有興趣，你可以在下面的網站中找到更多由Vi Hart與Nicky Case設計的模擬遊戲：http://ncase.me/polygons/。

21　更多關於臨界點的討論，請見Granovetter (1978)、Rogers (1995)、Gladwell (2000)、Jackson and Yariv (2011)。

22　請見Card, Mas, and Rothstein (2008)。

23　請見Easterly (2009)。

24　其他因素將在本書第8章介紹。

25　我與以前的學生邢亦青研究了，人們預測其他人行為的能力是否與國籍有關（Jackson and Xing [2014]）。我們的研究對象包含了美國人與印度人。我們隨機地將群體分為兩人一組，每組需要協調如何分配一筆錢：兩個人需要同時揭露是否平分這筆錢，以及如果不平分的話，誰該拿更多錢。只有在兩人都同意的情況下，這兩人可以拿到這筆錢，因此能夠預測對方會提出什麼條件是很重要的。研究發現，只有34％的印度人要求平分，而美國人的比例則是83％。更重要的是，人們在預測同國籍者的行為時更為準確，且最後得到的總收入也比較高。我自己也受到這種國籍偏誤影響，原先我不認為會有任何國籍差異，因為對我來說，平分就是一件天經地義的事。這種現象相當典型：我們經常預設其他族群的人也會和自己有一樣行事作風，因而出現許多預測誤差。其他研究也發現了跨文化族群間存在顯著地行為差異。以喬·亨里奇（Joe Henrich）為首的一群經濟學家與人類學家就測試了，人們在不同社會與國家裡的利他（社會性）行為的強弱（Henrich et al. [2001]）。他們發現，在市場機制較不成熟的地方，人們的自利行為更強，也就是說市場機制實際上增強了人們的利他心理。原

因在於，人們的利他心理與合作傾向，正是市場機制能順利運行的必需條件。

26 在商業世界中，「朋友的行為總是相似」的事實並沒有被忽略。Kreditech是一家總部位於漢堡的小額貸款公司，它為部分歐洲地區提供服務。這家公司要求貸款申請者提供其社交媒體帳號。如果它發現這個申請人的朋友中，有人曾對Kreditech發放的貸款違約，那麼這個申請人就可能被拒絕；但如果它發現申請人的朋友都有相當不錯的工作，那麼這個申請人就可能成功申請到貸款。（"Lenders Are Turning to Social Media to Assess Borrowers," *The Economist*, February 9, 2013））。

27 Edling, Rydgren, and Sandell (2016) 研究了數百萬西班牙民眾的戶政紀錄，可以追蹤居民的住址以及爆炸案前後的搬家情況。他們發現西班牙民眾不願與移民住在同一社區，而且阿拉伯裔居民也有彼此住得更近的趨勢。研究學者採用的隔離指標介於0到1之間，其值取決於一個群體與其他群體的隔離程度——1代表完全隔絕，0代表完全融合。阿拉伯人口的隔離指標在2000年時將近0.7，到了爆炸案前，降到0.58左右。然而爆炸案後迅速反彈，在2006年升高到將近0.63，此後大概過了數年之久，這個指標才降回爆炸案前的水準。

28 請見http://www.prisonexp.org/the-story/。更多關於該實驗的條件敘述，請見Haney, Banks, and Zimbardo (1973)。

29 在Haney, Banks, and Zimbardo (1973)中也有相關描述。該實驗的顧問Carlo Prescott在一篇社論（Stanford Daily, April 28, 2005）中提到，獄卒們的某些行為其實是受到鼓勵的。不管怎麼說，我們這裡的重點是實驗對象很快就接受了自己的角色，形成了壁壘分明的兩大陣營。

30 請見Alesina and Zhuravskaya (2011)。

31 這裡的GDP金額已經以2000年購買力平價（PPP，purchasing power parity）調整過了。如果你想自己動手分析，這個具有啟發性的資料集（即我用來畫這些圖的資料檔）可以在我們網站上找到——但我要強調這個資料要歸功於Alesina and Zhuravskaya (2011)的努力，更詳細精確的變數定義也可以在同篇文章內找到。

32 你可能會質疑，究竟隔離程度真是一國發展不力的真正原因，抑或只是一個副產品。也可能是因為政府的低效運作，讓人們以種族來區隔你我（或維持隔閡狀態）。在圖中，我們無法看出任何因果關係。我們不可能用嚴格控制各項變數的實驗，來測試這個假說，因為設計出某些「高度隔離國家」與「無隔離國家」，接著將兩組國家置於完全相同的環境下，來觀察兩組國家如何隨時間演變——這件事完全不可能做到。儘管如此，Alesina and Zhuravskaya (2011)仍然提出了一些證據，指出兩者具有因果關係。他們採用了「工具變數」（instrumental variables），這是一個常見的處理這類資料的方法。

33 這也幫助我們在網絡中保持方向感。更多討論請參考Duncan Watts (2004)書中第5章的內容以及線上附錄。

6. 社會不流動與不平等：網絡反饋和貧窮陷阱

1 也許你對奧林匹亞啤酒（Olympia Beer）的宣傳沒有印象，或是你曾以為Artesia（自流井）是一個地名，但其實所謂的自流井水指的是，地底的含水層因為傾斜角度的緣故，在天然的壓力之下自然湧出，無須加諸外力就能取得的水源。

2 請見Claire Vaye Watkins, "The Ivy League Was Another Planet," *New York Times*, March 28, 2013。

3 請見https://www.theodysseyonline.com/black-women-in-tech。

4 有許多方式都能衡量社會流動性，比方說，家長與孩子的教育、所得、財富、社會階級、壽命等條件是否存在關聯性，我們可以分別測量父子、母女、母子間的關聯性。與這類指標

有關的大量研究都指出了相似的發現：家長與孩子的條件存在顯著的相關性，但各國的情況差異頗大──雖然相關性的強度也取決於選用的指標到底衡量了什麼。經濟學家用「彈性」來衡量百分比變化率，以便在不同的情況下都可以進行比較。彈性能用以下方程式來估算：ln(Incomechild) = α + β ln(Incomeparent) + error，因此Incomechild = factor × Incomeparent。若進一步區分兒子與女兒，兩者彈性相差不大。請見Lee and Solon (2009)。

5　這裡反應的是代際收入的相關性，而非代際財富相關性。後者主要來自財富繼承，而前者則源於財富轉移以外的許多因素。

6　請見"The American Dream? Social Mobility and Equality in the US & EU," Dalia Research, March 1, 2017。Alesina, Stantcheva, and Teso (2018)這篇研究提供了更詳細的數據，與許多歐洲國家相比，美國人存在類似的過度樂觀傾向。他們也發現某幾個州的過度樂觀傾向特別嚴重，這些州也恰好是社會流動性最差的地方。此外，他們發現人們對社會流動性的認知，與他們的政治立場、對政府的看法，跟對所得再分配的支持程度有關。

7　你可能注意到這個命名並不完全與這張圖的含義相稱。儘管故事主角傑‧蓋茨比的背景是個私酒販子，但他最後的確變得很有錢，實現了經濟上流動性。然而蓋茨比沒有實現的是社會階級的流動性。不管怎麼說，蓋茨比曲線仍然是個畫龍點睛之名，提醒大家美國社會不流動的程度，不只是社會階級，如今也包含了經濟上的不流動性。

8　關於丹麥的數據，請見Calvó-Armengol and Jackson (2009)附錄資料，美國的數據則來自Huang (2013)。美國的就讀率為 43%，丹麥則是 39%，資料來自 http://www.russellsage.org/research/chartbook/percentage-population-select-countries-bachelors-degrees-or-higher-age（本書顯示的資料來自2016年12月6日的網站資訊）。

9　如果你想了解更多細節，可以參考Samuel Bowles的相關說明，例如：https://www.santafe.edu/news-center/news/how-measure-inequality-experienced-difference。

10　還有許多其他方式能用來理解與視覺化吉尼係。這裡的解釋方式是我從Sam Bowles那學來的，我覺得比一般常見的解釋還來得更好懂。

11　在許多國家要蒐集準確的國民所得資料是件相當困難的事。圖6-3參考了許多不同的研究以及各國政府的報告，我們在詮釋時必須注意這一點。此外，吉尼係數的水準也取決於稅收與社會福利計畫。如果一國所得稅較高，但也提供窮人較多的補助，那麼用稅前或是稅後收入來計算吉尼係數，結果可能非常不一樣。在某些歐洲國家，用稅後收入計算的吉尼係數，顯著地低於稅前收入計算出的結果。如果將稅收與補助考慮進來，美國的吉尼係數將會降低10%。此外，吉尼係數試圖用一個數字來描述一個複雜的現象，肯定無法讓我們看到全貌，例如，究竟社會的不平等是因為底層階層極度貧窮，還是因為中產階級也相對貧窮，我們不得而知。但無論如何，吉尼係數還是讓我們能有個大致的概念，到底所得分布不均的程度多嚴重。

12　請見Lindert and Williamson (2012)。

13　請見Haden (1995); Hayden (1997)。

14　請見Bowles, Smith, and Borgerhoff Mulder (2010)。

15　儘管社會不平等在全球許多國家都越來越嚴重，但國家之間的不平等程度卻在趨緩，因為主要的開發中國家正在富裕起來，不過這也讓這些開發中國家內部的貧富差距加劇。

16　如果想深入瞭解20世紀的教育與生產力演進的過程，請參考Goldin and Katz (2009)。

17　根據Acemoglu et al. (2016)，估計約有10%的直接影響，但若考慮整個經濟體最後的均衡效果（比方說其他經濟活動縮減造成的外溢效果），估計值將會翻倍。同樣地，根據Hicks and Devaraj (2015)的估計，製造業消失的崗位有87%是因為技術變革，只有13%是因為製造業的生產部門移出了美國。

18　其實部分資訊科技也算是服務業，因此已經有人建議擴大產業分類，將經濟體的生產部門繼

續細分，以因應現代經濟體越來越多元的生產活動。

19　請見Acemoglu and Autor (2011)第1051頁，更多細節請見Goldin and Katz (2009)。

20　請見Piketty (2014)表7.2與表7.3。

21　請見Krugman (2014)。

22　更多證據請見Kaplan and Rauh (2013)，該研究指出頂層1％人士的薪資成長，主要是因為技術變革大幅提升了他們的生產力與規模，並不是因為社會風氣改變，或是有人蓄意抬升高階經理人的薪資。這裡頂層1％人士包含了數百萬名不同工作崗位的勞動力。

23　特別是那些所得最低的1/5家庭，其子女只有不到30％的機率能就讀大學。相對地，所得位居全國前80％的家庭，其子女就讀大學的機率超過80％。詳見 Chetty and Hendren (2015)。

24　請見American Academy of Arts and Sciences, "A Primer on the College Student Journey," 2016。

25　超過70％以上就讀頂尖大學的學生來自全美國最富裕的前1/4家庭，只有3％出身於最貧困的1/4家庭。資料來自Jack Kent Cooke Foundation的報告Giancola and Kahlenberg (2016)。

26　請見Chetty, Friedman, Saez, Turner, and Yagan (2017)。

27　這是曾接受聯邦政府獎學金資助的學生，畢業後十年的數據。

28　請見Hart and Risley (1995)。

29　差異不僅僅顯示在與幼兒對話的情況。Flavio Cunha分析了媽媽每天陪伴孩子的時間，包括各式各樣的活動：「在幼兒難過時給予安慰」「擺動寶寶的手腳與其玩耍」「與寶寶說話」「唱歌給寶寶聽」「講故事給寶寶聽」「唸書給寶寶聽」「帶寶寶到院子、公園、遊樂場玩耍」等等。基本上，媽媽一天會花上4到5個小時與幼兒互動。當然這也與媽媽的背景有關。比起高中就輟學的媽媽，至少讀過兩年大學的媽媽每天會多花2/3小時照顧幼兒。請參考Cunha (2016)。

30　請見Heckman (2012).關於早期幼教措施的長期效果，相關背景知識、證據、以及補充資料，請見Currie (2001)、Garces, Thomas, and Currie (2002)、Aizer and Cunha (2012)與Felfe and Lalive (2018)。

31　請見Boneva and Rauh (2015)圖4。

32　請見Boneva and Rauh (2015)圖5。

33　請見Hoxby and Avery (2013)圖2。

34　同樣請參考Giancola and Kahlenberg (2016)。

35　請見Cunha, Heckman, Lochner, and Masterov (2006)第703頁。另外可參考Carneiro and Heckman (2002)。

36　這裡的對象是那些依賴家裡資助的學生，資料來自American Academy of Arts and Sciences, "A Primer on the College Student Journey," 2016圖O。

37　克萊爾‧瓦耶‧沃特金斯，〈常春藤聯盟是另一個星球〉。

38　更多關於社會資本定義的背景知識，請見Jackson (2017)。

39　這裡我們其實忽略了某些形式的資本。例如，「身體資本」指的是一個人的健康與體力，這些取決於卡路里、運動、基因、醫療條件等因素。這種資本在某些環境下非常重要，例如狩獵採集社會，但與這裡的討論關係不大。在此我們也忽略了「文化資本」（Bourdieu and Passeron [1970]），這種形式的資本不容易定義，因為文化本身有著非常豐富的內涵，詮釋的空間非常大。雖然文化資本對我們有著潛在的影響，但在此我們不會明確地考慮這種形式的資本。

40　社會資本的定義方式有許多種，在過去的一世紀內陸陸續續被提出。請見Dasgupta and

Serageldin (2001)與Sobel (2002)列出的多種定義方式，以及Jackson (2017)的討論。最早採用與本書類似方式來明確定義社會資本的兩個學者是Pierre Bourdieu與Glenn Loury。Pierre Bourdieu 是這麼定義的：「這是一種實際或潛在資源的總稱，能用來取得長期社交網絡，或多或少制度化這些相互熟識的人際關係。」（Bourdieu, 1986）Glenn Loury則是這麼定義的：「也許我們應該採用『社會資本』來表示社會地位的影響力，這裡的社會地位可以用來加速取得一個人必備的人力資本特質。」（Loury, 1977）我們比Loury的定義範圍更廣，因為社會資本不只會用來取得人力資本——例如，還可以打電話跟朋友借錢。關於社會資本的其他來源以及衡量方式，請見Jackson (2017)。

41　在我們討論中心性指標時，像是特徵向量中心性或是傳播中心性都可以反映社會資本的概念，但點度中心性就無法做到。

42　請見2104 American Community Survey, U.S. Census Bureau。

43　請見Bischoff and Reardon (2014)。讓我們先定義一個「貧窮家庭」為收入少於全國家戶收入中位數的2/3；而所謂「富裕家庭」則是收入高於中位數1.5倍。如果某社區的大部分居民都屬於「貧窮家庭」，那麼我們就將其認定為「貧窮社區」；如果大部分都是「富裕家庭」，則該社區為「富裕社區」。1970年時，有7%的人住在貧窮社區，8%的人住在富裕社區，其餘的人則住在混合社區。事實上，65%家庭所在的社區，其中位數落在全美收入中位數的80%到125%之間。到了2009年，已經有15%的家庭住在貧窮社區，18%的家庭住在富裕社區，只剩下42%的家庭住在前述社區收入中位數介於80%到125%的社區。關於衡量地理上隔閡的更多細節，請見Echenique and Fryer Jr. (2007)。

44　早期研究關注短期效果，只發現與心理健康有關的結果，但在其他方面則無法確定是否存在顯著效果。例如：Clampet-Lundquist and Massey (2008)、Ludwig et al. (2008)、de Souza Briggs, Popkin, and Goering (2010)、Fryer Jr. and Katz (2013)。如今的研究已經能衡量長期效果，提出明確證據來支持這個計畫帶來的影響，例如：Chetty and Hendren (2015)、Chetty, Hendren, and Katz (2016b)。

45　這些數字可能帶有選擇效應，因為每個家庭可以決定是否要搬家，因此的確看到有些家庭最後決定不搬家。我們必須考慮到這種選擇效應：那些更在乎下一代的家庭更可能使用代券，因此選擇搬家。為了避免這個問題，學者拉吉·切蒂與內森·亨德倫（Chetty and Hendren, 2015）在所有搬家的家庭中，比較兄弟姊妹之間的差異（因此同一家庭的兩個孩子，在搬家當時的年紀並不同，可以據此觀察他們之後的發展差異），如此一來可以控制其他因素，並確保這些效果被妥善地估計，且能夠衡量是否具有因果關係。

46　包含：Pierre Bourdieu、James Coleman、Glenn Loury、Douglas Massey、Elinor Ostrom、Robert Putnam、William Julius Wilson與許多其他學者。相關文獻實在太過豐富，很難簡潔地摘要重點，不過還是有一系列經典的文獻回顧文章，針對了不同的領域或是觀點來進行總結，請參考：Bourdieu and Passeron (1970)、Loury (1977)、Coleman and Hoffer (1987)、Ostrom (1990)、Massey and Denton (1993)、Putnam (2000)、Wilson (2012)。

47　請見Britton et al. (2016)。

48　請見Chetty, Friedman, Saez, Turner, and Yagan (2017)，該研究從美國的資料中發現，家庭背景影響了子女最後選擇的高等教育，且此影響比英國還稍微高一些。

49　紐約時報於2013年1月27日報導。引用自John Sullivan。

50　請見Kasinitz and Rosenberg (1996)。

51　同上。

52　是的，這位學者就是後來成為美國國務卿的那個喬治·舒爾茨。在美國與台灣關係緊張之時，他與中國達成了重要的和解協議；他說服美國總統雷根與戈巴契夫進行廣泛對話，為後來美蘇冷戰的結束搭好了舞台。但在舒爾茨從政以前，他在1950到1970年代間是MIT與芝加哥大學的經濟學家。

53　請見Myers and Shultz (1951)。

54　請見Rees et al. (1970)。

55　請見Myers and Shultz (1951)、Rees et al. (1970)、Granovetter (1973)、Montgomery (1991)、Ioannides and Datcher-Loury (2004)。

56　請見Calvó-Armengol and Jackson (2004, 2007, 2009)、Jackson (2007)。

57　為什麼獲得更多報價與機會就能得到更好的價格，背後的邏輯在經濟學領域中並不新鮮，這也是拍賣理論中一個重要因素。這種因素如何影響不同種族的薪資差異，可以參考Arrow and Borzekowski (2004)與Smith (2000)。這種因素也可以解釋，為什麼身心障礙者在汽車維修廠付出的價錢通常比較高，因為他們得到的報價也比較少（對這個族群來說，到各家汽車維修廠獲得更多報價，更為耗時費力），汽車維修廠老闆也預知這個狀況，因此通常會給出較高的報價，詳見Gneezy, List, and Price (2012) 的分析。

58　請見Calvó-Armengol and Jackson (2004, 2007)。這裡頭有些有意思的微妙之處。朋友能幫忙提供更多與工作有關的資訊，但他們也是競爭者，因此托尼‧卡爾沃與我在研究中極力處理許多技術細節，就是為了排除這些競爭效果。從資料中是看得到這種競爭效果的。如同Lori Beaman (Beaman, 2012)所發現的，如果難民被安置的社區，已經有許多來此一段時間的同國籍難民時，這群新難民更容易找到工作，因為其他人可以為他們提供工作資訊；但如果所有難民都在同一時間被安置在同一個社區，那麼他們彼此是競爭者，反而不利就業。關於居住於同一地的同一族裔群體的就業狀況，請參考Munshi (2003)、Patacchini and Zenou (2012)。

59　英文中之所以用「doughboys」來稱呼步兵，其中一個說法源自1846到1848年的美墨戰爭時期。當時步兵在塵土飛揚的路上行軍，全身都是泥塵，看起來就像是北墨西哥的土胚建築（adobe house）。「adobe」因為念起來很像「dough」（麵團），因此最後步兵就被俗稱為「doughboys」了。請參考 http://www.prisonexp.org/the-story/。

60　請見Marmaros and Sacerdote (2002)。

61　如果讀者之中曾有過被期刊拒絕的經驗的話，別太難過。學者Granovetter的文章〈The Strength of Weak Ties〉第一次投稿到 American Sociological Review 時也被拒絕了。兩個審稿人之一還這麼評論：「這篇研究不該被刊登，我鄭重地提出以下理由，這些是我心中立刻浮現的種種疑問。我發現作者的學問相當淺，他將自己侷限在一些過時且答案顯而易見的議題。」請參考https://scatter.files.wordpress.com/2014/10/granovetter-rejection.pdf。

62　請見Granovetter (1973, 1995)。

63　Bramoullé and Rogers (2010) 也發現較受歡迎的學生同質性較低：如果某個學生只被一個人當作朋友，那麼對方有75％的機率是同性別；但如果這個學生被10個人當作朋友，那麼這10個人中只有51％的機率為同性。這也符合「朋友更少者彼此來往更為密切」的現象。

64　任何單一強連結對就業情況的影響，都顯著地高於一個弱連結，請見See Gee, Jones, and Burke (2017)。

65　請見Lalanne and Seabright (2016)。

66　請見Lalanne and Seabright (2016)、Weichselbaumer and Winter-Ebmer (2005)與England (2017)。

67　請見Beaman, Keleher, and Magruder (2016)。也可參考Mengel (2015)。

68　請見Fernandez, Castilla, and Moore (2000)。

69　請見Fernandez, Castilla, and Moore (2000)、Dhillon, Iversion, and Torsvik (2013)。

70　請見Pallais and Sands (2016)。

71　學者Pallais 與 Sands 也發現，如果被引薦的員工與他們的引薦人一起搭檔，在那些需要團隊合作的任務上表現會更好（Brown, Setren, and Topa, [2012]）。但他們的發現並不包含，被引薦者會因為顧慮引薦人的聲譽，而更加努力得工作。然而，其他研究發現，當被引薦者表現

不佳時，雇主可以懲罰引薦人，例如一家孟加拉服飾工廠的例子（Heath [forthcoming]）就出現被引薦者確實會顧及引薦人聲譽的現象。此外，Beaman and Magruder (2012)發現，如果一個人的薪資與被引薦者的表現有關，那麼他引薦的人選將會更優秀。

72　阿爾弗雷德死於疫苗接種的早期測試階段。請見Susan Flantzer, "Smallpox Knew No Class Boundaries," The Site for Royal News and Discussion, http://www.unofficialroyalty.com/royal-illnesses-and-deaths/smallpox-knew-no-class-boundaries/。

73　這裡我們使用「game」一詞並沒有任何輕挑的意味，因為輕學絕非兒戲。賽局理論（game theory）是數學的其中一個分支，其中「game」是一個術語。社會科學家用賽局理論來理解人們決策的過程，特別是當決策條件彼此環環相扣時。

74　更多相關討論，請參考：Morris (2000)、Jackson (2007, 2008)、Jackson and Zenou (2014)、Jackson and Storms (2017)。

75　請見Calvó-Armengol and Jackson (2009)。

76　關於我們正在討論的趨勢，更多細節請見 Abramitzky (2011, 2018)。

77　因應已開發國家將少數工作崗位「出口」的狀況，我們可以制定對全球都真正有益的政策：推動全球性的勞動標準。世界各地的勞動成本差異極大，特別是低階勞工，有時可以差到20倍之多，甚至更高。一部分是因為各國勞動標準不一，且沒有落實職業安全、工時、最低薪資、勞動福利與勞動條件等規定。如果落實全球最低勞動標準能被列為優先執行事項，將能減緩我們提到的某些趨勢，也比實施貿易壁壘來得更能促進生產力。

78　David Autor有場非常精采的TED演講，主題就是勞動環境正在改變中。"Will Automation Take Away All Our Jobs?',' https://ideas.ted.com/, March 29, 2017。

79　請參考 Peter S. Goodman, "Free Cash in Finland, Must Be Jobless," New York Times, December 17, 2016 以及"Not Finnished: The Lapsing of Finland's Universal Basic Income Trial," *The Economist*, April 26, 2018。

80　這類全民基本收入政策的成本並非天價。美國投入在伊拉克與阿富汗戰爭的成本（保守估計約為2.4兆美元），足以提供全美底層最窮的20％人口，為期八年每人每年5,000美元的收入。對於四口之家而言，這相當於每年20,000美元的免稅現金收入。如果我們繼續考慮其他相關計畫可以省下的成本，這項政策的淨成本將會更低。這是個激進的政策，但絕非一個不可行的政策。

81　請見Thaler and Sunstein (2008)。

82　這是社會學家Sean Reardon接受Sam Scott訪談時的內容，請參考"The Gravity of Inequality," Stanford Magazine, December 15, 2016。

83　請見Nguyen (2008)、Jensen (2010)、Attanasio and Kaufmann (2013)、Kaufmann (2014)。

84　請見David Leonhardt, "Make Colleges Diverse," *New York Times*。

85　請見Carrell and Sacerdote (2017)。

86　此外，創新中心還能進一步吸引商業合作、投資與高階人才，為經濟發展提供動能。我們已經在世界各地看到這種吸納投資、帶來新成長動能的都市：矽谷、首爾、波士頓、多倫多、台北、香港、新加坡、邦加羅爾、阿姆斯特丹、慕尼黑、斯德哥爾摩、上海等等。

7. 集體智慧與愚蠢

1　原文用guadrillions，也就是數千兆的意思。

2 關於人類與眾不同之處與集體智慧，請見Henrich (2015)中的精采討論。

3 請見Susan Pater, "How Much Does Your Animal Weigh?," University of Arizona Cooperative Extension。

4 請見Galton (1907)、Surowiecki (2005)。

5 原始文章只揭露了中位數與部分分配資訊。幾週後一封與期刊通訊的信件中進一步揭露了平均數為1,197。

6 關於多元性如何增進群眾估計的準確度，請參考Surowiecki (2005) 與 Page (2008) 中的更多討論。

7 群體表現與個人表現一直是社會心理學中基本的研究主題，許多例子都顯示了群體表現優於個人；在某些情況下，相對於最優秀的個人，群體更能達成任務，當然這也取決於群體的組織方式。更多相關背景與參考資訊，請見Davis (1992)、Hinsz, Tindale, and Vollrath (1997)、Hogg and Tindale (2008)。

8 這不見得會讓買賣雙方的平均看法一致，而是讓投注者對風險承受程度的看法達到平衡。請見Manski (2006)、Wolfers and Zitzewitz (2006)、Gjerstad (2004)。

9 關於預測市場的更多背景知識，請見 Wolfers and Zitzewitz (2004)、Hahn and Tetlock (2006)、Arrow et al. (2008)。

10 更多令人觀感不佳的市場以及此處的例子，請見Roth (2007)。

11 請見Page (2008, 2017) 中更多討論，以及Garry Kasparov與Daniel King的著作 *Kasparov Against the World: The Story of the Greatest Online Challenge*。

12 後來發現同樣的模型其實早由心理學家John R. P. French所描述，研究圖論的學者Frank Harary也曾做過簡要的研究（French [1956]; Harary [1959]）。德格魯特後來重新發現了這個模型，用更仔細的方式進行分析。一般來說，有人獨立地將舊理論重新梳理是件好事。

13 詳細的計算過程請見Jackson (2008)。

14 以下資訊提供給想知道更多數學背景的讀者。德格魯特式學習模式必須滿足兩個條件，才能保證最後將達到共識。第一，任何人的資訊都能透過網路路徑傳達給其他人。第二，必須滿足「非週期性」條件：所有網絡內的有向環（directed cycle）的最大公因數為1。請見Golub and Jackson (2010)。

15 這裡假設特徵向量中心性已經標準化，總和為1；否則，可以除以所有特徵向量中心性的總和。

16 這種重複計算的問題也被稱為「相關性忽略」（correlation neglect），在投票與其他行為中有著重大影響。請見Demarzo, Vayanos, and Zweibel (2003)、Glaeser and Sunstein (2009)、Levy and Razin (2015)。

17 請見Chandrasekhar, Larreguy, and Xandri (2015)。

18 請見Choi, Gale, and Kariv (2005)、Mobius, Phan, and Szeidl (2015)、Enke and Zimmermann (2015)、Brandts, Giritligil and Weber (2015)、Battiston and Stanca (2015)。

19 請見Bailey, Cao, Kuchler, and Stroebel (2016)。

20 請見Choi, Gale, and Kariv (2005)。

21 要讓網絡達到完全平衡的狀態，我們需要調整兩個因素，一是每個人有多少往來的對象，二是當他們更新自己觀點時會給予其他人的意見多少權重。完整的描述請見Golub and Jackson (2010)。人們達成共識的速度也取決於網絡結構以及上述的權重（Golub and Jackson [2012]）。

22 關於不同網絡結構與意見領袖的優劣勢，請見Katz and Lazarsfeld (1955)、Jackson and

Wolinsky (1996)、Bala and Goyal (1998)、Golub and Jackson (2010, 2012)、Galeotti and Goyal (2010)、Molavi, Tahbaz-Salehi, and Jadbabaie (2018)。

23　請見Lazarsfeld, Berelson, and Gaudet (1948)。

24　請見Katz and Lazarsfeld (1955)。

25　請見Gladwell (2000)。

26　請參考"Thirty Years Later: 1982 Bordeaux No Single Vintage Did More to Change the World of Wine than 1982," Wine Spectator blogs, March 26, 2012。

27　請參考Andrew Edgecliffe-Johnson, "Robert Parker, the American Bacchus," *Financial Times*, December 14, 2012。Nicolas Carayol與我審查了19位著名的葡萄酒專家的評等與準確度（Carayol and Jackson [2017]），我們發現準確度與影響力之間的確存在某種有趣的細微差異。

28　請見McCoy (2014)。

29　這個先抽離了個人品味的影響，因為品味可能會讓每個人對酒、餐廳、電影等產品的評價變得更發散。儘管每個人對某些產品的評價有異，但仍可以歸納出某些共通的基礎評價；這類產品的評論市場規模如此之大，正說明了他人的意見極具價值。

30　這類評論存在許多問題。例如，許多產品評價系統的評分分配嚴重左偏—因為大多數人會給出高分，偶爾才會出現極差的評價，很少是中間分數。那些非常喜歡或討厭某個產品的人，才會有誘因寫評論，而那些感覺一般般的人則不甚願意花時間留下評價。那些願意花大把時間寫許多評論的少數人，可能也會帶來偏誤，比方說業配現象。請見Duan, Gu, and Whinston (2008)、Fradkin, Grewal, Holtz, and Pearson (2015)、Tadelis (2016)、Nei (2017)。

31　迪爾後來公開了更多研究細節，以及學術倫理與資料的問題。請參考"How the Vaccine Crisis Was Meant to Make Money," British Medical Journal, January 11, 2011。

32　在英國醫學總會開始調查之後，迪爾提出了指控。

33　關於這個主題，可以在Gerber and Offit (2009)中看到許多相關研究的概述。

34　請參考世界衛生組織統計數據。

35　請見Carrillo-Santisteve and Lopalco (2012)。

36　經常有人以為「謊言已經傳遍半個地球，而真相還在穿鞋」這句話出自馬克‧吐溫，不過在他的著作中並沒有找到出處。這裡我們引用了斯威夫特的言論，出自1710年發表於《*The Examiner*》的文章。Vosoughi, Roy, and Aral (2018)提供了詳細的例子。

37　出自2016年12月23日推特。

38　1938年10月31日。

39　請見Bartholomew (2001) 中的討論。

40　請見2002年9月27日，http://news.bbc.co.uk/2/hi/health/2284783.stm。

41　請見《華盛頓郵報》2002年10月2日，"Extinction of Blondes Vastly Overreported,"。

42　請見"Evaluating Information: The Cornerstone of Civic Online Reasoning," Executive Summary, Stanford History Education Group。他們評估了來自12州超過7,800名學生。

43　請見Malcom Moore, "World War 2 Anniversary: The Scoop," *The Telegraph*, August 30, 2009、"Obituary: Clare Hollingworth," BBC, January 10, 2017、Margalit Fox, "Clare Hollingworth, Reporter Who Broke News of World War II, Dies at 105," *New York Times*, January 10, 2017。

44　除了新聞時效，製作新聞如何帶來收入，也經歷了根本性的變化。網路給新聞服務帶來了許多衝擊。首先，來自分類廣告的收入減少，因為實體報紙的發行量正在下降。其次，來自

線上廣告與內容訂閱的收入，又不足以補上傳統收入的流失。更多相關背景，請見Waldman (2011)、Hamilton (2016)、the Reuters Institute Digital News Report 2017 (https://reutersinstitute. politics.ox.ac.uk/sites/default/files/Digital%20News%20Report%202017%20web_0.pdf)、Pew Research Center "Newspaper industry estimated advertising and circulation revenue" (June 1, 2017, http://www.journalism.org/chart/newspaper-industry-estimated-advertising-and-circulation-revenue/)。

45　請見Waldman and the Working Group on Information Needs of Communities (2011)。

46　FBI發布的新聞稿：「聯邦調查後上大支礦場前負責人被判入獄」，資料來源為U.S. Attorney's Office, Southern District of West Virginia, January 17, 2013、U.S. Department of Labor, Mine Safety and Health Administration, Coal Mine Safety and Health report of the Fatal Underground Mine Explosion April 5, 2010, Upper Big Branch Mine-South, Performance Coal Company Montcoal, Raleigh County, West Virginia, ID No. 46-08436。

47　即便在此次調查後，兩名員工被判少於五年的刑期，而該公司前CEO只被控一項輕罪——蓄意違反健康與安全標準，最後只判了一年刑期。

48　請見American Society for News Editors Newsroom Employment Census projections, 1978–2014, "State of the News Media 2016,"皮尤研究中心報告。

49　請見Waldman and the Working Group on Information Needs of Communities (2011)第10頁。

50　請見Kaplan and Hale (2010)的研究。關於地方新聞在 30 分鐘內播放的議題細目，請參考 http://www.learcenter.org/pdf/LALocalNews2010.pdf 第 9 頁。

51　請見 Hamilton (2016)。

52　請見Teemu Henriksson, "Full Highlights of World Press Trends 2016 Survey," World Association of Newspapers and News Publishers。

53　請見Waldman and the Working Group on Information Needs of Com- munities (2011)第12頁。

54　請見Gentzkow, Shapiro, and Taddy (2016)。

55　同上，圖4。

56　更多證據請見Prummer (2016)。

57　這些程式碼由Renzo Lucioni 開發，經Peter Aldhous 修改為適合此處分析的版本。

58　因為網絡中的連線取決於兩參議員是否有相同投票傾向，我們選擇的門檻與觀察的年份將會影響結果（例如，Randy Olson 2013年12月21日的部落格文章http://www.randalolson.com/blog/).如果將門檻設在50％的法案，此時相連的兩參議員意味著他們有相同立場的法案，多於不同立場的法案。在本章的分析中，我使用了成書當時最新的資料，也就是2015年，接著追溯到1990年的資料，比較兩個時間點的黨派傾向。如果你想更深入地探討參議員之間的關係，可以在我的網站上找到程式碼、資料與其他畫出這張圖的細節。

59　在2015年，演算法將Marco Rubio與Ted Cruz放在圖的最上方，這兩參議員都是茶黨成員，而總是與茶黨對抗的參議員Lindsey Graham則是被放到圖的最下方。

60　我分析的資料與之不同，但你可以發現Lucioni網站上的分析（https://renzo.lucioni.xyz/senate-voting-relationships/）對我們此處的分析極具啟發。關於其他指標與類似趨勢的討論，請見Moody and Mucha (2013)。

61　請見Jackson (2008b) 與 Golub and Jackson (2012) 第 7 部分。

62　這裡有一些假設，一是網絡並非完全碎片化，二是網絡中沒有任何部分明顯比其他部分更稠密。比方說，如果行銷部門的每個人都與幾十個其他部門員工往來，而生產部門的員工只跟一兩個其他員工往來，那麼正文提到的現象不見得成立——不過這是因為網絡的不同部分有著不同的擴散模式，而不是因為同質性的緣故。

63 這種對比在Golub and Jackson (2012) 中有更多技術細節的討論。

64 請見"Anti-Vaccine Activists Spark a State's Worst Measles Outbreak in Decades," *Washington Post*, May 5, 2017。

65 請見Barnes et al. (2016)。

66 請見Barnes et al. (2016)。

8. 交友圈與局部網絡結構帶來的影響

1 請參考著作The Ants, Hölldobler and Wilson (1990)。

2 請見Prabhakar, Dektar, and Gordon (2012)。

3 請見Bjorn Carey, "Stanford Researchers Discover the 'Anternet,' " Stanford Report, August 24, 2012。

4 關於文化與進化的更多詳細討論，請見Boyd and Richerson (1988)、Richerson and Boyd (2008)、Tomasello (2009)。

5 請見Coffman, Featherstone, and Kessler (2016)。

6 請見Manski (1993)、Aral, Muchnik, and Sundararajan (2009)。

7 請見Gilchrist and Sands (2016)。這可能低估了社交的影響，因為原本想在第一週就去看首映的紐約人們，可能出於某些原因沒有去成，因此紐約的觀影需求暫時被壓抑住。見Moretti (2011)。

8 請見Lerner and Malmendier (2013)。

9 請見Kloumann, Adamic, Kleinberg, and Wu (2015)。

10 請見Duflo and Saez (2003)。

11 請見Vosoughi, Roy, and Aral (2018)。

12 要直接從股票資料中測試出這種資訊帶來的影響，是件相當困難的事。儘管還是有些研究提出了某些相關證據，例如：Bikhchandani and Sharma (2000)與Hirshleifer and Hong Teoh (2003)。不過，如果我們讓人們在實驗室中進行模擬，我們可以控制資訊並且觀察人們到底買了或賣了什麼，在這樣的設定下，可以明顯看出人們的從眾現象，如同Anderson and Holt (1997)與Hung and Plott (2001)的發現。

13 原文 "By three methods we may learn wisdom: First, by reflection, which is noblest; second is by imitation, which is easiest; and third by experience, which is the bitterest." 的來源同樣有爭議。儘管人們普遍認為這句話出自孔子，但是否真是如此已不可考。英文版更可能是來自《論語》中某些句子的變體。《論語》相傳在孔子過世近一世紀後，由他的門生編纂而成，本身有著有趣的歷史。

14 羊群效應的邏輯來自以下研究：Banerjee (1992)與Bikhchandani, Hirshleifer, and Welch (1992)。

15 請見Foster and Rosenzweig (1995)。以及Conley and Udry (2010)。

16 請見Leduc, Jackson, and Johari (2016)。

17 請見Smith and Sorensen (2000)、Acemoglu, Dahleh, Lobel, and Ozdaglar (2011)。

18 請見Elaine McArdle, "How to Eat at Sushi Dai, Tokyo: Tips and Guide to Getting a Seat at Sushi Dai, Tsukiji Fish Market," June 30, 2016, https://www.thewholeworldisaplayground.com/how-to-eat-seat-sushi-dai-tokyo-tips-guide/。

19　看起來魚肉供應商也利用了一般人對品質缺乏鑑賞能力的弱點。Willette et al. (2017) 研究了洛杉磯（此地以壽司聞名）的壽司餐廳，一群研究人員在4年內從26家餐廳蒐集了364 組壽司樣本，包含不同地段、不同價位、不同評級等。他們分析這些魚肉壽司的DNA，看看這些餐廳供應的魚肉是否符合餐廳宣稱的魚種。他們發現，每家餐廳都至少有一種魚肉壽司，其實際使用的魚種與菜單上的魚種不相符。大體來說，47%壽司的魚種標示都是錯的！有些魚種幾乎總是被錯標，這些魚種通常有外觀相似的替代魚種。舉例來說，在餐廳內吃到的89%的紅鯛魚（red snapper）與93%的黃尾魚（yellowtail）其實是其他魚種，但只有8%的鮪魚用了其他魚種代替。我們不能只責怪餐廳，因為他們只是供應鏈上的一環，但很顯然地這條供應鏈上有人正利用著我們難以分辨魚種的弱點。

20　更多關於慣例的討論，請見Young (1996)。駕駛習慣是個有趣的例子，因為有些國家曾在短時間內改變駕駛方向。目前駕駛習慣不一樣的地區，通常被水域或是山區所區隔，因此兩地的交通往來量不大。

21　請見Glaeser, Sacerdote, and Scheinkman (2003)、Martinelli, Parker, Pérez-Gea, and Rodrigo (2015)、Su and Wu (2016)。

22　請見Fisman and Miguel (2007)。

23　此處科威特的貪腐指數為-1.1。我們將科威特從圖中移除，因為每名外交官高達250張罰單的數字，遠遠超過其他國家的狀況，將科威特列於圖中將壓縮整張圖的比例。科威特顯然是一個離群值，不只是因為罰單數極高，同時其貪腐指數也低於平均水準。（在Fisman與Miguel提供的資料中，科威特的貪腐指數特別低，其他資料來源大多顯示其貪腐程度相似於印度、巴西、保加利亞等貪腐程度嚴重的國家。）雖然在此我仍將科威特納入分析，但還是可以看出一國貪腐程度與外交官罰單數呈現顯著相關性。例如，在23與12張罰單的對比中，科威特可是被列為廉潔國家。如果把科威特拿掉，那麼這個對比將會更加明顯，因為廉潔國家的平均罰單數將會降為8張！

24　這也關係著「遞移性」（transitivity）：如果A認識B且B認識C，那麼A認識C嗎？

25　請見Chandrasekhar and Jackson (2016)。

26　相關案例請見Watts (1999)，你也可參考 Jackson and Rogers (2007a) 提出的各種資料集對應的群聚係數範圍。

27　請見Chandrasekhar and Jackson (2016)。

28　請見Jackson and Rogers (2007a)。

29　在某些案例下，新產品的推廣並不需要這種相互增強誘因的機制。例如，Banerjee, Chandrasekhar, Duflo, and Jackson (2013) 針對印度村莊的研究中，微型貸款的擴散模式就沒看到這種社會增強誘因的效果。原因似乎是，微型貸款是村民已經或多或少認識的概念，村民能夠自己做出決定；村民需要知道的是，微型貸款在他們的村莊內已經推出的消息。傳播這種簡單的認知，更像是疾病的散播模式，並不取決於群聚或是其他局部誘因增強機制。

30　請見Goel et al. (2016)。

31　請見Beaman, BenYishay, Magruder, and Mobarak (2015)。Damon Centola (2011)透過一個健康網站上規模超過1,500人的線上社群，來觀察當人們需要先看到多個朋友採取行動才會跟進的行為，會如何在網絡內擴散。研究人員將一群人置於一個高度群聚的網絡中，其餘則置於低度群聚的網絡。每個成員都會有一些「健康夥伴」，他可以看到這些夥伴採取了什麼行動。研究人員接著讓這群夥伴中的其中一人加入某個健康論壇。每當有人加入，這個人的健康夥伴就會收到訊息，得知他已經加入的消息。因此，如果某人有許多健康夥伴都加入了這個論壇，那他就會收到許多條訊息。Damon發現，在高度群聚網絡中，論壇相關消息的散播率高出了隨機網絡42%。這似乎顯示了，多重刺激促進人們採取行動，即便高度群聚網絡中的人際平均距離也比較長，但擴散速度也比較快，觸及範圍更廣。

32　前面我們提到，在群體相互配合的情境下可能出現的多重均衡，就是「納許均衡」的概念。

約翰‧納許證明了這樣的均衡在許多類型的情境下都存在。這個概念已經成為現代經濟學主要的分析工具之一。

33　這種「支持」的定義以及背後的賽局理論來自Jackson, Rodriguez Barraquer, and Tan (2012)。你可能會好奇，為什麼更多共同朋友與群聚程度有關係。因為這兩者都和網絡中的「三角形」結構有關，形成了緊密的連結。如果有很多連結都受到支持，那麼網絡中就會出現許多三角結構，因此變得高度群聚。但支持與群聚在概念上相當不同。例如，在印度村莊中，超過90%的人際連結都受到了支持；然而，群聚係數通常只有20到30%的水準。對一個受到支持的關係而言，它就只是一個網絡中的連結，一段由共同朋友支持的關係。但群聚則要求一個人的交友圈中有一定比例的人也互為好友。在促使人們採取行動方面，支持與群聚扮演的角色相當不同。共同朋友的支持就像是證人、保證人或執法者，也就是某段關係的第三方；但群聚則確保人們可以相互協調，採取行動，進而影響其他人。更多與群聚有關的討論，請見Coleman (1988)。

34　有時候核心家庭需要的卡路里，會超過他們自己的生產量。請見，Hill and Hurtado (2017)。

35　請見Kaplan, Hill, Lancaster, and Hurtado (2000)與Hill (2002)中的案例。

36　關於人類相互合作的整體觀點，請見Seabright (2010)。

37　請見Jackson, Rodriguez-Barraquer, and Tan (2012)、Feinberg, Willer, and Schultz (2014)、Ali and Miller (2016)。Coleman (1988) 研究了這類人際交流的不同面向，他討論了群聚現象如何幫助某人的兩個朋友聯合起來制裁這個人，這不同於此處的討論。更多關於這種區別的討論，請見Jackson, Rodriguez-Barraquer, and Tan (2012)。

38　請見Jackson, Rodriguez-Barraquer, and Tan (2012)。

39　這裡引用的百分比數據，來自我們研究中第二波收集的數據（Banerjee, Chandrasekhar, Duflo, and Jackson [2016]）。無論我們觀察的是借錢、煤油、米或是互助諮詢，共同朋友的支持率都差不多。有趣的是，當我們觀察更純粹的社交行為，像是招待朋友來家裡作客這種無關誘因機制的行為，共同朋友的支持率顯著地較低。此外，93%的支持率還可能是一個低估的數字，因為在我們調查網絡資訊的過程中，很可能遺漏掉某些連結——尤其並非所有人都參與了這個調查。

40　請見Banerjee and Duflo (2012)。

41　請見Breza and Chandrasekhar (2016)。

42　請見Uzzi (1996)第 679–80 頁。

43　關於社群規範如何與法律共同確保交易順利進行，請見Jackson and Xing (2018)。

44　請見Fisman, Shi, Wang, and Xu (2018)。

45　請見Fisman, Shi, Wang, and Xu (2017)。

46　請見Shi and Rao (2010)。

47　關於其他可能原因的分析，請見Bandiera, Barnakay, and Rasul (2009)與Beaman and Magruder (2012)。

48　請見Backstrom and Kleinberg (2014)。

49　請見Easley and Kleinberg (2010)、Uzzi (1997)，以及關於嵌入性的經典論文Granovetter (1973)。

50　這裡的計算採用了遞迴定義，研究對象為曾保持活躍最多12個月的關係。

9. 全球化：變化中的人際網絡

1　請見Caitlin Giddings, "This Couple Found Love Across the Globe Through Strava: The Incredible Story of How a Competitive Cycling App United Two Riders from Across the World," *Bicycling Magazine*, January 25, 2016。

2　請見Alex Shashkevich, "Oldest Adults May Have Much to Gain from Social Technology, According to Stanford Research," *Stanford News*, November 28, 2016。

3　請見Jensen (2007)。若統計各市場價格高出平均價格多少，其標準差在手機出現前約為60%到70%之間，手機出現後則低於15%。

4　關於更廣泛的討論，請見 Friedman (2016)；關於網路如何影響生產力與就業狀況，請見 Hjort and Poulsen 中的例子。

5　關於網絡如何形成，已經被廣泛地研究。雖然在此我只聚焦於幾個重要的概念，但還有非常多相關文獻成果。更多技術細節與參考資料，請見 Jackson (2008) 與 Jackson, Rogers, and Zenou (2017)。

6　請見Jackson and Wolinsky (1996)。

7　為了說明基本的概念，在此我忽略了其中一些細微之處。在某些情境下，形成連結的誘因結構與外部性交互作用之下，可能產生非常複雜的結果，這成了許多研究的主題。你可以在Jackson (2003, 2008a, 2014)中找到更多關於技術細節的文獻。

8　網絡成形的過程也涉及反饋機制。一個人的朋友越多，他就越容易遇到更多人，這加強了他帶來的外部性，因此他就成了別人眼中更受歡迎的一個交友選擇。這種反饋機制導致網絡中的連結分布不平均：有越多朋友的人，將交到更多朋友。

9　如同我們在第7章所述，人們要形成觀點，最重要的是相對數量，而不是朋友的絕對數量（詳見 Golub and Jackson [2012]）。如果新生成的連結具有較高的同質性，那麼網絡將會變得更為同質化，觀點容易趨於極端，或是更不容易改變，即便網絡變得更加稠密。

10　這裡我們觀察到的顯著下降趨勢非常穩健，並不會因為劃分標準不同而有所改變，如同Jackson and Nei (2015)所述：在1820到1959年間為0.00056，到了1960到2000年間為0.00005；如果改為觀察1820到1969年間為0.00053，到了1970到2000年間降為0.00005。若以每個國家捲入的戰事（而非每兩國之間）計算：在1820到1959年間為0.012，但到了1960到2000年間則為0.004若改以所有軍事利益衝突（Militarized Interstate Disputes，MID）為基準，不看戰爭（MID5s──牽涉至少1,000死亡人數）等級的衝突，只看MID2s-MID5s等級的軍事衝突：在1820到1959年間任兩國平均有0.006 MIDs，而到了1960到2000年間只剩下0.003。然而，軍事衝突是否在統計上顯著下降，取決於我們的統計假設──這些軍事衝突發生的頻率服從哪種隨機過程。如同Clauset (2017)所指出的那樣，有些隨機過程需要更多資料才能得到確定的結論。

11　1870到1949年的資料來自Klasing and Milionis (2014)；1950到1959年的資料來自Penn World Trade Tables Version 8.1；1960到2015年的資料則來自World Bank World Development Indicators。

12　事實上，如果忽略第二次世界大戰，每個國家在1816到1940年間的軍事同盟只有1.7%。

13　請見Jackson and Nei (2015)。

14　更詳細的討論請見Jackson and Nei (2015)。其他參考文獻請見Li et al. (2017)。

15　請見Jackson and Nei (2015)。

16　請見Prummer (2016)。更多相關背景，請見Hampton and Wellman (2003)、Rainie and Wellman (2014)、Sunstein (2018)。

17　請見Davis and Dunaway (2016)。

18　相關討論請見Gentzkow, Shapiro, and Taddy (2016)、Boxell, Shapiro, and Shapiro (2017)、Fiorina (2017)、Gentzkow (2017)。對於如何衡量極端化、其加劇程度以及肇因，相關學者仍存在意見分歧（極端化？）。

19　請見Gentzkow, Shapiro, and Taddy (2016)中的討論。

20　這在心理學上也被稱為「錯誤的同意性效果」（false consensus effect），請見Ross, Greene, and House (1977)。同質性也可能加劇這種現象，因為朋友通常會影響到我們對於他人看法的預期。

21　感謝Jasmin Droege的部落格指出了資料來源，"Urbanization vs GDP per Capita Revisited," April 11, 2016。

22　請見Barnhardt, Field, and Pande (2016)。

23　技術也許最終能讓我們遠端工作，因此帶來一股反向的力量。但由於人們越來越依賴他人提供產品以及服務，因此還是很可能看到人群大量聚集的現象，不管是在郊區、都市，或是不斷向外擴張的都會區。

24　有些人是在當局不允許的情況下在城市裡工作與生活。中國的「戶口」制度要求每個家庭註冊在特定地區，為的是避免過多人口湧向城市，這個制度讓許多人難以移居城市。

25　修訂時間為2012年夏天。

26　請見 Banerjee, Chandrasekhar, Duflo, and Jackson (2018)。

www.booklife.com.tw　　　　　　　　　reader@mail.eurasian.com.tw

人文思潮 147

人際網絡解密：史丹佛教授剖析，你在人群中的位置，如何決定你的未來

作　　者／馬修・傑克森
譯　　者／顏嘉儀
發 行 人／簡志忠
出 版 者／先覺出版股份有限公司
地　　址／台北市南京東路四段50號6樓之1
電　　話／（02）2579-6600・2579-8800・2570-3939
傳　　真／（02）2579-0338・2577-3220・2570-3636
總 編 輯／陳秋月
資深主編／李宛蓁
責任編輯／朱玉立
校　　對／李宛蓁・顏嘉儀・朱玉立
美術編輯／林韋伶
行銷企畫／陳禹伶・黃惟儂
印務統籌／劉鳳剛・高榮祥
監　　印／高榮祥
排　　版／陳采淇
經 銷 商／叩應股份有限公司
郵撥帳號／ 18707239
法律顧問／圓神出版事業機構法律顧問　蕭雄淋律師
印　　刷／祥峰印刷廠
2021年7月　初版

定價 480 元　　　　ISBN 978-986-134-366-2　　　版權所有・翻印必究

◎本書如有缺頁、破損、裝訂錯誤，請寄回本公司調換　　　Printed in Taiwan

如果我們能了解人際網絡如何運作以及如何變化，我們將更有能力回答這個世界目前遇到的許多問題，例如：你的社交網絡位置如何決定你的影響力？金融危機如何向外蔓延？為何金融危機有著不同於流感疫情的蔓延模式？網絡隔閡如何加劇社會不流動、經濟不平等、政治極端化？

—— 《人際網絡解密：史丹佛教授剖析，你在人群中的位置，
如何決定你的未來》

◆ **很喜歡這本書，很想要分享**

圓神書活網線上提供團購優惠，
或洽讀者服務部 02-2579-6600。

◆ **美好生活的提案家，期待為您服務**

圓神書活網 www.Booklife.com.tw
非會員歡迎體驗優惠，會員獨享累計福利！

國家圖書館出版品預行編目資料

人際網絡解密：史丹佛教授剖析，你在人群中的位置，如何決定你的未來
／馬修‧傑克森（Matthew O. Jackson）著；顏嘉儀譯.
-- 初版. -- 臺北市：先覺，2021.07
384 面；14.8×20.8 公分. -- （人文思潮；147）
譯自：The human network : how your social position determines your power,
beliefs, and behaviors
ISBN 978-986-134-366-2（平裝）
1.資訊社會 2.網路社會 3.網路社群

541.415   109012416